디지털 시대 커뮤니티 활용 전략

디지털 시대 커뮤니티 활용 전략

강명수 著

한국학술정보㈜

본 연구는 2006년도 한성대학교 교내연구비 지원과제임

머 리 말

21세기 기업에게 가장 중요한 자산은 고객이다. 즉 고객을 확보한 기업만이 끝없는 경쟁의 시대에서 살아남을 수 있을 것이다. 인터넷 시대를 맞이하여 기업 생존에 필수 요소인 고객을 확보하기 위한 노력과 방법이 전과는 다른 양상을 보이고 있다. 디지털 시대의 퓨전 상품의 등장으로 산업의 영역이 없어지고, 온라인과 오프라인에서 이업종 결합이 일어나는 등 경쟁력 강화를 위한 기업의 노력은 세계적으로 거의 모든 분야에서 연결의 이익(relationship merit) 창출을 위한 전략적 제휴 등의 형태로 나타나고 있다.

이러한 배경에서 커뮤니티(community), 특히 온라인 커뮤니티는 기업의 활동에 매우 중요한 위치를 차지하고 있으나, 온라인 커뮤니티에 대한 체계적인 연구가 부족한 실정이고 기존의 대부분 연구들이 매체 특성에 초점을 두고 인터넷의 영향을 중심으로 기술하고 있어 기업과 소비자가 집단화됨으로써 나타나는 현상이나 가상환경에서 소비자 행동에 대한 이해가 부족한 실정이다.

이에 본 책은 연결마케팅(relationship marketing) 이론을 바탕으로 하여 기존에 지역성과 매체 특성을 중심으로 연구되어 온 전통적 커뮤니티와 온라인 커뮤니티에 대한 통합적 접근을 통하여 마케팅에서 교환 행위자 사이의 관계를 설명하고, 커뮤니티에서 구성원의 태도와 행동에 대한 이해를 바탕으로 커뮤니티에 관한 다양한 연구모형을 개발하고 실증하여 커뮤니티 운영에 대한 지침을 제공하고자 하였다.

본 책은 4부 총 8장으로 구성되어 있는데, 각 장별 주요 내용은 다음과 같다.

제1부는 1장과 2장으로 구성되어 있는데, 제1장은 디지털 환경에 대한 이해를 담고 있다. 디지털 기술의 의미와 특징을 먼저 고찰한 후, 이러한 디지털 환경이 지니는 의미를 경제적 측면, 문화적 측면, 사용자적 측면, 기술적 측면으로 나누어 고찰하였다. 제2장은 본 책에 대한 구성으로써 디지털 시대 커뮤니티에 대한 연구가 왜 중요하고 필요한지를 담고 있다.

제2부는 커뮤니티와 온라인 커뮤니티에 대한 이론적 고찰로 3장과 4장으로 이루어져 있다. 제3장은 전통적 커뮤니티에 대한 기존연구의 검토를 하였으며, 제4장은 가상 커뮤니티에 대한 이론적 고찰로 가상 커뮤니티의 등장, 가상 커뮤니티의 정의와 특성, 가상 커뮤니티의 형성요건과 종류에 관한 내용을 담고 있다.

제3부는 3개의 장으로 이루어져 있는데, 제5장에서는 커뮤니티와 마케팅의 관계를 다루고 있는데, 지배 메커니즘으로써 커뮤니티가 어떤 의미를 제공하는지를 제시하고 있는지, 또한 커뮤니티 개념이 마케팅에 주는 시사점을 전통적 커뮤니티 개념과 가상 커뮤니티 개념으로 구분하여 제시하였다. 제6장에서는 커뮤니티 개념이 마케팅에 어떻게 도입될 수 있고 어떻게 활용 가능한지를 제시하였다. 마케팅에서 교환 행위자의 관계로서 커뮤니티가 어떻게 형성되어 어떠한 과정을 거쳐 성과를 나타내는지를 고찰하고 있다. 제7장은 이 중 최근 관심의 대상이 되고 있는 브랜드 커뮤니티를 장을 달리하여 자세하게 다루고 있다.

마지막으로 제4부로써 제8장은 커뮤니티에 대한 실증연구들을 제시하고 있다. 제8장에서는 온라인 커뮤니티가 어떻게 형성 가능한지에 대한 모형, 온라인 커뮤니티를 통한 경제적 거래에 영향을 미치는 변수들을 규명한 모형, 브랜드 커뮤니티의 다양한 성과에 관한 모형을 제시하고 실제 이러한 모형을 실증조사를 통한 결과를 제시하고 있다. 이러한 다양한 모형들은 최근 1~2년간 사이에 학술지에 발표한 내용들이다.

본 책은 일반적인 전문서적보다 커뮤니티라는 더욱 한정적인 주제를 다루고 있어 책을 보는 독자들이 다소 어려움이 있을 것으로 예상되어 출판을 망설였다. 하지만 우리나라의 마케팅 인프라와 정보기술의 수준은 세계에서 가장 앞서가는 분야이다. 이러한 점을 고려해 볼 때 커뮤니티에 관한 연구는 향후 우리나라의 마케팅 분야 발전에 매우 필요한 영역이라 생각되어, 앞으로의 연구에 조금이나마 도움이 되고자 하는 바람으로 출판하기로 결정하였다.

부족한 학생을 학문의 길로 인도하여 인내로써 이끌어주시는 임종원 교수님, 공부에 전념할 수 있도록 장학금을 지원해주신 고 오상락 교수님, 서울대학교 은사님들과 선후배 여러분들께 진심으로 감사를 드립니다. 특히 이 책이 나오기까지 도움을 주신 한국학술정보의 재송순 사상님과 박수선 님에게도 감사를 드립니다.

2006. 6
강명수

목 차

** 제1부 디지털 환경과 커뮤니티 **

** 제2부 커뮤니티 이론적 고찰 **

** 제3부 커뮤니티 활용 전략 **

** 제4부 커뮤니티 활용 실제 **

표 차례

그림 차례

제1부 디지털 환경과 커뮤니티

제1장 디지털 환경에 대한 이해

1. 디지털 환경의 의의

1.1 Relationship Marketing과 디지털 환경

세계경제가 글로벌화되고 정보화가 진전되며 시장이 통합화되어 가고 있다. 이러한 급속한 변화의 흐름 속에 기업은 살아남기 위하여 지난 수십 년 동안 신제품 개발, 가격 인하, 새로운 유통점의 출현, 새로운 광고 기법의 개발 등 에 대하여 수많은 노력을 기울여 왔다. 이러한 다양한 노력들은 1980년대에 이르러 변화를 보이게 되는데, 기업을 둘러싸고 있는 다양한 환경을 받아들어야 하는 대상으로 여기는 것에서 적극적으로 활용하는 대상으로 간주하게 된 것이다. 이러한 환경과의 적극적인 상호작용을 통해서 마케팅 경쟁우위를 확보하려는 노력이 전략적 마케팅(strategic marketing) 관점에서의 관계마케팅(relationship marketing)이다.

1980년대 말부터 행해진 관계마케팅에 대한 여러 연구들은 마케팅 성과를 높이기 위해 마케팅 시스템의 과업 환경요소들을 연결하려는 관계마케팅, 고객과 장기적 관계 강화를 위한 관계마케팅, 기업 간 관계 강화를 통해 경쟁우위를 향상하기 위한 관계마케팅, 기업과 기업 간의 정보적 기술을 활용한 정보적 관계마케팅, 온라인 커뮤니티의 활성화에 따른 커뮤니티 관계마케팅 등과 같이 다양하게 진행되고 있다.

이러한 맥락에서 기업을 둘러싸고 있는 환경에 대한 이해야말로 그 어느 때보다 더욱 중요하다고 할 수 있겠다. 오늘날의 환경은 그 복잡성과 다양성으로 인해 한마디로 표현하기가 어렵지만, 정보기술과 커뮤니케이션 기술의 발달, 인터넷의 등장, 모바일 기기의 확산 등으로 대표되는 디지털 환경이라고 이야기할 수 있을 것이다.

1.2 디지털 기술과 특징

    디지털이란 사람의 손가락이나 동물의 발가락이라는 의미에서 유래한 말로서, 일반적으로 데이터를 한 자리씩 끊어서 다루는 때문에 애매모호한 점이 없고, 정밀도를 높일 수 있는 방식이다.

    디지털 기술은 다음과 같은 특징을 가지고 있다. 첫째, 디지털 기술은 광속확산성을 지닌다. 디지털과 아날로그의 전송속도는 같으나, 디지털이 전송할 수 있는 용량이 아날로그에 비해 매우 크다. 아날로그를 0/1의 디지털 코드로 전환하면서 샘플링과 압축의 과정을 통하여 매우 작은 단위로 축소되기 때문에 같은 전송 속도라 하더라도 전송 용량이 많아지게 된다. 따라서 저렴한 비용으로 매우 빠른 속도로 정보가 신속하게 이동할 수 있다. 둘째, 디지털 기술은 무한 반복 재현성과 복잡성을 특징으로 한다. 한계 재사용 비용이 0에 가깝기 때문에 급속한 확산을 통해 정보, 아이디어, 제품수명수기를 급속도로 단축시키고, 경쟁자를 매우 빨리 출현시킨다. 따라서 변화가 불연속적이고 예측할 수 없어 복잡성 논리가 적용된다. 셋째, 디지털 기술은 커뮤니케이션의 양과 질적인 측면에서 우수한 상호작용성을 지닌다. 표준화와 다양한 변형으로 인하여 제품 간 결합과 서비스 간 결합을 이루어내 이른바 디지털 컨버전스(Digital Convergence)를 가능하게 한다.

<표 1-1> 디지털 기술의 특징

특 징	내 용	관련 법칙
광속 확산성	저렴한 비용으로 매우 빠른 속도로 정보가 신속하게 이동	• 네드워크 효과 • 수확체증의 법칙 • 무어(Moore)의 법칙 • 멧칼프(Metcalfe)의 법칙 • Digital Convergence
무한 반복 재현성과 복잡성	한계 재사용 비용(marginal costs of usage)이 0에 가깝고 변화가 불연속적이고 미래를 예측하기가 어려움	
상호작용성	표준화와 다양한 변형으로 제품-제품 간, 제품-사람, 사람-사람 간 상호작용을 증대시킴	

■ 무어(Moore)의 법칙 ■

무어의 법칙은 인텔사의 창립자 중 한 사람인 고든 무어(Gorden Moore)가 지난 1965년에 발견한 것으로, 18개월마다 컴퓨터가격은 변하지 않고 성능만 2배로 향상된다는 이론이다. 무어의 예측대로 CPU는 눈 깜짝할 사이에 386, 486, 펜티엄 Ⅰ, 펜티엄 Ⅱ가 등장, 소비자들은 어제 산 PC가 내일이면 구모델이 되어버리는 현실에 살게 되었다. 따라서 무어의 법칙이 지적하는 사실은 18개월마다 동일한 비용에 두 배의 성과를 얻는다(또는, 똑같은 성능을 절반의 비용에 얻는다)는 원리이다.

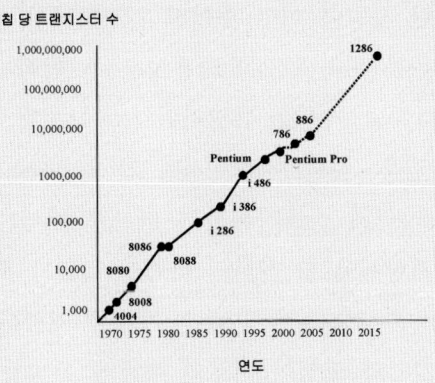

■ 멧칼프(Metcalfe) 법칙 ■

무어의 법칙은 제품이나 서비스의 급속한 확산을 설명하지 못했다. 그래서 등장한 것이 멧칼프의 법칙이다. 멧칼프의 법칙이란 3COM의 창업자이자 컴퓨터 네트워크를 위한 안정적 이더넷(ether net) 프로토콜 개발자인 멧칼프가 제안한 법칙으로, 어떤 네트워크의 가치는 그 네트워크에 참가하는 구성원 수에 비례하는 것이 아니고 제곱에 비례한다는 것이다.

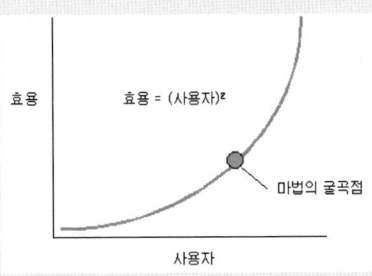

멧칼프의 법칙에서는 위 그림과 같이 곡선의 팔꿈치 부분에 마법의 굴곡점이 존재한다. 마법의 굴곡점이란 기술은 임계질량을 말하는 것으로, 이 점을 지나면 그 가치는 기하급수적으로 증가하는 지점을 의미한다.

2. 디지털 환경의 특성

2.1 디지털 환경의 특성

1) 상호작용성(Interactivity)

상호작용(interaction)이란 사람이 어떤 주어진 환경하에서 어떤 사물이나 사람 혹은 대상들과 행하는 모든 행위를 뜻하며, 상호작용성은 두 당사자 간의 쌍방향적인 자극의 전달 정도를 말한다. 디지털 기술로 특징지워지는 디지털 환경은 표준화와 다양한 변형으로 제품-제품 간, 제품-사람, 사람-사람 간 상호작용을 증대시킴으로 상호작용성을 극대화시켜 준다. 따라서 상호작용성은 디지털 매체가 갖는 중요한 특성임과 동시에, 디지털 환경에서 지향해야 할 하나의 마케팅 목표가 된다. 특히 디지털 환경에서 기업과 고객의 상호작용은 고객들에게 많은 가치를 제공하여 주며, 고객과의 관계 구축의 단계를 마련하여 기업과 고객이 서로의 행동에 동태적으로 적용할 수 있게 한다. 그러므로 디지털 시대의 상호작용성은 단순히 매체 특성을 넘어서 고객과의 장기적인 관계를 구축 가능하게 하는 핵심적 전략수단이 된 것이다.

2) 연결성(Connectedness)

연결성이란 시간이나 장소에 관계없이 언제 어디서나 기업과 소비자 또는 소비자 간의 실시간 커뮤니케이션이 가능한 특성을 말한다. 디지털 환경에서는 언제 어디서나 모든 사용자가 디지털 네트워크에 접속할 수 있다. 따라서 디지털 환경에서는 구매자-구매자, 판매자-판매자, 구매자-판매자가 지리적, 시간적 제약에 구애됨 없이 상호 연결되며 서로가 직접 접촉하는 것이 가능해 진다. 이러한 연결성은 시간과 장소를 제약을 극복하여 효용성을 높여준다. 즉, 디지털 환경에서는 거래의 장벽이 되었던 시간과 거리가 소멸되어 더 이상 거래의 장벽이 되지 못하며, 고객이 위치한 장소와 시간을 알 수도 있어 시간과 장소를 보다 적극적으로 활용할 수 있다.

3) 개방성(Openness)

개방성은 외부적 연결 가능 수에 대한 실제 외부 연결의 수를 뜻한다. 디지털 환경의 특성은 이전의 물리적인 환경과 달리, 주요 상품인 정보가 서로 간에 공유될 수 있는 성질을 가지게 된다. 이처럼 디지털 환경에서는 기존의 폐쇄적 유통경로와 같은 시장 접근에 대한 편파성이 존재하지 않고, 정보가 모든 사람에게 개방되어 공유되는 성질을 가지고 있다. 따라서 모든 구매자는 원하는 정보에 자유로이 접속할 수 있으며, 마케터는 자유로이 시장에 접근할 수 있다. 이러한 디지털 환경에서의 정보 접근의 용이성은 구매자의 정보를 증가시켜 보다 많은 경로 권한이 소비자에게로 옮겨간다.

디지털 네트워크에서는 기업과 소비자, 구매자와 판매자 간의 디지털 정보교환을 완전히 지원하며 실시간으로 최신 정보를 항상 유지한다. 뿐만 아니라, 소비자들 간의 정보교환도 활발하게 이루어 질 수 있어, 때로는 소비자들이 정보의 우위에서는 일도 흔히 발생하는 등 많은 부분에서 개방성의 현상들이 나타나고 있다.

■ American Airline의 Sabre 시스템 ■

American Airline의 Sabre 시스템은 1960년 이래 재고관리 단계, 사내의 다양한 기능 통제 단계, 여행사에 단말기 설치를 통한 예약 시스템 구축 단계, 여행 공급업체들과 이것의 수요자를 연결시키는 중앙집중화된 연결 메카니즘의 단계인 4가지 단계를 거치면서 발전해 왔다. 이제는 American Airline도 Sabre에 다른 경쟁업체들과 똑같이 예약 요금을 지불하고 있다. 물론 American Airline이 시장에서 Sabre로부터 얻는 후광 효과(halo effect)는 있으나 핵심적인 American Airline의 혜택은 Sabre가 벌어들이는 수익이다. 즉 여행사는 가장 광범위하고 오차가 없는 시스템을 제공해주지 못하는 폐쇄적 시스템을 고집할 필요는 없다. 만약 Sabre가 그 일을 하지 못하면 다른 시스템이 할 것이다. 만약 어떤 시스템에 만족하지 않는 여행사는 30일 만에 다른 시스템으로 바꿀 수 있다. 따라서 점차적으로 고객을 이 시스템을 통해 제품과 묶는 것은 어려워지고 다른 시스템이 모방할 수 없는 시스템을 구축하는 것은 더욱 어려워진다.

---

4) 융·복합성(Convergence)

컨버전스란 서로 다른 기술, 제품을 합치는 것을 넘어 결합을 통해 새로운 가치를 창출해 내는 것을 의미하는데, 주로 음성, 영상, 문자 등 다른 형태의 데이터와 PC, 휴대폰, 디지털 가전 등 이종의 기기를 유무선 네트워킹 기술을 활용해 통합/활용하는 기술로 구현된다.

디지털은 아날로그와는 달리 데이터의 전송과 변환이 용이하기 때문에, 하나의 기기와 서비스에 다른 디지털 기술들을 묶어서 새로운 서비스를 창출하는 새로운 물결이 자리를 잡아가고 있는 것이다.

■ 디지털 컨버전스의 키워드 "모바일" ■

휴대폰이 맨 처음 세상에 나왔을 때에는 단지 이동 중에 음성 통화를 하는 기능으로 만족하였지만, 휴대폰 기능에 카메라 기능이 부가되고, 휴대폰 기능에 캠코더 기능이 결합되고, 휴대폰 기능에 MP3 기능이 결합하는 등 끝없이 진화 발전을 거듭하고 있다.
그런가 하면 통신과 금융이 결합하여 모바일 뱅킹이라는 새로운 결제 시스템이 이제 대세를 이루어 가고 있기도 하다. 이러한 모든 디지털 컨버전스의 핵심 키워드로 자리잡고 있는 단어는 "모바일(Mobile)"에 있다.

이러한 조류에 따라 이제는 점점 휴대폰과 PDA의 기능과 영역이 모호하여 지고 있으며, 심지어는 노트북도 이러한 모바일 디지털 컨버전스의 조류에 편승하여 소형화 경량화 모바일화가 가속되고 있을 뿐 아니라 이동통신의 기능이 부가되고 있다. 휴대폰은 이제 모바일 정보통신의 총아로 디지털 컨버전스의 핵심 수단으로 부상하고 있다. 휴대폰은 이제 지금까지 발달한 모든 IT 기술을 모태로 하여 모든 정보 통신 기술을 결합하고 모든 IT 기술을 융합하는 중심에 위치하게 되었다.

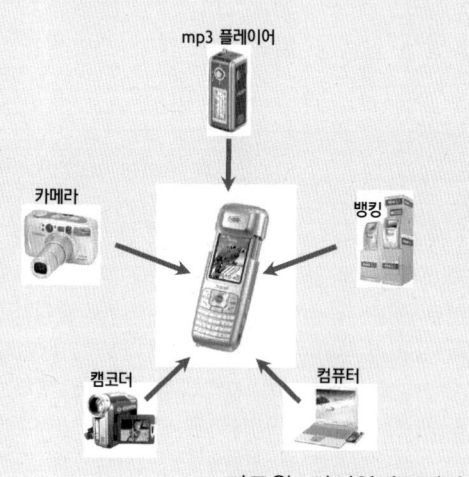

자료원: 아이알다코리아

[그림 1-1] 디지털 환경의 특성

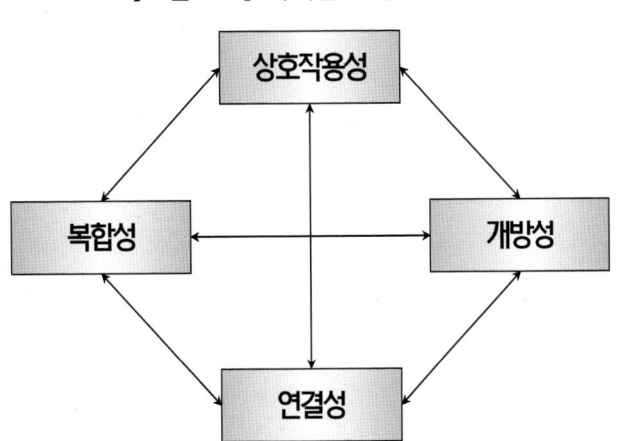

2.2 디지털 환경의 의미

1) 경제적 의미: 네트워크 경제, 지식기반 경제, 글로벌 경제

디지털 기술로 대표되는 오늘날의 경제는 디지털 경제(digital economy)라 부를 수 있다. 디지털 경제의 출현은 단순히 디지털 기술을 생산하거나 활용하는 새로운 산업의 출현을 의미하는 것이 아니다. 제조업 등 기존산업의 생산활동과 소비활동 그리고 소득·분배 측면 등 경제활동 전반에 걸쳐 디지털화를 불러오고 있으며, 이에 더하여 사회·문화에도 영향을 미쳐 경제사회 전반에 걸친 패러다임의 변화를 가져오고 있다. 이러한 의미에서 디지털 경제는 다음과 같은 특징을 지닌다.

첫째, 디지털 경제는 네트워크 경제이다. 디지털 시대에서는 하드웨어적, 소프트웨어적 네트워크가 조화를 이루고 있어 지식이나 정보를 쉽게 디지털화할 수 있고 언제 어디서 누구와도 필요한 정보를 서로 교환하고 쉽게 활용할 수 있다. 따라서 네트워크를 통한 지식과 정보의 공유는 과거보다 효율적인 활용을 가능케 하여 생산성의 획기적 향상 등 경제활동에 큰 기여를 하고 있다. 또한, 기업의 경우에도 아웃소싱, 이업종 결합, 전략적 제휴 등을 통하여 분업과 협업 범위의 확대는 새로운 산업의 출현이나 기존 산업의 혁신으로 연결되고 있다.

둘째, 디지털 경제는 지식기반 경제이다. 지식 중심의 경제에서 가장 중요한 자원은 정보와 아이디어이다. 디지털 기술은 잘 구축된 정보네트워크를 통해 새로운 지식과 정보를 집약화하고 이를 확산시킨다. 결국 디지털 경제에서 지식·정보는 생산뿐만 아니라 유통·소비 등 모든 경제활동에서 부가가치를 높여 경제성장과 산업발전에 많은 기여를 하게 된다.

셋째, 디지털 경제는 글로벌 경제이다. 디지털 네트워크인 인터넷은 시간과 공간의 제약을 극복하므로 국가 간의 상호의존성을 증대시키고 기업의 업무 영역을 전 세계로 확대시킨다. 따라서 기업 간 경쟁의 장도 세계를 대상으로 하는 무한경쟁시장으로 확대되고 있다.

이러한 네트워크 경제, 지식기반 경제, 글로벌 경제의 특징을 지니는 디지털 경제가 기존의 경제와 차별화되는 요인으로는 투입요소가 증가함에 따라 산출물이 오히려 증가하는 수확체증의 법칙, 특정 경제 주체의 산출가치가 혼자 있을 때보다 다른 경제 주체들의 수가 증가함에 따라 증가하는 네트워크 효과(network effect), 낮은 한계생산비용으로 인한 낮은 전환비용(switching cost) 등이 작용하기 때문이다.

2) 문화적 의미: 체험과 참여

디지털 환경이 지니는 문화적인 의미는 체험(experience)과 참여(participation)라 할 수 있다. 디지털화로 인해 정보화가 진전되면서 과거에는 일부 소수에게 국한되었던 정보들을 많은 사람들이 공유(체험)할 수 있게 되었고, 뿐만 아니라 이를 수용하여 창조적으로 재창출(참여)하는 것이 새로운 가치로 인정받는 시대가된 것이다.

아래에 제시된 '2004 디지털 문화코드 7選'은 디지털 환경의 문화적 의미를 잘 보여주고 있다. 인터넷, 휴대폰, 디지털 카메라, 블로그와 같은 등의 개인용 미디어가 결합됨에 따라 기존에는 볼 수 없었던 다양하고 새로운 형태의 문화를 창출해 내고 있다. 이제는 디지털, 생활, 문화는 그 경계를 뚜렷하게 구분 지을 수 없을 만큼 밀접한 관계를 맺고 있다.

■ '2004 디지털 문화코드 7選' ■

◆ '싸이질' 하느라 "바쁘다 바뻐"

2004년은 싸이월드 미니홈피의 열풍의 한 해였다고 해도 과언이 아니다. '싸이질'이라는 신조어를 만들어 낼 만큼 선풍적인 인기를 끌었던 싸이월드는 연말을 맞아 곳곳에서 '히트상품'으로 선정되며 행복한 비명을 지르고 있다. 카페 등 기존 커뮤니티와 달리 개인만의 공간을 쉽게 꾸밀 수 있고 지인들과 '1촌'이라는 인맥으로 연결돼 '인맥 커뮤니티'라고도 불리는 미니홈피.
올해 싸이월드의 가입자 수는 1천200만 명을 돌파했으며 '싸이월드 미니홈피가 없으면 친구들과 커뮤니케이션을 할 수 없다'는 말이 생겨났을 정도로 그 영향력은 대단했다. 싸이월드의 가상화폐인 '도토리(1개 당 100원)'의 하루 판매량이 150만 개에 이른다고 하니 싸이월드 미니홈피의 위력이 어느 정도인지 알 수 있다.

◆ '패러디가 곧 유명세'

2004년 상반기, 대통령 탄핵과 총선 등 정치적인 이슈가 네티즌들의 주된 관심사로 떠오르면서 사진과 그림 등을 합성해 자신의 생각을 표현하는 '패러디'가 인터넷을 수놓았다. 패러디의 산실로 유명한 디시인사이드, 웃긴대학의 회원들이 만들어 낸 갖가지 패러디물들이 쏟아졌으며 미디어몹과 같이 패러디뉴스를 생산해내는 사이트가 새로 생겨나기도 했다. 네티즌들의 패러디물은 정치 풍자를 비롯해 사회적 이슈, 드라마, CF 등에 이르기까지 분야를 가리지 않고 인기를 끌었으며 각 정당들은 네티즌의 문화였던 패러디물을 자신들의 정책과 이미지 쇄신을 위해 직접 제작하는 데 열을 올리기도 했다. 패러디물은 네티즌의 기발함으로 무장한 것이 특징. 또한 디지털카메라와 포토샵 등이 널리 퍼지면서 누구나 쉽게 패러디물을 생산해낼 수 있게 됐다. 이러한 패러디물은 최성국 등 한 연예인을 인기스타로 만들기도 했고 '파리의 연인'과 같은 유명 드라마에 날개를 달아주는 역할을 담당하기도 했다. 그러나 패러디를 어디까지 문화로 인정하고 받아들여야 하는지에 대한 논쟁도 거셌다. 이런 가운데 한 정당을 비판하는 패러디물을 만들었던 패러디 작가가 고발당하는 사건이 발생해 주목을 받기도 했으며 패러디를 하나의 문화로 정착시키자는 움직임도 일어나 패러디 작가연대가 구성되기도 했다.

◆ 나만의 미디어, '블로그 붐'

2004년은 1인 미디어의 시대가 도래한 한 해였다. 국내 유명 포털들은 모두 앞서거니 뒤서거니 대표적 1인 미디어인 블로그를 도입했거나 도입에 나섰다. 한 인터넷 조사기관에서 발표한 자료에 따르면 국내 블로거 인구는 1천만 명을 돌파했다. 이는 네티즌의 관심사가 기존 '카페'로 대표되는 집단 커뮤니티에서 개인적인 공간으로 이동했기 때문이라고 볼 수 있다. 과거 조직 속에서 자신을 표현했던 사람들은 이제 블로그라는 사적인 공간에서 개인의 생각과 관심을 자유롭게 털어놓는 것에 매력을 느끼고 있다. 블로그의 또 다른 매력은 개인적인 공간임에도 익명의 다수와 쉽게 커뮤니케이션이 가능하다는 것. 블로그는 보통 미니홈피와 달리 단순한 신변잡기적 일상이 아닌 한 주제에 대한 자신만의 깊이 있는 생각을 담는 공간으로 인식된다. 또한 포털사이트의 검색과 연계되면서 '전문적인 블로그'들이 주목을 받기도 했다. 같은 주제와 관심사에 대해 댓글로 깊이 있는 토론이 가능하다는 것도 블로그의 특징. 때문에 정보공유를 위해 블로그를 찾는 사람들의 발길이 늘어나고 있다.

◆ 뭐든 찍어 올리는 '디카족'

최근 관련 업계가 발표한 자료에 따르면 2004년 국내 디지털카메라의 판매 대수는 지난 10월 100만 대를 돌파해 올 연말에는 최소한 140만 대를 넘어설 것으로 나타났다. 이제 젊은이들의 필수품이 된 디지털카메라는 더 이상 사진을 찍는 '도구'가 아니다. 디지털카메라는 하나의 놀이 문화를 대표하는 상징물이 된 것. 일명 '디카족'이라고 불리는 이들은 촬영한 사진을 자신의 미니홈피와 블로그 등에 올려 누군가와 공유하길 좋아한다. 이들의 특징은 밥을 먹거나 친구들을 만나는 사소한 일상들을 카메라에 담는다는 것. 사진을 찍고 인터넷에 올리는 것 자체가 이들에겐 하나의 놀이인 셈이다. 또한 디카족은 언제 어디서나 디지털카메라를 소유해 사회의 부조리나 일부 기업의 횡포 등을 순간 포착해 고발하는 역할을 담당하기도 했다.

◆ '펌'은 내 생활······'펌킨족' 대활약

인터넷에 다양한 콘텐츠를 이곳저곳으로 옮기는 네티즌들을 일컫는 '펌킨족'. 2004년 한 해 이들의 활약은 대단했다. '펌킨족'이란 말은 인터넷에 올려진 콘텐츠를 자신의 미니홈피나 커뮤니티로 옮기는 행위인 '펌'과 인터넷 유행어인 '즐(KIN 옆으로 읽으면 '즐'이 됨)'이 합쳐져 만들어진 새로운 인터넷 언어. 이들은 자발적, 그리고 독자적으로 콘텐츠들을 퍼 나르면서 콘텐츠의 대량생산화에 크게 이바지했다. 패러디물은 이러한 펌킨족의 손을 타고 더 넓게 알려졌으며 유행어와 뉴스 등 다양한 콘텐츠가 이들의 레이더망에 걸려들었다. 미니홈피와 블로그 등은 이들 펌킨족의 욕구를 충족시키기 위해 '스크랩' 등 게시물을 쉽게 옮길 수 있는 기능을 기본적으로 제공하고 나서기도 했다. 기업에서는 펌킨족의 전파 능력을 빌어 마케팅을 펼치는 방법을 생각해냈을 정도. 그러나 펌킨족의 활동이 왕성해지면서 자연스럽게 '저작권 논란'이 화두로 떠오르기도 했다.

◆ 만능 엔터테이너 '휴대폰'

이제 카메라폰 정도는 필수인 시대가 왔다. 뿐만 아니다. 좀 더 똑똑한 휴대폰을 원하는 모바일족의 욕구에 따라 휴대폰은 MP3, TV 등 다양한 기능을 담당하는 그야말로 만능 엔터테이너로 진화했다. 덕분에 휴대폰은 이제 단순한 기기가 아니라 새로운 문화를 창출해 내는 중심에 섰다. 모바일족은 이제 휴대폰을 마치 PC처럼 이용하며 메신저와 미니홈피, 블로그까지도 휴대폰을 통해 즐기고 있다. 물론 부작용도 만만치 않았다. MP3 폰은 저작권 문제와 맞물려 2004년 음악 시장이 겪은 진통의 한 가운데 놓이기도 했으며 카메라폰으로 인한 부작용은 연일 뉴스거리가 되기도 했다.

◆ '10대 그들만의 문화'······인터넷 소설

인터넷 커뮤니티에서 인기를 얻으며 오프라인 책으로까지 출판된 인터넷 소설들. 2004년에는 이들 인터넷 소설들이 대거 스크린으로 진출하며 다시 한번 인터넷 소설의 저력을 확인시켜 준 한 해였다. '엽기적인 그녀', '동갑내기 과외하기'에 이어 올해 개봉한 유명 인터넷 소설작가인 '귀여니'의 '늑대의 유혹'과 '그놈은 멋있었다'는 인터넷 소설의 특징을 그대로 스크린으로 옮기며 10대들의 호응을 얻는 데 성공했다. 10대 주인공들의 발랄한 사랑 이야기가 중심인 인터넷 소설은 그들만의 문화를 만들어내는 데 지대한 공헌을 한 셈. 덕분에 인터넷 소설들은 가상공간을 벗어나 서점의 한 코너를 차지하고 있을 만큼 그들의 사랑을 독차지하고 있다.

자료원: 아이뉴스24

3) 사용자 의미: 커뮤니티와 구전

디지털 환경이 가지는 다양한 의미 중에서 전통적 마케팅과 비교했을 때 가장 큰 변화라고 할 수 있는 부분이 바로 사용자, 즉 소비자 측면에서의 변화이다.

◆ 아줌마들의 입소문 아줌마닷컴

아줌마닷컴은 아줌마들의 구전을 활용한 입소문 프로모션의 기획 실시와 신상품 개발을 위한 컨셉 조사 및 설계, 그리고 아줌마들의 체험을 통한 모니터링 및 필드 마케팅 서비스를 제공하고 있다. 이를 위해 아줌마 마케팅 랩(Azoomma Marketing Lab)을 통해 아줌마들의 충성도 높은 커뮤니티와 전문화된 소비자 모니터 그룹, 이를 뒷받침하는 온라인 마케팅 전문 시스템을 기반으로 하여 온라인과 오프라인에 이르는 광고, 홍보, 프로모션, 정성 리서치, 필드 마케팅 서비스를 실시하고 있다.

또한 아줌마닷컴은 '소비자 모니터센터(CMC)' 주관으로 대한민국 아줌마들의 '입에서 입으로 소문 난 좋은 브랜드'를 찾기 위한 소비자 조사를 실시하여 '2004 아줌마 입소문 파워 브랜드'를 선정 하였다. '아줌마 입소문 파워 브랜드 조사'는 여성이 주요 고객층인 산업부문의 다양한 브랜드 중에서 여성 소비자의 판단과 온라인, 오프라인으로 전파되는 입소문을 근거로 '브랜드가 가지는 가치'를 평가하는 것이다. 이는 대중 매체 광고를 통해 형성된 브랜드 인지도를 평가하는 데서 그치지 않고, 직접 제품을 체험한 소비자가 브랜드에 대해 판단하는 수준과 입에서 입으로 전해지는 상품의 가치평가라는 데 그 의의가 있다.

자료원: 아줌마닷컴

디지털 환경은 시간과 장소의 제한을 극복하여, 소비자들이 탐색에 대한 주도권을 가지고 가치창출 과정에 참여하게 함으로 소비자를 능동적으로 만들고, 원자화되고 고립화된 개인을 모음으로써 공동구매와 커뮤니티와 같은 형태로 소비자를 집단화하여 소비자의 파워를 증가시킨다. 또한 디지털 환경에서는 인터넷의 발달로 쌍방향 커뮤니케이션과 상호작용성이 크게 증대하여, 기업-소비자 간 커뮤니케이션뿐 아니라 소비자-소비자 간의 커뮤니케이션이 크게 증가하였다. 전통적인 환경에서는 구전은 소비자에게 중요한 정보원이긴 하지만 접근하기가 힘들고 시간과 거리, 그리고 인적 네트워크라는 한계를 가지고 있었다. 그러나 디지털 환경에서 구전은 이러한 한계를 극복하여 단순한 정보원의 역할을 넘어 고객의 소리에 대한 감지, 제품 개선, 신제품 아이디어 제공 등과 같이 고객이 기업의 마케팅 활동에 참여하는 수단적 의미를 지니고 있다. 이러한 과정을 통해 디지털 환경은 기존의 기업주도 마케팅을 고객 주도 마케팅

(customer driving marketing)으로 변화하게 한다.

4) 기술적 의미: 인터넷, 모바일, 유비쿼터스

디지털 환경이 지니는 기술적 또는 수단적 의미는 인터넷 → 모바일 → 유비쿼터스
로의 진화라 할 수 있다. 컴퓨터를 기반으로 한 인터넷은 한동안 기업의 경영활동과
마케팅 과정에 가장 중요하고 획기적인 변화를 가져다준 디지털 혁명을 상징적으로 대
표하여 왔다. 이미 많은 기업들이 컴퓨터를 활용한 인터넷 마케팅을 도입하여 성공적
인 성과를 위해 노력하고 있다. 이러한 인터넷 기반의 마케팅 환경은 이동통신의 급격
한 성장과 확산으로 공간적 제약 없이 인터넷을 사용하고자 하는 욕구와 맞물리면서
다양한 영역에서 엄청난 진화를 거듭하고 있다. 이러한 변화의 중심에 서있는 것이 바
로 인터넷과 이동통신 기술이 결합된 모바일 인터넷의 등장이다. 또한 모바일 인터넷
은 단순히 도구적인 의미로써 이동통신을 뛰어넘어 노트북, PDA 등과 같은 다양한 인
터페이스를 통해서 유비쿼터스 네트워크(Ubiquitous Network)라는 새로운 개념을 제
시라고 있다.

[그림 1-2] 디지털 기술의 구현 방향

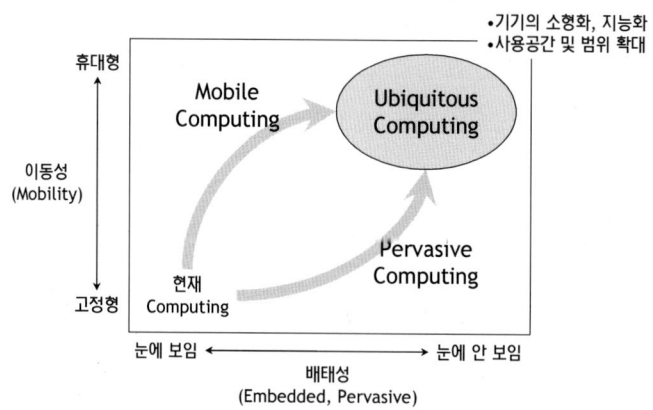

라틴어 ubique는 "어디나(everywhere)"라는 뜻이고, 편재성(ubiquity)은 동시에 어
디에나 존재함(omnipresence)을 의미한다. 따라서 유비쿼터스 네트워크는 네트워크에

접속되는 기기가 개인용 컴퓨터에서 이동 전화, 가전제품 등으로 확대되게 됨으로써, 네트워크가 널리 편재되어 언제 어디서나 어떠한 기기를 이용해서도 고품질의 네트워크에 접속하여 정보교환이 가능한 환경을 의미한다.

[유비쿼터스 교육] 이런 교육 환경 보셨나요?

• 기자: 한창 컴퓨터 게임하느라 바쁜 초등학교 2학년 혜린이와 5살 태윤 어린이.

• 태윤: 누나 그만해, 많이 했으니까……이제 나 후레쉬 맨 틀어줘.

• 혜린: 조금만 더 하고……

• 기자: 이제 컴퓨터에 익숙해진 이들 남매의 게임시간을 관리하는 것은 부모의 가장 큰 고민거리입니다.

• 엄마: 혜린아 숙제 다 했니?

• 혜린: 아니요.

• 엄마: 엄마 지금 나가야 되는데, 그러면 30분만 더 게임하고 태윤이랑 같이 숙제하고 책 보고 그래.

• 혜린: 네.

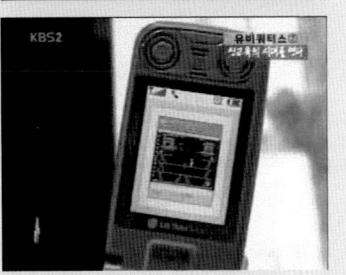

• 기자: 하지만 엄마와의 약속시간을 훌쩍 넘긴 이들 남매의 게임삼매경이 갑자기 중단됩니다.

• 혜린: 어 꺼졌네.

• 기자: 오락하다가 꺼졌네요, 어떻게 된 거예요?

• 혜린: 엄마가 밖에서 30분 지나서 끄신 것 같아요.

• 기자: 같은 시각. 주부 김양희 씨는 미장원에서 머리손질을 하면서도 휴대전화로 자녀들의 컴퓨터화면을 확인할 수 있습니다.

• 엄마: 집에서 나오기 전에 우리 아이들보고 30분만 게임하고 끄라고 했거든요. 그런데 아직 하고 있네요. 그래서 제가 여기서 꺼주려고요.

PDA를 통해 사회 수업을 진행하고 있는 고등학교.

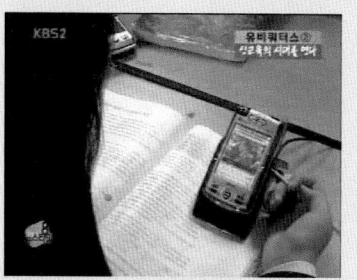

- 교사: 이번 시간 배운 내용을 잘 정리해서 기억을 했는지 시험을 통해 살펴보도록 하겠습니다.
- 기자: 시험이 끝남과 동시에 채점이 이루어지고 교사의 평가가 동시에 이루어집니다.
- 학생: PDA를 수업시간에 사용하면 자료를 직접 그 자리에서 인터넷에 들어가 검색해서 올릴 수 있어 좋습니다.

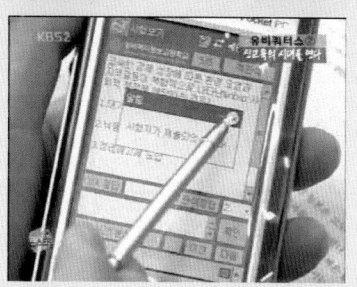

- 기자: 대학캠퍼스에서도 학생증은 사라지고 휴대전화 하나만 있으면 출입과 도서대출, 각종 편의시설 이용이 가능합니다. 도서관 열람실의 빈자리 확인은 물론 수강신청, 성적확인도 자유자재입니다.
- 기자: 학원 수강도 정해진 시간에 강의실을 찾지 않아도 유명 강사의 수업을 들을 수 있습니다.
- 학생: 지하철이나 집에 가는 길, 자투리 시간이나 여가시간 등 그냥 흘려보낼 수 있는 시간을 잘 활용할 수 있어서 좋은 것 같습니다.

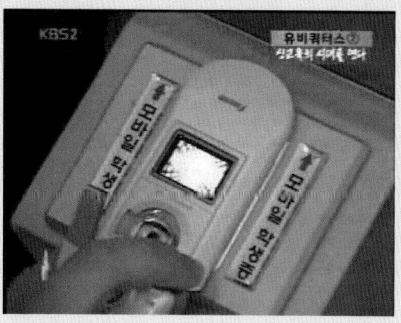 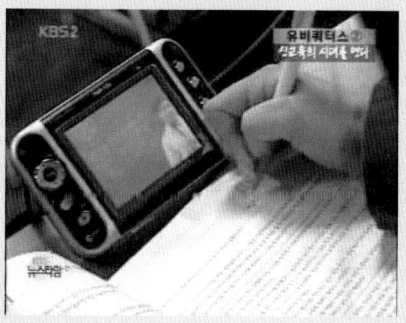

자료원: KBS

[그림 1-3] 디지털 환경의 다양한 의미

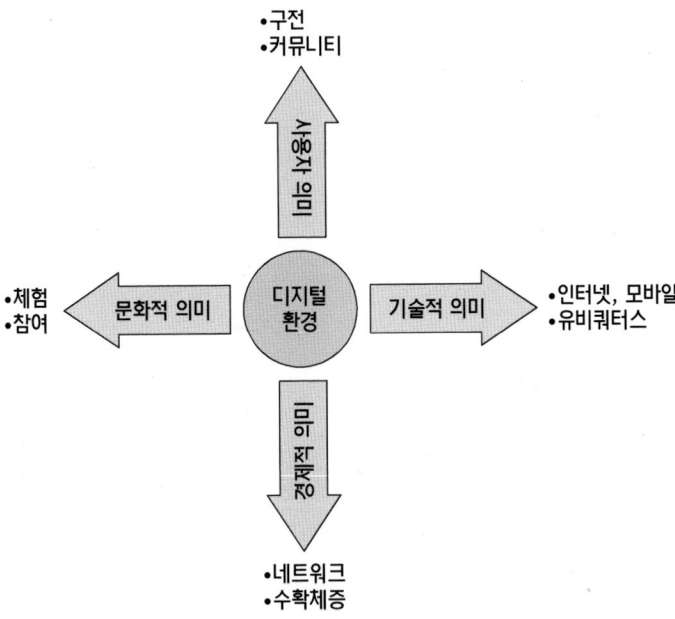

제2장 디지털 시대 커뮤니티 연구의 의의

1. 커뮤니티 연구의 의의와 필요성

21세기 기업에게 가장 중요한 자산은 고객이다. 즉 고객을 확보한 기업만이 끝없는 경쟁의 시대에서 살아남을 수 있을 것이다. 이처럼 기업의 생존에 중요한 고객을 확보하기 위한 기업의 노력과 방법이 전과는 다른 양상을 보이고 있다.

인터넷 시대를 맞이하여 온라인과 오프라인에서 이업종, 이업태 결합이 이루어지고 있을 뿐만 아니라, 디지털 시대의 퓨전 상품의 등장으로 산업의 영역이 없어지고 있다. 즉, 기업의 경쟁력 강화를 위한 노력은 세계적으로 거의 모든 분야에서 연결의 이익(relationship merit) 창출을 위한 전략적 제휴 등의 형태로 나타나고 있다.

이러한 배경에서 커뮤니티(community) 개념은 기업의 활동에 매우 중요한 위치를 차지하고 있다. 커뮤니티는 주로 사회학자들에 의해서 "어떻게 사회가 가능한가"라는 질문에 대한 대답으로 주로 연구되어 왔다. 19세기와 20세기 초반에 이르기까지, 커뮤니티는 사회적 사고의 핵심 개념이고, 사회학자들과 철학자들 사이의 주요한 관심사였다. 그러나 커뮤니케이션 기술, 통신 기술, 정보기술의 발달은 커뮤니티 개념과 사회적 의식을 바꾸어 놓았다. 커뮤니티는 더 이상 지역에 의해 제한 받지 않게 되었고, 지역적인 개념으로써의 커뮤니티 개념은 그러한 제한을 뛰어 넘었고 의미가 확장되었다.

마케팅에서도 정보기술과 인터넷의 발달에 의한 가상환경의 보편화로 인해 온라인 커뮤니티(on-line community)와 같이 커뮤니티라는 용어가 많이 등장하고 있다. 기업 측면에서는 교환 행위자들의 관계를 설명함에 있어 네트워크 구조에서 커뮤니티 구조로의 이동, 가치사슬(value chain)에서 아웃소싱 네트워크(outsourcing network)인 가치창조 커뮤니티(value-added community)로의 변모, 소비 측면에서는 물리적인 근접성을 기반으로 한 공동 소비의 주체로써 커뮤니티, 브랜드를 중심으로 한 브랜드 커뮤니티, 인터넷에서 역시장의 형성과정에서 소비자 커뮤니티, 온라인상에 존재하는 수많은 커뮤니티가 그러한 예이다.

특히, 온라인 커뮤니티는 마케팅에 중요한 시사점을 제공한다.

Clark과 Martin이 연결마케팅(relationship marketing)에서 고객 간 관계의 방향을 제시한 이후, 기업에 있어서 고객과의 연결마케팅의 중요성은 더욱 증가하고 있다. 기업은 고객과의 관계 관리를 통해 대(對)고객 마케팅비용과 거래비용을 줄일 수 있고, 교차판매(cross-selling) 등으로 고객당 판매량을 증가시킬 수 있다. 인터넷과 정보기술의 발달은 기업의 이러한 가능성을 한층 더 높여 놓았다.

인터넷상에서 기업이 고객과의 관계를 형성, 유지, 발전시키는 대표적인 방법이 커뮤니티 구축과 운영이다. Sheth와 Sisoda는 정보몰(information mall)의 개념을 통해 온라인 커뮤니티의 물리적, 경제적, 기술적, 사회적 측면에서 필요성을 제시하였고, Clark과 Martin은 온라인 커뮤니티를 통한 고객과의 관계의 방향을 제시하였으며, Armstrong과 Hagel은 가상 커뮤니티(virtual community)를 통한 고객과의 관계 구축의 중요성을 지적하였다. 송창석은 가상마케팅 시스템에서의 기업의 연결마케팅 전략으로 기업마케팅 과정에 소비자의 참여와 가상 커뮤니티 형성을 제시하였다.

이러한 맥락에서 대부분의 기업들은 고객과의 관계를 위해서 자신의 홈페이지 등에 커뮤니티를 운영하고 있지만, 커뮤니티가 고객과의 관계에 어떤 영향을 주는지, 어떤 커뮤니티를 어떻게 운영해야 하는지, 커뮤니티가 실제 얼마만큼의 효과를 가져다주는가에 대한 연구는 거의 없는 실정이고, 특히 인터넷을 중심으로 한 온라인 커뮤니티의 연구는 커뮤니티 이론을 바탕으로 하지 않고 단순히 인터넷과 커뮤니케이션 측면만을 강조하여 인터넷의 영향을 중심으로 기술하고 있으며, 기업과 소비자가 집단화됨으로써 나타나는 현상이나 가상환경에서의 소비자 행동에 대한 이해가 부족하다.

따라서 커뮤니티에 대한 보다 심층적인 논의가 필요하며, 이는 기존의 커뮤니티 이론을 바탕으로 하여야 할 것이다. 현재의 온라인 커뮤니티에 대한 논의들은 용어와 개념만 커뮤니티 이론에서 차용하고 추가적인 논의는 이루어지지 않거나 이론적 기반을 결여하고 있다.

따라서 본 책은 마케팅에서 커뮤니티 개념이 어떻게 적용될 수 있는지를 밝히고, 마케팅에 주는 시사점이 무엇인지를 규명하여, 온라인 커뮤니티와 브랜드 커뮤니티에 대한 다양한 실증연구를 제시하는 데 초점을 두고 있다.

2. 커뮤니티 연구의 구성과 체계

본 책은 4부 총 8장으로 구성되어 있는데, 각 장별 주요 내용은 다음과 같다.

제1부는 1장과 2장으로 구성되어 있는데, 제1장은 디지털 환경에 대한 이해를 담고 있다. 디지털 기술의 의미와 특징을 먼저 고찰한 후, 이러한 디지털 환경이 지니는 의미를 경제적 측면, 문화적 측면, 사용자적 측면, 기술적 측면으로 나누어 고찰하였다. 제2장은 본 책에 대한 구성으로써 디지털 시대 커뮤니티에 대한 연구가 왜 중요하고 필요한지를 담고 있다.

제2부는 커뮤니티와 온라인 커뮤니티에 대한 이론적 고찰로 3장과 4장으로 이루어져 있다. 제3장은 전통적 커뮤니티에 대한 기존연구의 검토를 하였으며, 제4장은 가상 커뮤니티에 대한 이론적 고찰로 가상 커뮤니티의 등장, 가상 커뮤니티의 정의와 특성, 가상 커뮤니티의 형성요건과 종류에 관한 내용을 담고 있다.

제3부는 3개의 장으로 이루어져 있는데, 제5장에서는 커뮤니티와 마케팅의 관계를 다루고 있는데, 지배 메커니즘으로써 커뮤니티가 어떤 의미를 제공하는지를 제시하고 있는지, 또한 커뮤니티 개념이 마케팅에 주는 시사점을 전통적 커뮤니티 개념과 가상 커뮤니티 개념으로 구분하여 제시하였다. 제6장에서는 커뮤니티 개념이 마케팅에 어떻게 도입될 수 있고 어떻게 활용 가능한지를 제시하였다. 마케팅에서 교환 행위자의 관계로서 커뮤니티가 어떻게 형성되어 어떠한 과정을 거쳐 성과를 나타내는지를 고찰하고 있다. 제7장은 이 중 최근 관심의 대상이 되고 있는 브랜드 커뮤니티를 장을 달리하여 자세하게 다루고 있다.

마지막으로 제4부로써 제8장은 커뮤니티에 대한 실증연구들을 제시하고 있다. 제8장에서는 온라인 커뮤니티가 어떻게 형성 가능한지에 대한 모형, 온라인 커뮤니티를 통한 경제적 거래에 영향을 미치는 변수들을 규명한 모형, 브랜드 커뮤니티의 다양한 성과에 관한 모형을 제시하고 실제 이러한 모형을 실증조사를 통한 결과를 제시하고 있다.

제2부 커뮤니티 이론적 고찰

제3장 커뮤니티란 무엇인가?

1. 커뮤니티 정의

1.1 커뮤니티에 대한 연구의 흐름

커뮤니티는 주로 사회학자들에 의해서 "어떻게 사회가 가능한가"라는 질문에 대한 대답으로 주로 연구되어 왔다. 콩트(Comte), 퇴니스(Tönnies), 뒤르카임(Durkheim), 마르크스(Marx), 베버(Weber) 등의 학자들은 전근대적 사회관계가 근대적 권력에 대치되는 과정을 커뮤니티의 개념으로 설명하려고 하였다. 퇴니스(Tönnies)는 2분법적 유형화에 의한 사회분석 모형으로 커뮤니티에 대한 연구의 프레임웍을 제시하였고, 뒤르카임(Durkheim)은 유사성에 바탕을 둔 기계적 연대에서 이질성을 기반으로 한 유기적 연대로의 커뮤니티 진화론적 관점을 주장하였다.

19세기와 20세기 초반에 이르기까지 커뮤니티는 사회적 사고의 핵심 개념이었고, 사회학자들과 철학자들 사이의 주요한 관심사였다. 모더니티(modernity), 시장 자본주의, 소비자 소비시대의 초창기에 커뮤니티에 대한 연구는 커뮤니티의 성립조건과 운명에 대한 연구들이 주류를 이루었고, 20세기 후반에 이르러 커뮤니케이션 기술의 발달로 컴퓨터 통신 환경(computer mediated environment)에서 동호회와 같은 커뮤니티에 대한 논의가 있어 왔다.

마케팅에 있어서도 일부 학자들은, 특히 서비스 마케팅 분야, 감성적이고 공공적인 소비 현상을 설명하기 위해서 커뮤니타스(communitas), 커뮤낼리티(communality)와 같은 개념을 도입하려고 노력해 왔다. 그들은 커뮤니티 소비 연구에 있어서 민족 사회학적(ethno-sociological) 접근과 소비 인류학적 접근이 필요하다고 주장하였다.

최근 가상환경의 보편화로 인해 마케팅에서도 지금까지 많이 연구되지 않았던 커뮤니티 현상에 대해 관심을 기울이고 있다.

1.2 커뮤니티의 정의

커뮤니티라는 용어는 ① 함께(together)라는 cum과 의무(obligation)라는 munus의 합성, ② 함께(together)라는 cum과 하나(one)라는 unus의 합성의 뜻을 가지는 "Communis"라는 라틴어에서 유래되었다.

커뮤니티 개념을 이해하기 위해서는 모더니티와의 관련성을 이해해야 한다. 19세기 사회학자들은 모더니티가 커뮤니티를 붕괴시킬 것이라고 보았다. 따라서 자본주의 발달과 함께 본격적으로 등장한 사회(society)의 개념은 커뮤니티와 반대되는 개념으로 여겨졌다.

커뮤니티는 〈표 3-1〉에서 보는 것과 같이 지역적 단위로서 커뮤니티, 사회 조직체 단위로서 커뮤니티, 상호작용 연결망으로서 커뮤니티 등의 의미로 다양하게 사용되어 왔다.

〈표 3-1〉 커뮤니티에 대한 다양한 정의

연구자	정 의	핵심개념
Barksdale (1998)	공동의 관심사를 해결하기 위해 모인 개인의 집합체	공동 관심사
Bender (1978)	상호관계와 감정적인 결속에 의한 사회적 관계의 네트워크	상호관계, 감정적 결속
Bernard (1973)	여러 가지 상황에서 사람들 사이에 발생할 수 있는 공동의 유대나 집합 정신(커뮤니티와 지역 커뮤니티를 구분)	공동 유대
Brownwell (1950)	한 성원이 다른 성원과 함께 있을 때 편안함을 느끼며 일상적으로 생활이 되풀이되는 가운데 놀라움이 없이 서로 친숙하게 마주칠 수 있고 잠재적이거나 실질적인 대면 집단	편안함, 일상생활, 대면
Hillery (1955)	지리적 영역 내에서 하나의 혹은 그 이상의 부가적인 공동의 유대를 통해 사회적으로 상호작용하는 사람들로 이루어진 집단	공동 유대, 상호작용, 지역성
Minar and Greer (1969)	구성원들과의 공동의 유대관계, 공통적으로 바라는 것에 대한 동경, 운명을 같이하는 사람에 대한 유대관계를 확장시키는 것	공동 유대

연구자	정 의	핵심개념
Nisbet(1967), 신용하(1985)	높은 정도의 인격적 친밀, 정서적 깊이, 도덕적 헌신, 사회적 응집, 시간적 연속성 등을 특징으로 하는 모든 형태의 사회관계를 포괄하는 용어	공동 유대, 사회관계
Poplin (1979)	인간이 자신의 동료들과 촘촘하게 짜여진 의미 있는 관계망에 자신이 짜여들어 있다고 느끼는 상태를 말하기 이해 사용되어 온 것	관계 망, 소속감
Schatz (1991-1992)	일정한 조그마한 물리적 지역에서 거주하는 사람들을, 혹은 보다 일반적으로 그들의 공유된 가치를 의미	공유가치, 지역성
Sussman (1959)	개인들 사이의 상호작용이 개별적 욕구를 충족시키고 집단적 목표를 획득하려는 의도를 지닐 때 커뮤니티는 존립한다고 보면서, 제한된 지리적 영역은 커뮤니티의 또 다른 특성	지역성, 상호작용
Warren (1972)	지역적 적합성을 지니며 주요한 사회 기능을 수행하는 사회 단위들과 체계들의 결합	사회 기능, 지역성
Wellman (1979)	비용이 적고 접근 가능한 커뮤니케이션으로 인해 지리적으로 자유로운 커뮤니티	비지역성, 상호작용
Wheatley and Rogers(1998)	생태계(ecosystem)라 불리는 관계망(web of relations)	관계 망
송창석 (1996)	보다 큰 단위 내에서 공통의 관심, 직업 등을 지닌 보다 작은 사회적 단위로서 모인 사람들의 집단	공통의 관심

그러나 이러한 다양한 정의들 사이에는 공통된 개념 내지 관점이 존재하는데, Bell과 Newby와 Poplin은 다음과 같이 기술하고 있다.

① 지역성: 커뮤니티는 지역적 기반을 가지고 있다는 점에서 다른 조직체와 구분이 된다.
② 상호작용: 커뮤니티는 다른 사람들과 상호작용하는 사람들로 이루어진다. 즉, 커뮤니티를 상호작용에 의거하여 사회집단으로서 사회체계로서 바라보는 것이다.
③ 공동의 유대: 커뮤니티는 구성원들을 동일시하고 안정감과 소속감을 느끼는 기본적 단위이다. 커뮤니티 구성원들은 공동의 유대와 연대를 공유한다.

Karp et al.도 커뮤니티의 다양한 정의들을 종합하면서 사회적 상호작용(sustained social interactions), 공유된 특성과 가치(shared attributes and values), 지역성(a delineated geographical space)을 커뮤니티의 세 가지 요소라고 규정하였다.

<표 3-2> 심성적 커뮤니티 특성

특 성	내 용	비 고
일체감	구성원들이 중요하고 의미 있는 집단에 속하고 있다는 느낌	소속 집단(커뮤니티)에 대한 것
심성적 통일성	구성원들이 공동의 목표를 추구하고 있다는 느낌, 다른 구성원과 하나라는 느낌	
자발성	커뮤니티의 하위 집단에 참여하고자 하는 욕구	개인적 입장
전체성	구성원들 상호간에 본래적인 의미와 가치를 지니고 있다는 느낌	

자료원: Poplin, 1979에서 수정

1.3 커뮤니티 특성

Poplin은 커뮤니티 개념을 제시한 후 이와 대립되는 대중 사회를 대조하면서, 커뮤니티 특성을 커뮤니티 수준(level)과 개인 수준으로 구분하여 각각 심성적 일체감과 통일성, 자발성과 전체성으로 제시하고 있다.

커뮤니티 정의의 다양성으로 커뮤니티 특성 또한 다양하나, 일반적으로 논의되는 세 가지 커뮤니티 특성이 있다.

첫째, 가장 중요한 커뮤니티 요소는 Gusfield가 지적한 '동료 의식(consciousness of kind)'이다. 동료 의식은 구성원이 다른 구성원에 대해 느끼는 내재적인 연결이고, 커뮤니티에 없는 다른 사람들과는 차별적인 느낌이다. 동료 의식은 공유된 태도(shared attitudes)나 인지된 유사성(perceived similarity)보다 더 나은 차원의 생각하는 방법으로서 공유된 의식(shared consciousness)이다. Weber는 이를 소속감(knowing of belonging)이라고 하였다.

둘째, '공유된 의례와 전통(shared rituals and traditions)'의 존재이다. 의례와 전통은 커뮤니티의 역사, 문화, 의식을 영속시키고, 다른 커뮤니티와 차별성을 나타내게 한다.

커뮤니티의 세 번째 특성은 전체로서 커뮤니티 또는 개별 구성원에게 느끼는 의무 또는 책임인 '도덕적 의무감(sense of moral responsibility)'이다. 도덕적 의무감은 커뮤니티의 유지, 존속을 위하여 새로운 구성원을 유치하게 하고, 커뮤니티가 위험한 시기에 협동적인 행동을 가능하게 하여 경쟁관계에 있는 커뮤니티와 맞서게 한다.

한편, Goldsmith는 커뮤니티의 일반적 특성을 구성원들의 커뮤니케이션, 거래, 공동의 문화로 제시하였고, Buford는 리더쉽, 구성원을 통한 학습 네트워크, 개인적 욕구충족, 구성원 확장 등을 커뮤니티의 특성으로 제시하고 있다.

2. 커뮤니티에 대한 이론적 접근

커뮤니티의 이론적 기원으로는 Tönnies와 Durkheim을 들 수 있다. Tönnies는 "공동사회와 이익사회(Gemeinschaft und Gesellschaft)" 2분법적 유형화를 Durkheim의 진화론적 관점을 제시하였다. 이후 커뮤니티 이론은 Hillery의 일반 커뮤니티(generic community)와 지역 커뮤니티(rural community) 이론, Poplin의 동질성을 가진 소집단, 심성적·정신적 현상, 지역사회의 3가지 관점, 한홍수의 지역사회 권력연구, 기능적 커뮤니티론, 사회심리학적 측면의 커뮤니티론 등으로 발전하였다.

이후 현대 커뮤니티 이론은 크게 동일성을 갖춘 집단을 포괄적으로 지칭하는 것, 지역사회를 강조하는 것, 구성원 간의 상호의존성에 초점을 맞추는 것, 문화·심리학적 입장에서 심성적 요소를 강조하는 것으로 구분하여 볼 수 있다.

〈표 3-3〉 커뮤니티에 대한 접근

관 점	내 용	예
지역적 관점	• 법적으로 한정된 경계 내에 사는 사람들로 정의 • 지역과 결부된 조직체의 단위	지역 커뮤니티
기능적 관점 (상호작용)	• 구성원이나 사회체계들의 상호의존성 내지 전문성에 초점 • 상호작용을 중시하는 입장, 사회조직체 기본 단위로 보는 입장	정치 커뮤니티(국가)
도덕적, 정신적 관점(공동의 유대)	• 다른 구성원들과 일체가 되어 함께 관계를 맺고자 하는 현상 • 집단에 대한 일체감과 통일성, 개인의 입장에서 자발성과 전체성 • 의미 있는 관계의 망에 자신이 속하고 있다고 느끼는 상태	문화 커뮤니티
포괄적 관점	• 동일 행위, 동일 직종의 구성원과 같이 동일성을 갖춘 조직체나 범주의 구성원을 포괄적으로 지칭	종교 커뮤니티, 학문 커뮤니티, 군사 커뮤니티

자료원: Bell and Newby, 1972; Poplin, 1979; Anderson, 1983에서 정리

3. 커뮤니티 형성요건

커뮤니티의 정의를 지역성, 상호작용, 공동의 유대와 같이 3가지 관점에서 분류하여 본다면 커뮤니티 형성의 조건은 커뮤니티를 어떻게 정의하느냐에 따라 상당한 차이가 있다.

Hillery는 커뮤니티의 정의에 공통요소를 지역성, 사회적 상호작용, 공동의 유대 세 가지로 보았고, Sussman은 커뮤니티가 개인들 사이의 상호작용이 개별적 욕구와 집단적 목표를 달성하려는 의도를 지닐 때 존재할 수 있다고 보고 커뮤니티의 구성요소로 사회적 상호작용, 개인적 사회적 욕구 충족, 그리고 제한된 지리적 영역을 제시하였고, 양석준은 커뮤니티 구성요소를 지역성을 제외하고 개인적 사회적 욕구를 충족시키기 위한 기능적 요소(상호작용)와 문화 심리적 요소(공동의 유대)로 나누었다. 양석준은 커뮤니

티의 형성요인을 기능적인 요인과 심성적인 요인으로 나누고, 이중 기능적인 요인을 다시 기계적 요인과 유기적 요인으로 구분하여 커뮤니티의 형성 모델을 제시하고 있다.

[그림 3-1] 기능적 유대와 심성적 유대를 통한 커뮤니티 형성

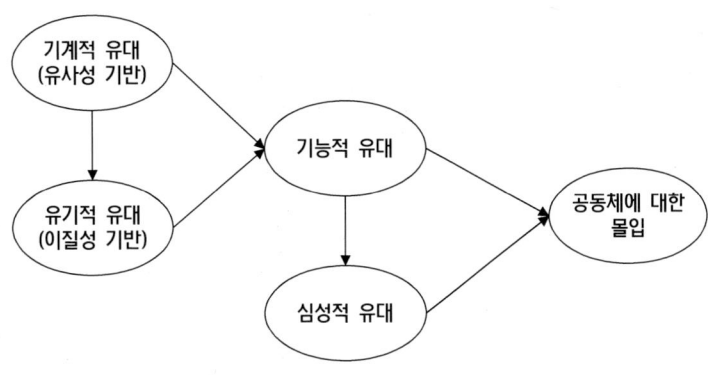

자료원: 양석준, 1999

Barksdale은 커뮤니티의 형성요건을 구성원의 상호작용으로 제시하는데, 조직의 내부 구성원(종업원)과 조직의 외부 구성원(고객, 공급업자 등)에서 나온 구성원들로 형성되고, 정보기술과 커뮤니케이션 기술은 커뮤니티 구성원 간의 상호작용을 증진시켜 생산성 증가, 시간과 자본의 절감, 새로운 팀의 구성, 인간관계의 형성하여 커뮤니티 의식을 창출한다고 하였다.

Wheatley와 Rogers는 커뮤니티 형성의 기본 원리를 상충하는 두 요인, 즉 자유에 대한 절대적 필요성(자주적 결정의 욕구)과 상호관계에 대한 필요성(상호작용 욕구)으로 설명하고 있다. 무언가를 창조하기 위해서는 기본적인 자유, 즉 스스로 결정할 수 있는 능력이 있어야 하고, 이를 바탕으로 역사적으로 고찰한 바에 의하면 시간이 지날수록 증가하는 것은 협동이라면서 개인은 자신에서 탈피하여 커뮤니티를 추구한다고 하였다. 그들은 계속해서 역동적인 커뮤니티를 구성하기 위해서는 커뮤니티 목적을 강조한다. 많은 커뮤니티가 사라지는 이유는 목적을 잊어버리기 때문이고, 목적을 바탕으로 한 무엇이 중요한가에 대한 공통의 신념과 왜 함께 하는가에 대한 상호신뢰를 바탕으로 커뮤니티가 형성되고 운영되어야 하고, 성공적인 커뮤니티를 위해서 창의성과 다양성, 공헌하고자 하는 의지, 관계에 대한 욕구가 필요하다고 하였다.

Covey는 이상적인 커뮤니티에 같이 적용되는 네 가지 요소를 원칙에 근거한 선으로써 하나의 표준(one standard; principle-centered goodness), 하나의 마음으로 비전과 가치(one heart; vision and value), 하나의 정신으로 목적, 사명, 일체감과 다양성(one mind; purpose, mission and unity not uniformity, oneness not sameness), 경제적 평등(economic equality; no poor among them)으로 제시하였다.

〈표 3-4〉 커뮤니티 형성요건

연구자	요 건
Hillery(1955)	지역성, 사회적 상호작용, 공동의 유대
Sussman(1959)	구성원의 상호작용, 개별적 욕구와 집단적 목표를 달성하려는 의도
Barksdale(1998)	구성원의 상호작용
Wheatley and Rogers(1998)	자주적 결정의 욕구, 상호작용 욕구
Covey(1998)	표준, 비전과 가치, 목적, 사명, 일체감과 다양성, 경제적 평등
양석준(1999)	기능적인 요인(기계적 요인, 유기적 요인), 심성적인 요인

4. 커뮤니티의 종류

Tönnies가 커뮤니티를 혈연(kinship)에 의한 커뮤니티, 지역(locality)에 의한 커뮤니티, 심성(mind)에 의한 커뮤니티로 구분한 이후, 커뮤니티는 다양한 의미와 종류로 구분되면서 사용되어 왔다. 그러나 다양한 유형의 커뮤니티는 시간과 장소 측면에서 서로 밀접하게 연관되어 있다.

Goldsmith는 커뮤니티 연구를 통해 문제해결 커뮤니티(community of requirement)에서 선택적 커뮤니티(community of choice)로의 변화를 주장하면서 다음과 같은 커뮤니티를 제시하고 있다.

4.1 지리적 커뮤니티(Geographic Communities)

지리적 커뮤니티는 전통적인 커뮤니티처럼 특정 지역을 기반으로 한 커뮤니티이다. 그러나 이동성의 증대와 커뮤니케이션 기술의 발달로 특정 지리적 커뮤니티에 대한 전통적인 충성심(loyalty)이나 연결(connection)은 점차 줄어들게 될 것이다. 그리고 세계 경제적인 측면에서 유럽공동체(EU)와 같은 다국적 지역의 등장은 특정 지역에서 다른 지역으로의 이동을 이동으로 간주하지 않게 할 수도 있다.

4.2 종교적 커뮤니티(Religious Communities)

특정 종교로 모인 커뮤니티로, 미래의 종교적 기회는 누구든지 교파를 선택할 기회가 있으므로 쉽게 형성될 것이다. 오히려 쉽게 종교를 비꿀 수 있다는 것이 새로운 문제로 등장하게 될 수도 있다. 이동이 제한적일 때는 대부분의 종교적 커뮤니티는 지리적 커뮤니티였으나, 인터넷과 커뮤니케이션 기술은 종교적 커뮤니티에도 공간과 시간을 초월하게 하였다.

4.3 문화적 커뮤니티(Cultural Communities)

역사적으로 문화적 커뮤니티의 구성원은 장소(place)와 시간(time)을 초월하여 민족적, 지역적으로 존재하여 왔다. 그러나 앞으로의 문화는 개인의 선택의 문제가 될 것이다. 정보의 유통을 강조하는 인터넷의 도입으로 새로운 문화 커뮤니티가 활성화되고, 가상공간에서도 문화가 창출되고 있다.

4.4 조직 커뮤니티(Organizational Communities)

조직 구성원의 자격(membership)은 더 유동적이며 덜 안정적일 것이다. 훌륭한 성과를 내는 조직 구성원을 보유하고 유지하는 것은 매우 어려울 수 있다. 구성원은 점차 전자적으로 연결된 프리랜서인 이-랜서(e-lancer)로 옮겨 갈 것이다. 구성원이 현재의 조직을 유지하는 이유는 직무가 제공하는 기회와 성장, 동료의식과 같은 요인에 의한 조직에 대한 규범적, 지속적, 감정적 몰입(commitment)이 있기 때문이다. 따라서 미래의 조직에서는 어떻게 구성원으로 하여금 조직에 몰입할 수 있게 하는가는 더욱 중요해질 것이다.

4.5 관심 커뮤니티(Communities of Interest)

인터넷과 정보기술은 전문화되고 개인적인 관심 커뮤니티에 쉽게 참여하는 환경을 제공하고 있다. 시간과 공간의 한계를 극복함으로써 범세계적으로 특별한 주제나 관심에 대한 사람들을 모음으로써 구성원의 증가와 선택의 폭이 훨씬 넓어 질 것이다. 온라인 커뮤니티의 대부분은 넓은 의미에서 이해관계 커뮤니티로 볼 수 있다.

4.6 자원봉사 커뮤니티(Volunteer Service Communities)

제3부문(third sector)의 급속한 성장으로 사회에 대한 봉사의 기회가 많아진다. 기업은 사회 마케팅(social marketing)과 그린 마케팅(green marketing)의 관점에서 지역, 국가, 세계 문제를 해결하기 위하여 노력을 하고 있고, 소비자 역시 다양한 사회 기관을 통하여 자발적으로 자원봉사 활동을 수행한다.

제4장 돌아온 커뮤니티; 가상 커뮤니티

1. 가상 커뮤니티의 등장

커뮤니케이션 기술, 통신 기술, 정보기술의 발달은 커뮤니티 개념과 사회적 의식을 바꾸어 놓았다. 커뮤니티는 더 이상 지역에 의해 제한 받지 않게 되었다. 즉, 초기의 장소로써, 전형적으로 지역적인 개념으로써의 커뮤니티 개념은 그러한 제한을 뛰어 넘어 의미가 확장되었다. 모더니티(modernity)의 개념이 기계적이고 과학적인 진보를 넘었듯 커뮤니티는 장소를 탈피하여 공유된 정체성(shared identity)의 개념이 되었다. 20세기에 이르러 커뮤니티 개념은 계속 확장되었고, 새로운 커뮤니케이션 기술은 공통의 목적과 정체성을 가진 지리석으로 흩어진 개인들을 모았다.

Anderson은 오늘날의 대부분의 커뮤니티는 상상된(imagined) 것이라고 하면서, 매스 미디어의 발달로 커뮤니티는 효율적으로 퍼지고 재생산되어 더 이상 커뮤니티는 구성원의 지리적인 공존에 제한되지 않아 커뮤니티의 개념이 장소보다 넓다고 하였다.

전통적으로 지역 사회의 구성원이 된다는 것은 의식적인 선택의 결과는 아니었고, 거의 대부분의 지역 사회는 필요조건을 해결하기 위한 커뮤니티로 간주될 수 있다. 이러한 관점에서 과거의 커뮤니티는 필요를 해결하기 위한 커뮤니티, 즉 문제해결 커뮤니티(community of requirement)로서의 성격이 강하였다. 따라서 구성원이 커뮤니티에 가입, 탈퇴하는 것이 아니라 커뮤니티가 구성원의 자격을 부여, 박탈하였다. 그러나 정보기술과 커뮤니케이션 기술의 발달로 오늘날 커뮤니티는 구성원이 커뮤니티를 선택하고, 낮은 비용으로 탈퇴가 가능한 선택적 커뮤니티(community of choice)로 변화되어 가고 있다. 과거와 같이 구성원이 자신의 가치를 커뮤니티에 증명해야 하는 것이 아니라, 커뮤니티가 그 구성원들에게 커뮤니티의 가치를 보여줘야 하는 것이다. 특히, 커뮤니케이션 네트워크인 인터넷의 발달로 사람들 사이의 연결 형성과 강화가 가능하게 됨으로써 가상 커뮤니티의 개념은 더욱 발달하게 된다.

2. 가상 커뮤니티의 정의와 특성

2.1 가상 커뮤니티의 정의

가상 커뮤니티의 정의를 살펴보기 앞서 가상(virtual)이라는 단어의 의미를 살펴보면 다음과 같다. 가상(virtual)의 사전적 의미는 논리적, 결과적으로 존재하지만 물리적으로 존재하지 않는 것이다. 이는 현실(real)과 대비되는 말이나, 비실재적이거나 허구적인 것을 의미하는 것은 아니다.

일찍이 전자적 매체(computer-mediated)가 커뮤니티에 미치는 영향에 대해서 다양한 논의가 있어 왔는데, Carey는 "전자적 기술이 바람직한 변화를 위한 원동력이자 인류공동체를 재창출하는 핵심요소이며 오랫동안 그리워하던 자연주의로의 회귀수단"으로 요약하고 있다.

가상환경에서의 커뮤니티는 서로 모르는 사람들끼리 아이디어와 정보를 교환하는 느슨한 컴퓨터 통신망, 인터넷에서 서로 채팅을 하는 사람들의 모임, 해커집단, 온라인 역할 게임에 참여하는 사람들, 전자게시판 가입자들, 유즈넷(USENET)의 뉴스그룹과 같이 다양하게 사용되어 왔다. 전자적 커뮤니티(electronic community)는 물리적 세계의 커뮤니티와 마찬가지로 공동 관심사를 지닌 집단에 초점을 두는데, 다만 이들의 관심은 물리적 근사물(proxy)보다는 컴퓨터 네트워크를 통해 매개된다.

가상 커뮤니티는 시간과 공간에 제한되지 않고 전자적 매체를 통하여 연결된다는 점을 제외하고는 Tönnies가 구분한 심성(mind)에 의한 커뮤니티와 유사하고, 구성원 사이의 다양한 상호작용과 커뮤니티의 기준과 규칙을 가진다는 점에서 Lawrence가 제시한 조직적 커뮤니티(organizational community)와 유사하다.

가상 커뮤니티와 유사한 용어로는 전자적 커뮤니티(electronic community), 온라인 커뮤니티(on-line community), 상징적 커뮤니티(symbolically constituted community), 상상 커뮤니티(imagined community) 등이 있다.

Rheingold는 현대 사회의 소외와 익명성에 반하는 커뮤니티에 대한 열망을 가상 커뮤니티의 형성동인으로 제시하면서, 가상 커뮤니티(virtual community)란 가상공간에서 사람들이 지속적으로 토론하고 인간적인 감정을 나눔으로써 형성하는 인간적 관계

망에서 비롯된 사회적 집합체로 정의하였고, 임현경은 가상 커뮤니티는 컴퓨터 통신망의 특정한 경계 혹은 장소에서 유사한 이해 관심과 목적을 가진 사람들이 컴퓨터 의해 매개되는 커뮤니케이션(computer-mediated communication)을 통해 반복적이고 지속적으로 상호작용함으로써 형성되는 사회적 관계와 유대로 정의하였다. 가상 커뮤니티를 사전적 커뮤니티 의미의 관점에서 재정의해 보면 컴퓨터 매개를 통하여 모인 공동의 관심, 직업 등을 지난 사람들의 모임이라고 할 수 있을 것이다.

Farrior et al.은 온라인(on-line) 커뮤니티를 공동의 주제나 관심에 근거하여 가상공간에서 아이디어를 교환하고 공동의 공간의 형태(form)를 공유하는 사람들로 구성된 포럼인 전통적인 물리적 커뮤니티가 공동의 가상공간에서 이루어 진 것으로 정의하였다. 주우진은 가상 커뮤니티란 인터넷 매체를 통한 상호작용적 사회집단이나 공동관심사를 가진 집단의 구매나 교환 등의 의사전달의 형태로 정의하였고, 김재일은 공동 관심사를 가진 사람들끼리 온라인상으로 서로 의견을 교환하거나 공동 협력하기 위하여 모인 사람들의 집단으로서, 보통 기업이 지원하는 웹사이트를 가상 커뮤니티라 하였다.

Cohen은 상징적 커뮤니티(symbolically constituted community)란 상징적 자원들을 통해 사람들에게 의미 있게 구성되는 것으로, 결속된 전체 속에서 구성원의 정체성(identity)을 제공하는 가치, 규범의 체계로 정의하였다.

〈표 4-1〉 가상 커뮤니티의 유사개념

용 어	연구자
가상 커뮤니티 (virtual community)	Reid, 1991; Rheingold, 1993, 1998; Baym, 1995; Armstrong and Hagel, 1996
온라인 커뮤니티 (on-line community)	Jones, 1995; Farrior et al., 1999; Rothaermel and Sugiyama, 2001
전자적 커뮤니티 (electronic community)	Rice and Love, 1987; Champy et al., 1996; 곽진민, 1997
상징적 커뮤니티 (symbolically constituted community)	Cohen, 1987
상상 커뮤니티(imagined Community)	Anderson, 1983

가상 커뮤니티(virtual community)는 〈표 4-1〉과 같이 다양한 용어로 사용되었지만, 어떠한 매개체를 통해 공동의 관심에 근거하여 모인 사람들의 집합이라는 점에서 공통점을 가지고 있다. 즉, 가상 커뮤니티는 다른 커뮤니티와 마찬가지로 하나의 분명한 사회 계약을 따르며, 일치된 이해관계를 가지고 있는 사람들의 집합이다. 즉, 공통의 장소가 아닌 공통의 이해를 바탕으로 한 커뮤니티이다.

따라서 가상 커뮤니티라고 함은 단순히 전자적 매체(특히, 컴퓨터)를 매개로 하는 것뿐만 아니라, 전통적 커뮤니티가 가지는 지리적(물리적) 공간을 필요로 하지 않는 커뮤니티를 의미한다고 볼 수 있을 것이다. 따라서 본 연구에서는 가상 커뮤니티를 전자적 매체 이외에 마케팅을 포함한 다양한 수단(제품, 브랜드 등)을 매개로 하여 실체적(physical) 공간(place)을 필요로 하지 않는 커뮤니티로 정의하기로 한다.

2.2 가상 커뮤니티의 특성

가상 커뮤니티는 기존의 커뮤니티와 유사한 면을 가지면서도 〈표 4-2〉에서와 보는 것과 같이 구분되는 새로운 특성을 지닌다. 가상 커뮤니티는 이해 타산적이 것이 아니라 선물경제(gift economy)와 유사한 호혜성(reciprocity)을 지니고, 익명성 등의 매체 특성으로부터 기존의 위계를 거부하고 새로운 기준을 창출한다.

Lawrence는 조직으로서 커뮤니티를 연구하면서, 전통적 커뮤니티의 공통된 특성이 사회적 상호작용(sustained social interaction), 커뮤니티 기준(community standards), 멤버쉽 규칙(membership rules)으로 대체되어야 한다고 하였다. 이는 전통적인 커뮤니티의 지리적인 경계를 넘어선다는 점에서 주목할 만하다.

가상 커뮤니티에서노 여선히 진빌한 인간관계, 청서적인 감정, 공동의 목적, 상호협력과 자발적 헌신, 공통의 규범과 가치에 대한 헌신이 강조되는데, Fernback과 Thompson은 커뮤니티의 개념을 가상 커뮤니티에 확장하는 것은 공적인 것(the public)보다 사적인 것(the private)이 강조되는 사회적, 문화적 경향을 반영하는 것이어서 개인주의 조장, 가입과 탈퇴의 자유로움, 이로 인한 커뮤니티 불안정성을 특성으로 제시하고 있다.

〈표 4-2〉 전통적 커뮤니티와 가상 커뮤니티 비교

	전통적 커뮤니티	가상 커뮤니티
형성동인	• 공적인 동류의식	• 사적인 이해, 관심
지역성	• 혈연, 지연과 같은 객관적 특성(지리적 기반)으로 모임 • 지역적 경계	• 비슷한 관심이나 가치를 중심으로 모임 • 지역적 경계 없음
상호작용	• 면대면 중심	• Computer-Mediated Communication
공동의 유대	• 가상 커뮤니티 내에서도 높은 수준의 커뮤니티 감정(community sentiment; 소속감, 공유가치, 규범) 존재	

Rheingold는 인간의 삶에 있어서 사는 곳, 일하는 곳, 즐거움(conviviality)을 찾아 모이는 곳이 본질적인 장소로써 커뮤니티가 형성되고 유지되는 공간이라고 말하면서 가상 커뮤니티에 있어서 사회적 공간으로서의 장소감이 중요성을 부각하면서 가상 커뮤니티의 특성과 장점을 다음과 같이 제시하고 있다.

첫째, 가상 커뮤니티는 직접 면대면을 하지 않아도 되기 때문에 선입관(prejudices)을 가지지 않는다. 가상 커뮤니티의 구성원이 자신의 성별, 연령, 국적 등을 밝히지 않는 한 특성이 드러나지 않는다. 즉, 가상 커뮤니티는 아이디어(ideas)와 실질적 인간(feeling beings) 그 자체를 중요시 여기는 커뮤니티이다.

둘째, 가상 커뮤니티는 사람을 공통의 관심사(shared mutual interests)에 따라 연결시켜 주는 도구(instruments)이다. 전통적인 커뮤니티에서는 사람을 먼저 만나야 하지만 가상 커뮤니티에서는 그럴 필요가 없다. 공통의 관심사만 있으면 좋은 친구가 될 수 있다.

셋째, 커뮤니티 구성원들의 정보처리를 도와준다는 것이다. 정보 시대에 문제는 정보는 많은(information overload) 반면 개인에게 적합한 것을 걸러내는 여과 장치가 없다는 것이다. 가상 커뮤니티는 구성원 가운데 정보를 필요로 하는 사람에게 알려 줄 수 있다.

Muniz와 O'guinn은 전통적 커뮤니티와 마찬가지로 가상 커뮤니티가 지니는 특성을 공유된 의식(shared consciousness), 의례와 전통(rituals and traditions), 도덕적 책임감(sense of moral responsibility)을 지적한다. 즉, 가상 커뮤니티는 커뮤니티에 소속감을 느끼는 구성원을 가지고 있고, 성장과 유지를 관리하는 구심점이 있으며, 구성원들의 상호작용에 의해 설립되는 원칙(guiding principles)을 가지고 있다.

그러나 가상 커뮤니티는 가상환경에서 상호작용을 하게 됨으로써 면대면(face-to-face) 욕구와 사회 전체에 대한 관심이 줄이고 공공영역을 쇠퇴하게 하여 사회적 결속을 강화하는 것이 아니라 "원자화된 커뮤니티"를 낳을 수도 있고, 커뮤니케이션의 비진실성(insincerity)과 비성실성(inauthenticity)으로 인해 의사 커뮤니티(pseudo community)를 초래할 수도 있다.

Wheatley와 Rogers도 인터넷이 새로운 커뮤니티의 원천일 수 있으나, 인터넷을 기반으로 한 커뮤니티는 개인주의와 협력(paradox of community)을 포용하지 못하기 때문에, 개개인을 구분하는 경계를 형성하여 개인의 독특한 능력을 커뮤니티에 기여하기보다는 서로의 유사성을 강화하여 다양성을 수용하지 못할 수 있음을 지적하였다.

또한 가상 커뮤니티의 부정적인 측면은 면대면 커뮤니케이션 방식에서 얻을 수 있는 표정, 목소리, 뉘앙스 등을 느낄 수 없고, 온라인상에서는 다른 사람들을 속이기 쉽다는 것이다.

따라서 가상환경이 진정한 커뮤니티를 창출할 수 있는가의 여부는 매체 특성에 있는 것이 아니라, 구성원들이 무엇을 위해, 어떻게 사용하는가에 달려 있다. 따라서 가상 커뮤니티에서 주의를 기울여야 하는 것은 구성원들의 태도와 행동이다.

3. 가상 커뮤니티의 형성

가상 커뮤니티는 다른 사람과 커뮤니케이션, 정보, 오락 등에 대한 인간의 욕구를 충족하기 위해 등장하였다.

Farrior et al.은 인터넷 커뮤니티 구성요소를 인터넷 커뮤니티는 사이트에 소속감을 느끼는 구성원, 성장과 유지를 조장하는 오거나이저 또는 조직체, 구성원과 오거나이저에 의해 설립되는 원칙(guiding principles), 비즈니스 프로세스와 다는 주체와의 관계, 상호작용성 다섯 가지로 제시하였고, 공유된 관심(shared interests), 활동적인 구성원(active member participation), 만족과 피드백(satisfaction and psychological feedback),

상호혜택적 하부구조(economic infrastructure)를 지속적이고 성공적인 운영의 요소로 들고 있다. 김범준은 가상 커뮤니티 성립을 위해서 갖추어야 할 요소로 공유가치, 연결의 장, 구성원과 오거나이저, 커뮤니티 규범(norm), 커뮤니티 활동(community activity)을 들고 있다.

김재일은 인터넷에서 기업이 가상 커뮤니티를 형성하는 단계를 〈표 4-3〉과 같이 제시하고 있다.

〈표 4-3〉 가상 커뮤니티의 형성 단계

단 계	내 용
커뮤니티 유형 결정	• 커뮤니티 대상(소비자, 기업) 결정 • 참가자 욕구 파악 • 서비스 내용 결정
커뮤니티 목적 명확화 및 예산 수립	• 지원 구축: 관심, 인센티브, 상호작용 강화 • 예상 참가자, 비용 효과 파악
커뮤니티 구조 결정	• 커뮤니티 포함 영역(정보, 서비스, 상거래 등) 결정
대안 검토 및 선정	• 기술, 구매, 아웃소싱 결정
커뮤니티 시스템 확인	• 서비스 과정 확인 • 데이터베이스 구축 및 점검
커뮤니티 출범	• 커뮤니티 론칭 전략 및 실행
커뮤니티 유지와 성장 도모	• 컨텐츠 업데이트 • 참가자 피드백

자료원: 김재일, 2001에서 정리

4. 가상 커뮤니티의 종류

온라인과 인터넷을 중심으로 한 가상 커뮤니티는 1970년대 미국의 학자들이 정보와 연구를 공유하기 위해 형성하기 시작한 이후, 정보와 아이디어의 교환(exchange information and ideas), 관심의 공유(share common interests), 상호간의 즐거움

(entertain each other), 관계의 진작(foster relationships), 도움의 추구(seek help), 지원의 제공(offer support), 제품과 서비스 거래(trade goods and services) 등을 중심으로 모이는 환경으로써 폭넓게 여겨질 수 있다. 이러한 인터넷을 중심으로 한 가상 커뮤니티의 종류는 구성원(members), 사회적 욕구(needs), 비즈니스 모델(business model)에 따라 분류할 수 있다.

4.1 구성원에 따른 가상 커뮤니티 분류

가상 커뮤니티는 구성원에 따라 소비자 중심 커뮤니티와 기업 중심 커뮤니티로 구분할 수 있다. 소비자 중심 커뮤니티는 지역별 커뮤니티(geographic communities), 인구통계학적 커뮤니티(demographic communities), 주제별 커뮤니티(topical communities)로 구분할 수 있고, 기업 중심의 커뮤니티는 수직산업별 커뮤니티(vertical industry communities), 기능별 커뮤니티(functional communities), 지역별 커뮤니티(geographic communities), 사업별 커뮤니티(business category communities)로 구분할 수 있다. 김재일은 기업이 커뮤니티에 참가하는 방법은 기업의 상황에 따라 기존에 형성된 커뮤니티에 참가하는 경우와 필요에 의해 자체적으로 커뮤니티를 만드는 2가지로 구분하였다.

4.2 사회적 욕구에 따른 가상 커뮤니티 분류

Armstrong과 Hagel은 온라인과 오프라인 커뮤니티의 연구를 통해 가상 커뮤니티가 구성원에게 가치를 창출하기 위하여 반속할 수 있는 관심(interest), 환상(fantasy), 관계(relationship), 거래(transaction)의 네 가지 기본적인 사회적 욕구를 정리하여, 이에 따라 커뮤니티를 분류하였다.

〈표 4-4〉 구성원에 따른 가상 커뮤니티의 분류

구　분		특　성
소비자 중심	지역별 커뮤니티 (geographic communities)	• 일반적으로 같은 지역에 속해 있어 동일한 관심사를 중심으로 형성 • 유통경로서의 역할 제한적 • 활발하게 구축 운영 중
	인구 통계학적 커뮤니티 (demographic communities)	• 성별, 연령, 인종을 중심으로 형성 • 지역적 한계를 넘음 • 경우에 따라 거래 활동 촉발
	주제별 커뮤니티 (topical communities)	• 성별, 연령, 지역을 제외한 특정한 주제를 중심으로 형성 • 세분화된 주제로 분화 가능성이 높음 • 상당한 경제적 잠재력
기업 중심	수직산업별 커뮤니티 (vertical industry communities)	• 초기에 소프트웨어와 같이 하이테크 산업을 중심으로 형성 • 같은 산업에 종사하는 기업과 사람들을 효율적으로 연결
	기능별 커뮤니티 (functional communities)	• 마케팅, 구매 등과 같이 특정 기능을 중심으로 형성 • 전문화를 촉진하고 정보의 효율성 제고
	지역별 커뮤니티 (geographic communities)	• 아직 미발달 • 특정 지역 내의 소비자 욕구를 충족하는 기업들의 연결 • 소비자 중심 지역별 커뮤니티 내 편입 가능성
	사업별 커뮤니티 (business category communities)	• 특정 형태(중소기업 등)를 중심으로 형성 • 특정 사업을 중심으로 지역, 기능으로 분화 가능성

자료원: Hagel and Armstrong, 1997에서 정리

　관심 커뮤니티는 참가자들이 인테리어 디자인, 스포츠 카 등과 같이 특정 주제에 관하여 상호간에 광범위하게 상호작용하고자 하는 욕구에 기초하고, 환상 커뮤니티 욕구는 가상환경에서 새로운 정체성을 느끼는 등 새로운 환경과 경험, 이야기에 대한 욕구이며, 관계 커뮤니티 욕구는 이혼, 시한부 생명과 같이 열정적이고 깊은 인적 연결을 통해 관계를 형성하고자 하는 욕구이고, 거래 커뮤니티 욕구는 제품 및 서비스의 구매 및 판매를 촉진하고 이들 거래와 관련된 정보를 전달하고자 하는 욕구이다.

<표 4-5> 사회적, 경제적 욕구와 커뮤니티

구 분		내 용	예
사회적 욕구	관심(interset) 욕구	특정 주제에 관한 욕구	http://www.dcincide.com
	환상(fantasy) 욕구	새로운 환경, 개성, 이야기에 대한 욕구	http://www.espn.com
	관계(relationship) 욕구	열정적이고 깊은 개인적 연결에 대한 욕구	http://www.iloveschool.co.kr
경제적 욕구	거래(transaction) 욕구	제품과 서비스 구매 및 판매 촉진과 거래와 관련된 정보 욕구	http://www.enuri.com

자료원: Armstrong and Hagel, 1996; Farrior et al., 1999에서 수정 정리

4.3 비즈니스 모델에 따른 가상 커뮤니티 분류

Farrior et al.은 인터넷 커뮤니티를 포털 커뮤니티(portal communities), 게임 커뮤니티 (pure play communities), 인구 사회학적 커뮤니티(socio-demographic communities), 지원 커뮤니티(support communities), 관심 커뮤니티(broad subject interest communities, niche interest communities), 상거래 커뮤니티(commerce communities) 일곱 가지 유형으로 분류하였다.

1) 포털 커뮤니티

포털 커뮤니티는 Yahoo와 Geocities, Excite@Home과 Throw, Lycos와 Tripod, AOL 과 ICQ와 같이 포털 사이트와 커뮤니티 사이트 사이의 합병을 통해 제공되는 형태이다. 포털 사이트는 넓은 컨텐츠 제공으로 초기 가입자를 확보하고 커뮤니티를 통해 재방문자를 늘려야 한다. 즉, 포털 사이트에 커뮤니티의 구축은 고객유지의 좋은 방법이다. 커뮤니티를 가지고 있는 포털사이트는 도달율(reach), 사용시간, 고객충성도를 증가시키는 혜택을 가질 것이다.

2) 게임 커뮤니티

게임(pure play) 커뮤니티는 포털 사이트와 유사하지만 다음과 같은 점에서 다르다. 첫째, 게임 커뮤니티는 커뮤니티 육성, 구성원의 컨텐츠 제공에 초점을 둔다. 둘째, 커뮤니티의 구조가 다르다. 포털 사이트에 비해 오거나이저(organizer)와 구성원이 사이트의 방향을 설정하는 데 많은 역할을 한다.

3) 인구 사회학적 커뮤니티

인구 사회학적 커뮤니티는 인터넷을 통하여 유사한 인생 경험을 가지고 나누는 사람들로 구성된 커뮤니티다. 포털이나 게임 커뮤니티처럼 수익이나 툴(채팅룸, 게시판 등)은 비슷하지만, 세분화된 시장 특성을 지니기 때문에 다양한 컨텐츠를 제공하므로 낮은 친밀성(intimacy)을 제공한다.

4) 지원 커뮤니티

지원 커뮤니티는 divorcenet.com, kidswithcancer.com, www.depression.com 등과 같이 유사한 인생 경험을 가진 사람들을 연결하는 인구 사회학적인 커뮤니티와 관련된 것으로 친밀성의 수준이 매우 높다. 지원 커뮤니티는 앞의 세 가지 커뮤니티와 유사한 서비스를 제공하지만 보다 개인화되고 전문화된 서비스를 제공한다. 따라서 컨텐츠는 매우 세분화되어 있고, 지원 그룹이 있고, 채팅룸이 중요한 역할을 한다.

〈표 4-6〉 가상 커뮤니티의 분류

기 준			분 류
구 성 원	소비자 중심		• 지역별 커뮤니티(geographic communities) • 인구 통계학적 커뮤니티(demographic communities) • 주제별 커뮤니티(topical communities)
		사회적 욕구	• 관심 커뮤니티(community of interest) • 환상 커뮤니티(community of fantasy) • 관계 커뮤니티(community of relationship) • 거래 커뮤니티(community of transaction)
		비즈니스 모델	• 포털 커뮤니티(portal communities) • 게임 커뮤니티(pure play communities) • 인구 사회학적 커뮤니티(socio-demographic communities) • 지원 커뮤니티(support communities) • 관심 커뮤니티(broad subject interest communities) • 관심 커뮤니티(niche interest communities) • 상거래 커뮤니티(commerce communities)
	기업 중심		• 수직산업별 커뮤니티(vertical industry communities) • 기능별 커뮤니티(functional communities) • 지역별 커뮤니티(geographic communities) • 사업별 커뮤니티(business category communities)

5) 관심 커뮤니티

관심 커뮤니티는 유사한(폭 넓은 또는 특화된) 관심, 취미, 오락을 가진 사람들의 포럼을 제공하는 것이다. 스포츠, 금융, 여행 등이 넓은 관심에 해당하고, 보다 전문화된 것이 특화된 관심 사항이다. 관심 분야가 넓든 좁든 매우 특화된 컨텐츠가 제공된다.

6) 거래 커뮤니티

거래 커뮤니티는 구매자, 판매자, 중간상과 상품을 연결한다. 인터넷을 통하여 소매와 경매 두 가지 유형이 등장하였다. 수익은 광고, 프로모션, 스폰서뿐만 아니라 거래로부터 창출된다. 구성원들에게 제공되는 서비스는 구매와 판매를 보다 활성화한다.

제3부 커뮤니티 활용 전략

제5장 커뮤니티와 마케팅

1. 연구대상과 방법으로서 커뮤니티

1.1 연구대상으로서 커뮤니티

현대 마케팅은 매스마케팅의 개념으로부터 차별화된 가치제공에 따른 원투원 (One-to-One) 마케팅으로 이행중이다. 그러나 Durkheim의 견해에 따라 사회가 발전한다면 현재 해체되고 있는 고객집단은 단순한 해체가 아니라 새로운 질서로의 통합이라고 볼 수 있다.

소비자 측면에서 이러한 새로운 통합은 소비자들 간의 가치공유(value sharing)를 통해 다양한 소비자 커뮤니티 형태로 나타나고 있으며, 개인이 여러 개의 커뮤니티에 소속되는 다차원적인 가치의 공유로 나타나고 있다. 이전의 커뮤니티는 지역성의 제약을 받았기 때문에, 대부분 소비자는 하나의 커뮤니티에 속해 있었다. 그러나 가상 커뮤니티의 발달로 한 개인은 자신이 원하는 여러 개의 커뮤니티에 속할 수 있다. 개인들은 여러 커뮤니티들의 가치의 조합으로 매우 개성적인 인물이 되지만 결국 이러한 개성들은 각 커뮤니티들로 구체화된다. 따라서 개별 소비자를 대상으로 한 마케팅보다 커뮤니티를 대상으로 하는 마케팅에 대한 연구가 필요하다. 이처럼 인터넷과 정보기술 등의 발달로 커뮤니티 개념이 더 이상 지리적인 장소의 개념에 국한되지 않게 되자, 마케팅에서 소비자 행동 이해 등의 분석 수준이 개인뿐만 아니라 공동소비로서의 커뮤니티가 가능하게 된 것이다.

기업 측면에서 미래의 조직은 경직된 상하(top-down)식 계층구조가 아니라 상호 관련된 커뮤니티의 역동적 집합체(community of community)처럼 작동할 것이다. 과거에는 시스템을 만들 때 조직이 그 주위에 경계를 갖고 있다는 가정하에 출발하여, 조직의 경계 내부에는 조직 구성원이 있고, 외부에는 고객, 공급자, 그리고 사회가 있다고 하였다. 그러나 미래의 조직은 조직적인 경계를 넘어서 공통의 관심사를 바탕으로 한 커뮤니티의 형성을 더욱 장려할 것이다. 고객과 공급업자, 즉 동일한 관심사의 커뮤니티 구성원들은 제품과 서비스의 개발, 사용, 개선 과정에 참여하게 될 것이다. 이러한 커뮤니티로서의 조직은 전통적인 조직의 경계와 시스템, 시간, 공간에 제한 받지 않을 것이고, 미래의 성장과 안정에 결정적인 역할을 하게 될 장기적인 관계를 형성하게 될 것이다.

소비자들은 커뮤니티를 구성함으로써 고립되고 원자화된 상황에서 자신의 목소리를 높이고 정보와 사회적 혜택을 제공받을 수 있게 될 것이고, 기업은 차별화된 개별 소비자가 아닌 집단으로서 공유된 의식과 동질성을 가지고 있는 커뮤니티를 구성, 관리함으로써 고객기반을 확장할 수 있게 되고 비용과 효과 측면에서 보다 효율적일 수 있게 된다. 실제로 McGrath et al.은 지역시장에서 농부를 대상으로, Celsi et al.은 스카이다이버들을 대상으로, Schouten과 McAlexander는 Harley-Davidson을 대상으로, Muniz와 O'guinn은 브랜드를 대상으로 하여 소비와 커뮤니티와의 관계를 연구하였다.

1.2 지배 메커니즘(Governance Mechanism)으로서 커뮤니티

지배(governance)는 일반적으로 '거래를 조직하는 양상' 또는 '거래가 시작되고 협상되며, 감시되고 적용되고 끝나는 틀'로 정의된다. 마케팅에서 지배의 개념은 주로 미시 경제학적인 접근과 행위론적 접근이 있어 왔다. 미시 경제학적인 접근에서 지배결정에 대한 암묵적인 관점은 내부와 외부 조직 사이의 선택으로 거래비용 이론(transaction cost theory)으로 대표되고, 행위론적 관점의 주된 초점은 개별 경로 참여자들의 성과 역할을 통제하는 메커니즘의 설계에 대하여 초점을 맞춘다.

거래비용 접근은 불확실성(uncertainty), 제한된 합리성(boundary rationality), 기회주의(opportunism)에 의해 특징지워지는 상황에서 거래비용을 줄이기 위하여 시장(market)에서 위계(hierarchy)로의 이동을 주장한다. 거래비용 접근은 교환 파트너에 대한 위험을 최소화하는 대안들의 효율성을 주로 다룬다.

그러나 거래비용 접근은 개별 기업에 대한 혜택에 중심을 두고 있기 때문에, 오늘날과 같이 기업과 기업, 기업과 소비자, 소비자와 소비자 간의 다양하고 복잡한 관계가 이루어지는 현상을 설명하는 데는 한계가 있다. 거래비용 접근은 개별 기업의 비용 최소화에 중점을 두고 있고 합작 가치를 추구하는 교환 파트너들의 상호의존성을 소홀히 다루고 있다. 또한 조직 상호간의 교환의 구조적 특성에만 관심을 가지고 과정이나 행위론적 측면을 무시하고 있다.

Sawhney와 Prandelli는 기존의 거래비용 이론(transaction cost theory), 복잡성 이론(complexity theory), 커뮤니티 조직과 관리(community organization and management), 지적 재산권 관리(intellectual property rights management)를 바탕으로 하여 네트워크 경제에 있어 혁신(innovation)을 관리하는 메커니즘으로 커뮤니티를 제시하고 있다.

[그림 5-1] 혁신을 관리하는 메커니즘으로서 커뮤니티 접근법의 도출

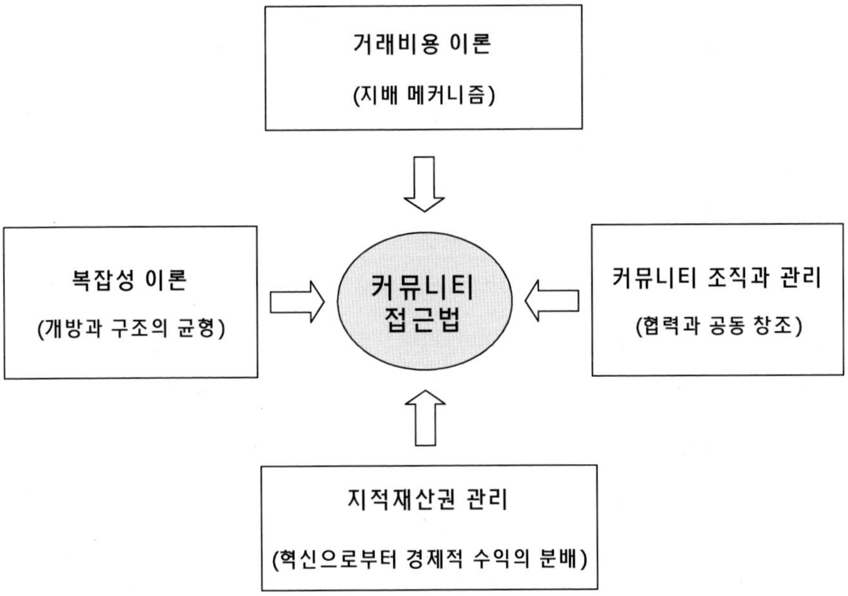

자료원: Sawhney and Prandelli, 2000에서 수정

1) 위계 모델(Hierarchy Model)

통제 메커니즘으로써 위계 모델에서 혁신의 중심은 기업의 범위 내부에 있다. 시스템이 분권화되어도 외부 파트너와 고객을 참가시키지 않은 폐쇄시스템이다. 공동의 목표를 향한 혁신에 중점을 두면서 효율성(efficiency)을 극대화하고 교란(perturbations)

을 최소화한다.

위계 모델은 외부와의 경계와 통제를 강하게 하기 때문에 조정 등의 거래비용의 감소, 지적소유권에 대한 보호, 구조화된 혁신의 보장, 누가 무엇을 소유하는가(분배)에 대한 명확성 등의 이점을 가진다. 그러나 외부로부터 잠재적 공헌 가능성과 불확실성에 대처하는 자기 조직적인(self-organize) 시스템 능력을 저해하기 때문에 부분적인 안정을 제공할 뿐이다. 따라서 혁신의 질적 수준은 조직에 의존하게 되고, 조정과 보완의 여지가 없어 시의 적적하지 않거나 사용자의 요구를 잘못 파악하면 실패한다. Xerox의 연구기관인 Xerox Palo Alto Research Center(PARC)가 위계 모델의 전형적인 예다.

2) 시장 모델(Market Model)

가치사슬의 개념이 가치집단이나 가치 네트워크로 전환되면, 개별 기업의 거래비용 최소화는 거래 가치 최대화로 중요성이 바뀌어야 한다. 기회주의 행동을 줄이는 거래비용의 최소화보다는 교환관계에 있어 순현재 가치(net present value)를 최대화하는 것을 의미 있다. 기업의 가치를 증가시키는 조직 간 전략은 거래비용보다 덜 효율적(efficiency)일지 모르나 효과적(effective)이다. 따라서 가치창조의 다양성과 잠재력을 위해서는 위계에서 시장으로의 이동이 필요하다.

시장 모델은 개방된 시장에서 잠재적 파트너들과 협력하면서 혁신을 달성하는 통제 메커니즘이다. 외부 파트너와 사용자인 고객이 기업 활동에 스스로 참가하는 개방된 시스템이다. 따라서 시장 모델에서는 신속한 혁신, 시간의 단축, 전문성, 유연성, 자기 조직화 등의 혜택이 있다. 그러나 시장 모델은 외부 참가자에 대한 인센티브 제공, 공헌에 대한 심사(screening) 메커니즘 등 해결해야 할 문제점이 있다. 통제(control)와 책임(responsibility)에 대한 명확한 형식의 부재는 분열을 조장하고 목표가 불분명한 상태와 혼돈을 만들고, 불완전한 심사 메커니즘은 커뮤니티의 질을 희석화하고 분위기를 저해할 수 있다. 시장 모델의 예로써는 IBM AlphaWorks와 Linux가 있다.

3) 커뮤니티 모델(Community Model)

하나의 기업 내에 요구되는 전문성을 갖추기는 어렵다. 그리고 순수한 시장은 효과성과 효율성 측면에서 조정 메커니즘이 필요하다. 복잡성(complexity) 이론에 의하면 안정적이고 자유스러운(chaotic) 시스템은 역동적인 사업 환경에 적응이 어렵다. 이러한 문제는 혁신에 있어서 인식 작업(cognitive work)을 유포하고 공유하는 새로운 방법을 주창함으로 해결될 수 있다. Davis와 Botkin은 지식기반 사업에서 제품에 대한 경험을 공유함으로써 기업은 성과(smart)를 올릴 수 있다고 하였다. 가장 매혹적인 것(attractor)은 공동의 관심사(common interest)이다. 커뮤니티는 이러한 공동 관심사를 바탕으로 만들어진다. 커뮤니티는 시장(market)도 네트워크(network)도 아니다. 일시적 거래로 구성된 시장은 장기적이지 못하고, 일정 기간 동안 지속되는 전략적 제휴로 구성되는 네트워크에서는 개인과 기관은 참가자(participants)이지 구성원(members)이 아니다. 때문에 내적 응집력이 약하다. 네트워크는 진정한 공동 관심사(common interest), 공유된 문화(shared culture), 정당한 정체성(legitimized identity)이 부족하다.

커뮤니티 모델은 위계와 시장 모델의 혜택을 조합하는 통제 메커니즘이다. 커뮤니티 모델은 폐쇄도 개방도 아니다. 커뮤니티는 "ba(場)"처럼 물리적(physical)일수도 가상적(virtual) 또는 정신적(mental)일 수 있어, 자기조직(self-organize) 능력을 가지고 있고 복잡하고 안정적인 질서를 만든다. 커뮤니티 접근법은 복잡한 환경에서 내부적 다양성과 유연성을 유지하면서 조직의 혁신을 달성할 수 있게 한다. 혁신의 중심은 기업 내부에 있지 않고, 커뮤니티 내부에 있다. 커뮤니티의 모든 구성원은 커뮤니티에 접근하여 공헌할 수 있다. 그러나 커뮤니티는 구성원에 대한 통제 규칙을 가지고 있다.

커뮤니티는 일반 공중에게 개방되어 있지 않고, 일정한 계약 등에 동의한 권리와 의무가 있는 구성원들에게 개방된 폐쇄되지도 않고 개방되지도 않은 "gated community"이기에 시장 모델에서 요구되는 스크리닝 메커니즘에 대한 요구가 사라지게 된다. 또한 공유된 관심사를 가진 구성원 누가 무엇을 알고, 무엇을 하는가가 분명해 지적 소유권 관리에 중요한 함의를 제공한다.

Sun Microsystems은 Jini 기술을 상업화하는 데 있어 [그림 5-2]와 같이 폐쇄된 위계 모델의 장점과 개방된 시장 모델을 조합하려는 시도를 하였다. 커뮤니티 소스(community source)라고 불리는 소프트웨어 소스 코드를 만들었다. 이는 시장 모델의 개방 소스(open source)와 유사하나, ① 소프트웨어 버전 사이의 호환성이 보장되고 테스트를 강화된다. ② 소유권의 조정과 성능 개선 등의 확장이 가능하고 혁신을 촉진하는 변화가 승인된다는 점에서 구분된다.

[그림 5-2] 시장, 위계, 커뮤니티 모델의 비교

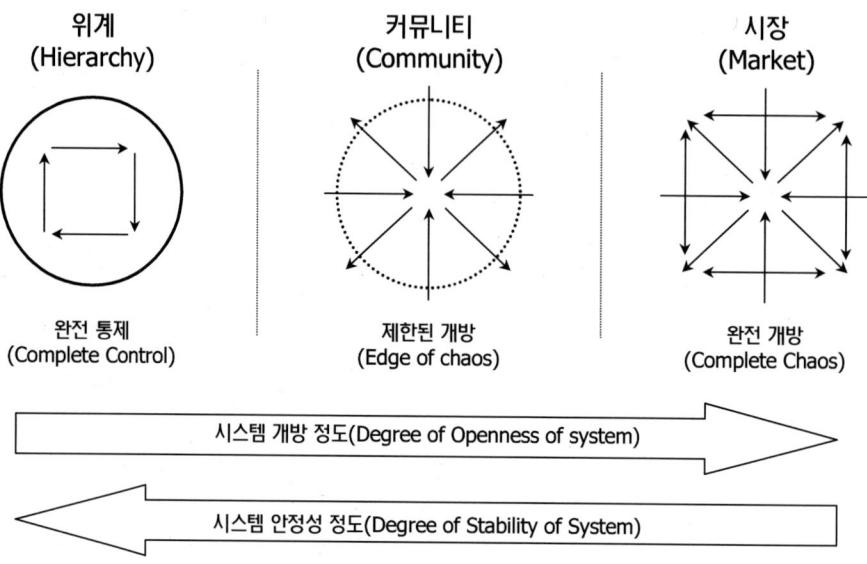

자료원: Sawhney and Prandelli, 2000에서 수정

[그림 5-3] 커뮤니티 모델의 예: Sun's Community Source Licensing

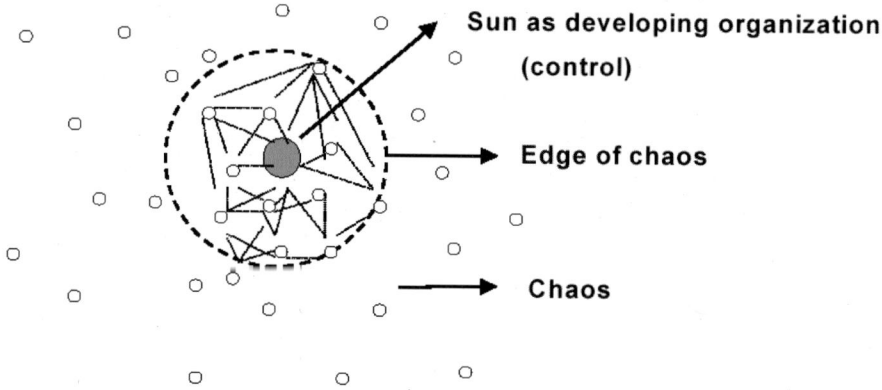

자료원: Sawhney and Prandelli, 2001

이상의 세 모델의 특성들을 컴퓨터 산업을 예로 살펴보면 〈표 5-1〉과 같다.

〈표 5-1〉 지배 메커니즘 비교: 컴퓨터 산업의 예

	폐쇄된 위계 모델	부분적 개방된 커뮤니티 모델	개방된 시장 모델
지배 메커니즘	• 위계	• 커뮤니티	• 시장
경계(시스템)	• 폐쇄	• 준개방(emergent)	• 개방
구조의 정도	• 구조화	• 자기 조직적	• 비구조화
질서의 정도	• 질서(order)	• 긴장감(tension)	• 무질서
변화의 정도	• 안정	• 혼돈의 경계(edge)	• 혼돈(chaos)
R&D	• 기업 내(in-house) • 라이센싱	• 커뮤니티 중심	• 시장
통제	• 집권화	• 단일 주체에 통제되지 않음 • 커뮤니티 소스 라이센싱	• 개방된 원천 라이센싱
사례	• 제록스 PARC	• 선마이크로소프트 지니 프로젝트	• IBM AlphaWorks • 리눅스

자료원: Sawhney and Prandelli, 2000에서 수정

지배구조로 기업을 설명하는 데 있어서는 생산비용과 조정비용은 중요한 요소로서 작용한다. 기업의 생산비용과 조정비용은 지배구조에 따라 달라지는데, 시장과 위계의 경우 생산비용과 조정비용이 서로 반대방향으로 움직이는 것은 일반적이다. 네트워크의 경우에는 생산비용과 조정비용은 시장과 위계와는 달리 중간 정도의 수준을 나타낸다. 커뮤니티는 생산비용과 조정비용을 다른 지배구조에 비해서 최소화할 뿐만 아니라 이를 다른 업무 외의 활동과도 연결시켜 수요창출 효과와 수요파급 효과를 가져올 수 있다. 즉 개체화된 고객을 통해 소비자를 확대하고 네트워크를 내재화하여 커뮤니티를 형성하는 것이 기업의 이익을 극대화할 수 있는 방안이라고 할 수 있다.

<표 5-2> 기업의 지배구조별 조정 메커니즘

조정메카니즘	생산비용	조정비용
시장	저	고
위계	고	저
네트워크	중	중
커뮤니티	저	저

자료원: 홍성태, 1997

　네트워크 경제는 기업으로 하여금 경계를 다시 생각하게 요구한다. 기업과 그들의 고객, 공급업자, 경쟁자들과의 차이는 더욱 혼미해 지고, 각각의 주체들은 독특하고 전문화된 지식을 소유하고 있어, 공급업자와 고객으로부터 회사를 보호하는 장벽을 구축하는 것은 잠재적인 혁신에 요구되는 지식의 다양성을 저해하여 비생산적일 수 있고 위험할 수 있다. 따라서 기업은 네트워크의 구성원으로부터 방어하는 것이 아니라 과정에 그들을 참여시켜야 한다.

　생산과 소비를 혼합하는 개념은 생산소비(prosumption)와 유사하지만 공유 측면에서 다르다. 개인과 집단이 생산 과정에 참여함으로써 공유가치(shared values), 상호호혜(reciprocity), 상호신뢰(mutual trust)를 진작시킨다. 인터넷의 가상 커뮤니티를 통하여 정보와 지식을 공유하면서 이러한 가능성은 높아 졌다. 기업은 가상 커뮤니티를 통하여 고객을 참여시키고, 고객은 지식을 창출한다. Hippel은 고객을 혁신의 과정에 파트너로 관계를 맺고 상호작용을 통하여 지식을 생산하는 것이 커뮤니티의 핵심이라고 하였다.

　커뮤니티의 지배 메커니즘은 비공식적이지만, 무력한 것(weak)을 의미하지는 않는다. 커뮤니티에는 커뮤니티 구조와 표준을 정하고, 상호작용을 유도하고 조직이 효율적이고 효과적으로 운영되기 위하여 주창자(sponsor)가 있다. 커뮤니티 지배 메커니즘은 개별 경험과 지식을 성과물로 공헌을 하는 참가자에게 권한을 부여하기 때문에 전통적인 위계 모델보다 효과적이다.

2. 커뮤니티가 마케팅에 주는 의의

2.1 커뮤니티 개념이 마케팅에 주는 의의

커뮤니티는 사회적 행위자들(기업과 소비자) 사이의 교환으로서 마케팅의 개념과 맥을 같이한다. 지금까지 커뮤니티의 개념은 마케팅에서 거의 연구가 되지 않았으나, 마케팅에 커뮤니티 개념의 도입은 많은 시사점을 제공한다.

1) 공유가치(Shared Value) 제고

커뮤니티의 개념은 마케팅에 있어 고객과 고객, 기업과 고객, 기업과 기업 간의 가치를 공유할 수 있게 한다. 공유가치는 마케팅의 성과를 좌우하는 주요 변수이다. 성공적인 커뮤니티는 공통의 목적, 활동, 공통으로 전해 내려오는 구전, 일련의 가치관을 공유한다. 구성원들은 서로의 행동을 예측하고, 구성원들의 사고방식과 가치 시스템을 공유한다. 그리고 지적 자본(intellectual capital)은 커뮤니티가 성공적으로 운영되기 위해 필요한 자원이다. 이러한 지적 자본은 커뮤니티의 안정된 모습의 조건이 되는데, 지적 자본 중 신뢰(trust)와 공유가치(shared value)는 조직이나 커뮤니티, 나아가 국가가 성장하는 데 중요한 변수로 작용된다. Edward Deming은 가치관이 없는 기업은 성공할 수 없다고 지적하면서, 어떤 시스템을 최적화하는 데는 신뢰가 필수적이고, 신뢰가 없으면 사람들과 팀, 부서, 그리고 사업부 사이에 협력이란 있을 수 없어 각 부서의 장기적인 이익과 시스템 전체의 이익을 해치며 단기적 이익만을 추구하게 된다고 주장하였고, Francis Fukuyama는 번영을 위한 조건으로서 공유가치를 강조하고 있다.

커뮤니티는 구성원들의 창의성과 다양성, 자발적인 참여에 기초하고 있으며 개인주의가 존중된다. 그러나 구성원 간의 지속적인 관계로 개성을 넘어 집단의 성원이라는 공동의 정체성을 형성한다. 이러한 과정에서 집단이 갖는 의미가 중요해지고, 자신의 가치와 집단의 가치를 동일시하게 된다. 커뮤니티를 통해 형성된 정체성(identity)과 소속감은 커뮤니티의 행동 규범과 제재 체계를 창출하여 커뮤니티 구성원이 동일한 감정(community sentiment)을 지닐 수 있게 한다. 커뮤니티 감정(community sentiment)이란 공동의 가치와 신념 및 목표를 공유하는 것을 말하는 것이고, 이는 규범을 수반한다. 즉 커뮤니티 구성원들 사이에 일련의 공유된 행동의 기대들을 지닌다는 것이다. 심리적으로는 구성원들이 "우리 의식(weness)"을 가지는 것을 의미한다. 역으로, 커뮤니티 감정은 구성원들로 하여금 커뮤니티의 가치나 신념 및 규범에 적응하도록 하는 강력한 힘이 된다.

커뮤니티를 통한 공유가치 제고는 구성원 간에 공동의 목표 의식을 가지게 함으로써, 정체성, 소속감 등을 통한 충성도(loyalty) 증대, 결속을 통한 경쟁력 강화, 공동의 소비경험을 통한 시장확대와 기회, 의무감 형성으로 자발적 참여를 가능하게 한다.

2) 상호작용(Interaction) 제고

커뮤니티의 개념은 마케팅에 있어 교환 행위자 간의 상호작용 제고에 많은 도움을 제공한다. 사람은 누구나 서로에 대한 필요성 즉, 커뮤니티 본능을 가지고 있다. 커뮤니티란 생태계(ecosystem)라 불리는 관계망(web of relations)으로, 수많은 개인들로 구성된 커뮤니티가 그 속의 개개인 그리고 전체 시스템을 유지한다. 이렇게 커뮤니티들이 전체 시스템을 유지하는 동안, 새로운 역량과 기능이 상호작용하면서 생성된다.

커뮤니티를 상호작용의 연결망이라고 보는 견해는 커뮤니티를 구성하는 다양한 단위들의 상관관계를 체계적으로 기술하는 유용한 도구이다. 커뮤니티 구성원들은 상호작용을 통해 경쟁, 갈등, 협동과 같은 사회적 행위를 한다. 어떤 커뮤니티에서 협동적인 관계는 다른 커뮤니티에서 경쟁이나 갈등이 될 수 있다.

Barksdale은 미래의 조직과 기업은 비동시적(asynchronous), 세계적(global), 협력적(collaborative) 커뮤니케이션 기술을 바탕으로 한 커뮤니티가 형성될 것이라고 하였다. 비동시적(asynchronous) 커뮤니케이션이란 모든 관계자가 동시에 참여할 필요가 없는 커뮤니케이션 방식을 말한다. 오늘날 커뮤니케이션 기술의 발달은 비동시적인 작업 수행을 하면서도 실시간으로 작업을 수행하는 것처럼 커뮤니케이션을 하는 것이 가능하다. 세계적(global) 커뮤니케이션은 모든 당사자가 같은 장소, 같은 지역, 같은 통신 구역이 아니라도 커뮤니케이션이 가능한 방식이다. 대부분의 조직이 과거의 조직보다 세계화가 되는 것은 틀림없는 사실이다. 제품을 세계에 판매할 뿐만 아니라, 제품은 세계의 여러 다른 나라의 공급자들에 의해 생산될 것이다. 제품의 생산문제를 해결하기 위한 커뮤니티(product-centered community)가 바로 그러한 예이다. 협력적(collaborative) 커뮤니케이션이란 커뮤니케이션에 있어서 그 가치를 높이거나 도움을 줄 수 있다면 참여하는 자의 수를 제한하지 않는 방식이다. 커뮤니티 조직은 발달된 정보기술을 이용하여 많은 구성원을 확보할 수 있고, 이러한 특정한 목적을 가진 커뮤니티 구성원들은 커뮤니티의 크기, 시간, 장소에 제한 없이 상호작용을 할 수 있게 된다. 이처럼 커뮤니케이션 기술은 구성원을 가깝게 함으로 커뮤니티 형성에 결정적인 역할을 수행하게 되는데, e-mail의 비동시적이 특성이 관계의 질을 높이고 또한 커뮤니티를 형성하는 데 도움을 주는 예라 할 수 있겠다. 결국 커뮤니케이션 기술은 조직으로 하여금 시간과 공간의 벽을 넘어 상호간의 관계의 질을 높여 이익 커뮤니티의 형성에 기여하게 될 것이다.

커뮤니티 구성원들은 상호작용을 통하여 정보를 습득, 공유하여 관계를 형성하게 되는데, 이 과정에서 개인으로서의 구성원은 협동을 경험하게 되고, 경험을 학습하게 된다. 특히, 기업은 가상 커뮤니티를 통하여 고객들과 관계를 형성하고 강화할 수 있게 되었다. 송창석과 신종칠은 인터넷상의 마케팅 상호작용을 기업-고객 간의 직접적, 간접적 상호작용, 고객 간 상호작용이라는 세 가지 범주로 분류하여 상호작용 유형별로 상호작용 관리수단을 제시하면서, 고객-고객 간의 상호작용을 관리하기 위하여 온라인 커뮤니티의 구축을 역설하고 있다.

〈표 5-3〉 상호작용 유형별 관리수단

	기업-고객 간 상호작용		고객-고객 간 상호작용
	간접적 상호작용	직접적 상호작용	
접근 시각	관계의 동기화	일 대 일 마케팅 상호작용적 마케팅	관계의 동기화 고객 간 관계마케팅
인터넷 마케팅 믹스	Website Marketing	Website Marketing Non-website Marketing	Non-website Marketing
구체적 수단	충만상태의 형성 기계-상호작용성	대고객 파트너쉽 소비자 참여	온라인 커뮤니티 구축

자료원: 송창석과 신종칠, 1999

3) 장기적 관계(Long-term Relationship) 구축

마케팅에 커뮤니티 개념의 도입은 커뮤니티 구성원과의 장기적 관계를 가능하게 한다. 기업에 있어 고객, 공급업자, 파트너 등과의 장기적 관계는 마케터의 오랜 과제이다.

커뮤니티에 대한 높은 수준의 몰입은 다른 커뮤니티로의 이동성(소속 커뮤니티의 이탈)을 제해한다. 커뮤니티 구성원들의 상호작용을 통하여 가치를 공유하게 되고, 이 과정에서 특유의 표현 양식, 상징과 의미를 만듦으로써 다른 커뮤니티와 구분되는 하나의 문화를 형성한다. Sanders는 구성원은 심리적 관점에서 커뮤니티와 자신을 동일시하기 때문에 안정감을 얻는다고 하였고, 문화적인 관점에서 커뮤니티 구성원들이 공동의 가치와 규범 및 목표를 공유하기 때문에 동일체감이 생겨난다고 하였다. 커뮤니티 감정(community sentiment)은 커뮤니티와 구성원에 대하여 친밀하고 지속적인 신념(loyalty)을 가지게 하고, 결과적으로 커뮤니티 내에 부동성(immobility)이 조장된다.

커뮤니티를 통한 상호작용 제고는 장기적 관계로 연결된다. 소비자는 의사결정 효율성 증대, 정보처리 과업 감소, 인지적 일관성, 지각된 위험 감소를 위하여 장기적 거래 관계를 추구한다. 높은 수준의 상호작용을 제공하는 커뮤니티는 인지적 일관성, 의사결정의 효율성 증대, 정보처리 과업 감소, 지각된 위험의 감소를 제공할 것이다. 따라서 커뮤니티는 장기적 관계를 형성하는 데 많은 도움을 줄 것이다.

한 조사에 의하면 실제로 인터넷을 사용하는 소비자들의 57%는 다양한 사이트를 돌아다니기보다는 같은 사이트를 계속 방문하기를 원하기 때문에, 온라인 커뮤니티의 제공은 고객과의 관계를 장기적으로 구축하는 데 초석이 된다. Reichheld와 Schefter는 인터넷에서 고객충성도(e-loyalty)를 높이기 위해서 신뢰(trust)가 필수적임을 지적하면서, 이를 위한 고객선정의 중요성을 강조하고 있다.

〈표 5-4〉 커뮤니티 개념이 마케팅에 주는 의의

구 분		마케팅에 주는 의의
커뮤니티 정의	공동의 유대	• 공유가치 제고(Poplin, 1979; Spears and Lea, 1992; Gaudiani, 1998) 　- 공동의 목표 의식 　- 정체성, 소속감 등을 통한 충성도(loyalty) 증대 　- 결속을 통한 경쟁력 강화 　- 공동의 소비경험으로 시장확대와 기회 　- 의무감 형성으로 자발적 참여
	상호작용	• 상호작용 제고(Clark and Martin, 1994; 송창석, 1996; Armstrong and Hagel, 1996; Wheatley and Rogers, 1998; Barksdale, 1998; 임종원과 이동일, 1999) 　- 비동시적(asynchronous), 세계적(global), 협력적(collabora-tive) 커뮤니케이션 가능 　- 정보를 습득, 공유하여 관계를 형성 　- 관계 관리: 협동과 학습 　- 정보, 지식 생산 　- 구성원의 취득과 유지
	지역성	-
커뮤니티 성과	커뮤니티 감정	• 구성원과의 장기적 관계 구축(Bell and Howard, 1972; Sanders, 1975; Poplin, 1979; Reichheld and Schefter, 2000; Muniz and O'guinn, 2001; Rothaermel and Sugiyama, 2001)

2.2 가상 커뮤니티와 마케팅

전통적 커뮤니티와 달리 가상 커뮤니티는 기업이 직접 구축 가능하다는 점에서 마케팅에 많은 함의를 제공한다.

1) 효율성(Efficiency) 및 효과성(Effectiveness) 제고

다른 커뮤니케이션 네트워크처럼 인터넷 또는 가상 커뮤니티는 커뮤니케이션 네트워크이다. 인터넷의 가장 기본적인 기능은 사람들 사이의 연결의 형성과 강화를 가능하게 하는 것이다. 가상 커뮤니티는 구성원 사이에 동시적 커뮤니케이션을 다양한 유형으로 가능하게 한다는 점에서 다른 커뮤니케이션 수단과 다르다. 즉, 가상 커뮤니티에서는 일 대 일, 일 대 다, 다 대 다 커뮤니케이션이 가능하다.

가상 커뮤니티의 기반인 가상환경은 다음과 같은 특성을 가지고 있어 기업의 마케팅 활동에 효율성(efficiency)과 효과성(effectiveness)을 제공한다.

① 접근성: 사용자가 언제, 어디에서든지 접속하도록 개방되어, 모든 구매자와 판매자가 시간과 공간의 제약 없이 상호 연결되어 시간과 장소 효용을 창출하며, 구매자와 판매자의 직접 연결이 가능해져 많은 권한이 구매자에게로 옮겨간다.
② 상호작용성: 기업이 고객행동에 동태적으로 적응할 수 있게 하여, 상호작용 능력을 제공하여 실시간으로 정보를 교환한다.
③ 낮은 비용: 신속한 계산이 가능하여, 구매자와 판매자 사이의 거래비용이 감소한다.

인터넷을 기반으로 한 가상 커뮤니티는 전통적인 마케팅 기법에 비해 접근성, 상호작용, 비용 측면에서 보다 높은 능률을 제공함으로써, 제품촉진, 판매경로, 시장도달시간, 고객서비스, 상표이미지, 고객관계 등과 같은 기존의 마케팅 활동을 개선, 변환하고 신제품 개발과 새로운 사업에 대한 새로운 기회를 제공한다. Iansiti와 MacCormack은 인터넷 시대의 제품개발방법으로서 비연속적인 접근법을 제시하였는데, 커뮤니티를 통하여 소비자를 제품 컨셉과 제품에 대한 피드백 과정에 참여시킴으로써 제품개발에 효율성을 달성할 수 있다.

특히, 가상 커뮤니티 구축을 통해 역시장(reverse market)을 형성함으로써 과잉재고, 항공기의 잉여좌석이나 호텔의 잉여객실과 같이 시간에 따라 가치가 감소하는 제품에 대한 마케팅 효율성을 제고할 수 있다.

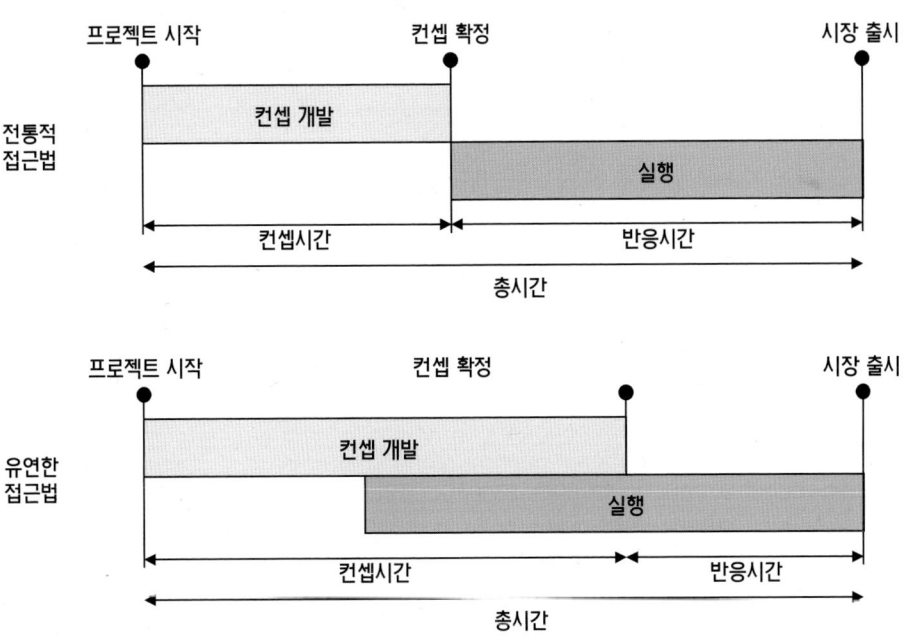

[그림 5-4] 인터넷에서 제품개발

자료원: Iansiti and MacCormack, 1997

2) 가치창출(Value Creation)

Granovetter는 경제적 행위는 사회에 배태된(embedded) 원자화된 행위자(atomized actors)에 의해 수행된다고 하였다. 커뮤니티 구성원은 상호작용과 참가를 통하여 가상 커뮤니티에 배태된다. 배태된 구성원은 커뮤니티에 공헌하게 되고, 공헌자(contributors)는 회원을 유치하는 전도자(evangelists)가 되는 과정을 통하여 커뮤니티에 몰입하게 된다. 이러한 과정에서 가상 커뮤니티는 구매자들, 판매자들, 시장창조자들(Market Makers), 포털들에게 수많은 가치를 제공한다. 가상 커뮤니티는 구성원의 효율적이고 효과적인 상호작용을 통해 정보의 비대칭성(information asymmetry)을 해결하고, 구성원에게 사회적 욕구(social needs)와 경제적 욕구(economical needs)를 충족시킴으로써 사회적, 경제적 가치를 창출한다. 가상 커뮤니티가 충족시키는 사회적 욕구는 궁극적으로는 경제적 가치와 광고, 거래 수수료, 다른 잠재적인 형태 등의 수입을 창출할 수 있다. 커뮤니티는 집중화된 집단들이 가치와 지식을 창출하고 이를 구성원들 간에 공유하도록 하는 이상적 플랫폼을 제공한다.

[그림 5-5] 커뮤니티와 상거래의 수렴

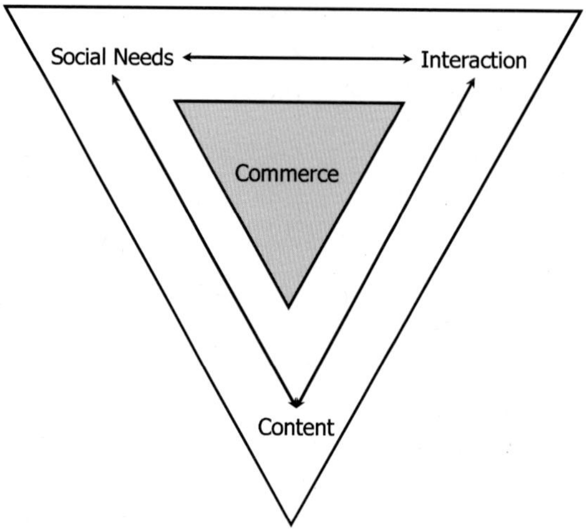

자료원: Farrior et al., 1999

Farrior et al.은 [그림 5-5]와 같이 가상 커뮤니티 내에 상거래가 배태되는 세 가지 방법을 제시하였다. 첫째, 구성원들의 사회적 욕구 충족을 통해 가상 커뮤니티 내에서 상거래를 발생시킨다. 구성원은 공동의 관심사에 대해 토의하는 것만 아니라 정보교환으로서 거래에 참가하게 된다. 이러한 측면은 가상 커뮤니티의 정의, 다른 사람들과 공유로부터 심리적인 피드백, 만족, 공동의 관심사의 공유와 관련된 것이다. 둘째, 상호작용을 통해 가상 커뮤니티와 상거래는 수렴한다. 토론에 참가하고, 컨텐츠를 제공하고, 커뮤니티 구성원으로 활동하고, 커뮤니티를 통해 물품을 구매하는 것 등이 커뮤니티 내에서 다른 사람들과 상호작용을 하는 것이다. 이러한 상호작용 역시 커뮤니티 정의, 커뮤니티 구성원에 의한 활동적인 참가와 구성원과 오거나이저에게 혜택을 주는 경제적 구조와 관련되어 있다. 셋째, 컨텐츠 개발을 통해 가상 커뮤니티와 상거래의 수렴한다. 가상 커뮤니티와 상거래가 수렴함에 따라 구성원은 홈페이지를 개발, 채팅을 통해 제품에 관한 평가, 제안 등과 같은 커뮤니티의 컨텐츠를 개발하고, 이는 새로운 구성원을 유인하고 거래를 촉진한다.

Bressler와 Grantham은 미래의 기업과 고객(B2C) 간의 상업적 거래는 유사한 관심에 의해서 형성된 온라인 커뮤니티를 통하여 대부분 일어날 것이라고 한다. 실제로 2000년 2분기 McKinsey가 아마존(Amazon), 반즈앤노블(Barnesandnoble), 씨앤앤(CNN), 이베이(eBay), 이에스피앤(ESPN), 이토이즈(eToys), 풀(Fool), 타임(TIME) 등의 소매점과 미디어 사이트를 대상으로 하여, 온라인 커뮤니티 활동이 구매에 어떠한 영향을 미치는가를 조사한 결과는 커뮤니티 이용자가 커뮤니티 비이용자에 비해 구매율, 페이지 뷰(page view), 재방문, 구매 전환율이 높게 나타났다.

3) 시장 확대(Market Expansion)

인터넷은 소비자들에게 이전의 개별적 소비자가 아닌 집단으로서 구매력을 가진 소비자 커뮤니티로 스스로를 인식할 수 있는 길을 열어주고 있다. 이러한 과정에서 가상 커뮤니티는 [그림 5-6]과 같이 수요와 공급의 집적을 통해 동일한 유형의 가치를 전달하는 상품에 대해 시장을 확대한다.

공급자의 입장에서는 낮은 마케팅비용과 유통비용으로 공급이 확대될 것이고, 수요자 입장에서는 낮은 거래비용으로 수요가 확대될 것이다. 결과적으로 시장에서 대한 가상 커뮤니티 효과에 의해 가격은 표준시장보다 하락하게 되고, 시장의 규모는 커지게 된다.

[그림 5-6] 가상 커뮤니티를 통한 시장의 확대

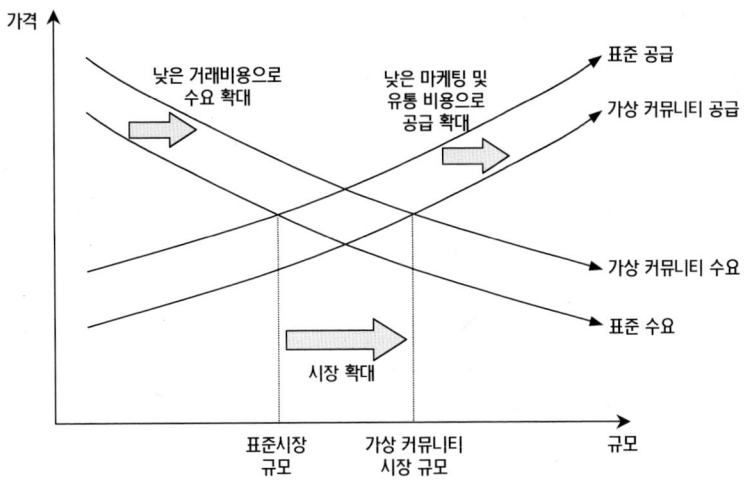

자료원: Hagel and Armstrong, 1997

4) 경쟁력 강화

인터넷에서는 고객들이 공급자를 바꾸는 데 어려움이 없다. 따라서 기존에 확립된 관계의 경쟁적 가치는 떨어질 것이다. 경쟁우위는 제품에 의해 결정될 것이므로 광범

위한 제품 계열을 가지고 있는 제공자는 전문화에 집중할 기반을 상실하게 되어, 기업으로 하여금 사업이나 산업의 구조를 전환하는 것 외에 경쟁우위의 원천을 바꿀 것이다. 기업의 가치사슬은 다수의 사업으로 분해되고 재편성될 것이며, 이 과정에서 새로운 기회 창출은 물론, 각각은 특유의 경쟁우위 원천을 가져야 한다.

　고객의 전환비용이 줄어든 이러한 상황에서 고객충성도를 높이는 새로운 방법이 커뮤니티의 구성이다. Hagel은 가상 커뮤니티들의 가치제안(value proposition)은 복제하는 것이 극도로 어렵다고 보았는데, 이는 커뮤니티들의 가치의 대부분은 구성원들이 창출하는 것이기 때문이다. 또한 커뮤니티를 통하여 장기적 관계가 형성됨으로 커뮤니티는 구성원들에게 높은 전환비용(switching cost)을 초래하며 따라서 이들 커뮤니티를 구축하는 조직들에게 선점효과(first mover advantage)를 제공한다.

〈표 5-5〉 가상 커뮤니티가 마케팅에 주는 시사점

	내　용
효율성과 효과성 제고	• 일 대 일, 일 대 다, 다 대 다 커뮤니케이션(Farrior et al., 1999; Rothaermel and Sugiyama, 2001) 　① 접근성(Schmid, 1995; Benjamin and Wigand, 1995; Bloch et al., 1996; 송창석, 1996) 　② 상호작용성(Benjamin and Wigand, 1995; 송창석, 1996) 　③ 낮은 비용(Benjamin and Wigand, 1995; Schmid, 1995; Sarkar, Butler, and Steinfield 1995; 송창석; 1996)
	• 기존의 마케팅 활동 개선: 제품촉진, 판매경로, 시장도달시간, 고객서비스, 상표이미지, 고객관계 등 • 신제품 개발 • 새로운 사업에 대한 새로운 기회 　(Hoffman et al., 1995; 송창석, 1996; 이동일, 2000)
가치창출	• 욕구 충족을 통한 사회적, 경제적 가치창출(Hagel and Armstrong, 1997; Farrior et al., 1999; Mahadevan, 2000) • 거래 수행(Bressler and Grantham, 2000; Kim and Park, 2001)
시장 확대	• 수요 공급 집적을 통해 시장 확대(Hagel and Armstrong, 1997; 임종원과 이동일, 1999; 이동일, 2000)
경쟁력 강화	• 가치제안(value proposition), 복제 어려움(Hagel, 1999 임종원; 2001) • 장기적 관계로 전환비용을 초래, 선점효과(first mover advantage)를 제공한다.(Mahadevan, 2000)

제6장 커뮤니티 활용 전략

본 장에서는 Clark과 Martin이 구분한 마케팅에서 교환 행위자들의 일차적, 이차적, 삼차적 관계 중 일차적 관계와 삼차적 관계를 중심으로 커뮤니티가 어떻게 형성·도입되고, 어떻게 활용 가능하고, 어떤 효과를 가져다 줄 것인가를 살펴본다. Clark과 Martin은 구분한 당사자들 간의 관계는 다음과 같다.

① 일차적 관계(first-order relationship): 핵심기업(focal firm)과 핵심기업 환경 내의 당사자들과의 모든 가능한 관계로써 핵심기업과 공급자 간의 관계, 핵심기업과 고객 간의 관계, 핵심기업과 경쟁사와의 관계, 핵심기업과 규제기관과의 관계 등을 포함한다. 이러한 일차적 관계의 커뮤니티로는 기업 홈페이지 내의 수많은 온라인 커뮤니티, 공급업자와의 연결을 통한 생산 커뮤니티 등이 있다.

② 이차적 관계(second-order relationship): 핵심기업을 제외한 핵심기업의 환경 내 당사자들 간의 모든 가능한 관계로 공급자와 고객 간의 관계, 공급자와 경쟁사 간 관계, 공급자와 규제기관 간의 관계, 경쟁사와 고객 간의 관계, 경쟁사와 규제기관 간의 관계, 고객과 규제기관 간의 관계 등을 포함한다. 이러한 이차적 관계의 커뮤니티로는 제3자 커뮤니티 등이 있다.

③ 삼차적 관계(third-order relationship): 집단지향적(cohort-oriented)인데, 네 가지 당사자들 각각에 내부적인 모든 가능한 관계로 핵심기업 내 관계, 공급자 내 또는 공급자들 간 관계, 경쟁사 내 또는 경쟁사들 간 관계, 규제기관 내 그리고 규제기관들 간의 관계, 고객들 간의 관계를 포함한다. 이러한 삼차적 관계의 커뮤니티로는 소비자 커뮤니티의 유형으로 소비자들이 자발적으로 구성한 브랜드 커뮤니티 등이 있다.

[그림 6-1] 마케팅 시스템과 커뮤니티

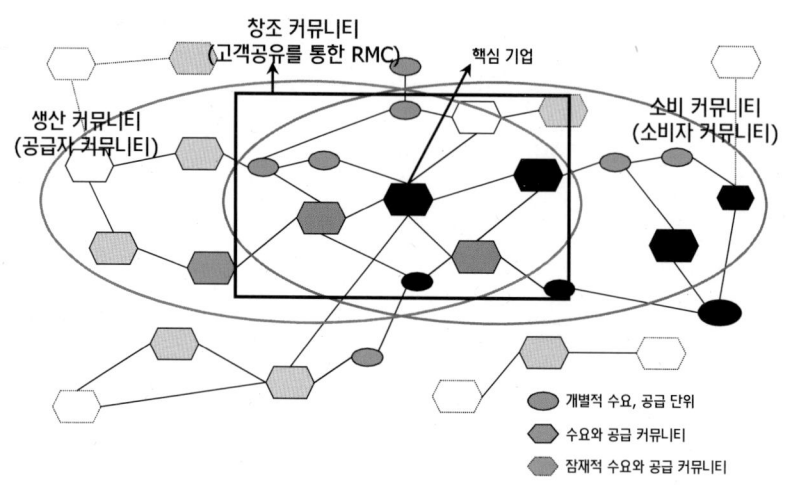

자료원: Sawhney and Prandelli, 2000에서 수정

1. 기업 간 관계로써 커뮤니티

세계경제가 글로벌화되고 민영화가 진전되며 시장이 통합화되어 가고 있다. 이러한 급속한 변화의 흐름 속에 기업은 살아남기 위하여 지난 수십 년 동안 비즈니스 프로세스의 표준화, 단순화, 재설계, 비용 절감, 공급사슬의 간소화, ERP의 도입, 고객관계 강화 등 수많은 노력을 기울여 왔다.

기업 활동은 점증하는 세계화와 네트워킹 기술 때문에 새로운 도전에 직면하고 있고, 오직 윈윈(win-win) 협력만이 기업 활동을 수행하는 데 있어 효율성과 생산성을 제공할 것이다. 따라서 모든 기업의 생존과 성공은 이해 당사자들 사이의 관계 ─ 보다 넓은 의미의 지역사회, 인적, 전자적(electronic) 연결망(connections)에 크게 의존할 것이다. Peter Senge는 "이 세상은 너무나 세분화되고, 구분되어 있어 성공의 열쇠는 연결능력에 달려 있다"고 주장하였다. 즉, 자신이 속해 있는 커뮤니티(집단)뿐만 아니라, 보다 넓은 지역 사회로의 의미 있는 연결망 확대 능력에 달려 있다.

Wise와 Morrison은 현재 인터넷에서의 기업 간(B2B) 모델은 저가격 중심으로 가치

제안(value proposition)을 하고 있어 불안전하여 지속가능이 낮다는 문제점이 있음을 지적하면서, 개별 거래(transaction)에서 솔루션(solution)으로 도달성(reach)과 효율성(efficiency)을 높이는 구매자-공급자 관계 구축의 필요성을 지적하고 있다. 이는 B2B 관계에서 커뮤니티 구축의 필요성을 주장하는 것이다.

[그림 6-2] 기업의 활동변화와 새로운 경쟁의 요구

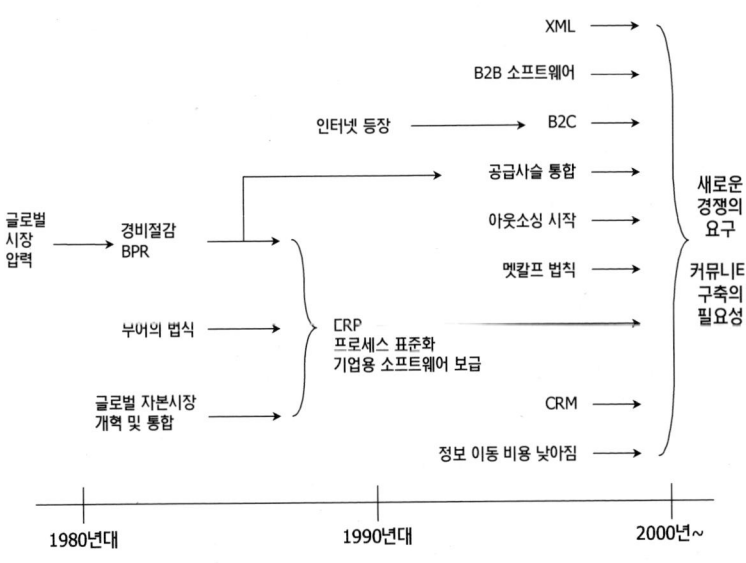

자료원: Means and Schneider, 2000에서 수정

1.1 가상조직과 커뮤니티

인터넷에서 사람들이 전자적으로 연결이 되면 정보는 이동성이 커진다. 정보는 가치 사슬 내의 다양한 참여자 사이의 관계를 재정의하고, 산업 내에서 경쟁우위를 위한 기반을 새롭게 형성하여 기업을 초위계조직으로 만든다. 전자적 네트워크는 소규모 사업에 세계적인 정보, 기술, 자본조달 등을 이용하는 것을 가능하게 해줌으로써 공급사슬 상의 기업을 특정 프로젝트의 필요성에 따라 모였다가 흩어지는 가상의 임시조직(ad hoc)이 되게 한다. 많은 기업이 분권화된 시장기반 조직구조를 확립함에 따라 기업의 경계는 중요하지 않게 되고, 조직 내부 거래는 조직 간 거래를 구분하지 않게 될 것이

고, 사업 프로세스는 조직의 경계선을 넘나들 것이다.

Rayport와 Sviokla는 물리적 환경과 가상환경의 가치사슬(value-chain)의 경제적 논리는 다름을 주장하면서, 관계 구축을 위한 가치 매트릭스로써 가상 가치사슬(virtual value chain)을 제시하고 있다. 가상의 가치사슬은 규모의 경제를 새롭게 정의하고, 여러 시장에 걸쳐 가치를 제공하는 디지털 자산의 조합을 이끌어 냄으로써 범위의 경제를 재정의하고, 고객기반에서 수요를 감지하고 그 수요를 공급 원천에 연결함으로써 커뮤니티를 형성하게 된다.

Upton과 McAfee는 가치사슬에서의 가상성으로 인해 커뮤니티 참가자가 지속적으로 변화하더라도, 가상공장(virtual factory)은 개방된 표준(open standards), 저렴하고 강력한 컴퓨팅(cheap, powerful computing), 풍부한 대역(abundant bandwidth), 보안(security), 축적된 전문성(accumulated expertise)을 충족시킴으로써 파트너들이 지속적으로 참여하여 커뮤니티가 유지된다고 하였다.

[그림 6-3] 관계 구축을 위한 가상 가치사슬

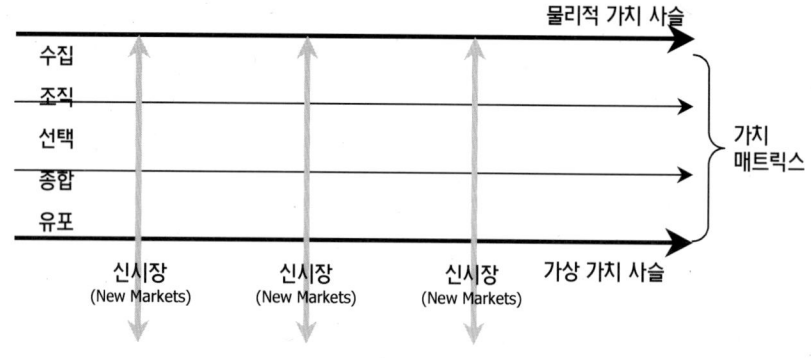

자료원: Rayport and Sviokla, 1995

1.2 구매자-판매자 집합으로써 E-hub

Kaplan과 Sawhney는 기업이 무엇을 구매하고, 어떻게 구매하느냐에 따라 이허브(e-hub)를 MRO 허브(MRO Hubs), 일드 매니저(Yield manager), 온라인 교환(on-line exchanges), 카탈로그 허브(Catalog hubs)로 분류하고 기업 간 관계에서 커뮤니티를 제시하고 있다.

MRO Hubs는 운영 투입물이 비교적 거래비용이 높은 저가 상품들이어서 주로 조달과 정(procurement process)에서의 효율성을 증가시킴으로써 가치를 제공한다. 전자 조달 (e-procurement)을 위해 소프트웨어를 라이센싱하거나 서버 호스팅을 하여 구매자들에게 접근성을 제공한다. MRO Hubs는 제품을 배달하기 위해 제3자 물류(third-party logistics)를 이용할 수 있다.

Yield manager들은 제조능력, 노동력, 광고와 같은 공통 영업 자원들을 위한 단기 시장(spot markets)을 창출하는데 이러한 시장은 기업들이 단기간에 영업을 확장하거나 계약을 맺을 수 있게 한다. 이러한 e-hubs는 가격과 수요의 변화가 심한 상황 또는 신속한 정리나 획득이 어려운 고정비가 많이 드는 자산(huge fixed-cost assets)의 경우 큰 가치를 부가한다. 이러한 예로는 인적 자원을 제공하는 Employease와 eLance, 광고를 제공하는 Adauction.com 등이 있다.

전통적인 상품 교환(commodity exchanges)과 가까운 온라인 교환(on-line exchanges)은 구매관리자들이 생산에 필요한 상품이나 유사 상품(near-commodities)을 신속하게 교환함으로써 수요 및 공급에서의 정점과 저점을 완만하게 하도록 한다. 교환은 구매자들 및 판매자들과 관계를 유지하고 이들이 계약조건을 협상하거나 관계 조건을 논의하지 않고 사업을 수행하는 것을 가능하게 한다. 따라서 많은 교환에서 구매자와 판매자들은 상대방의 정체를 모르는 경우가 많다. 이러한 예는 철강 산업에서 e-Steel, 제지 산업의 PaperExchange.com 등이 있다.

Catalog hubs는 비상품(non-commodity) 제조 투입물의 소싱(sourcing)을 자동화하여 거래비용을 절약함으로써 가치를 창출한다. MRO hubs와 마찬가지로, catalog hubs는 많은 공급자들을 하나의 사이트로 모은다. 차이점은 catalog hubs가 산업 특정적 (industry-specific)이라는 것이고, 이들은 구매자 중심적이거나 판매자 중심적일 수 있다. Catalog hubs의 예는 플라스틱 산업의 PlasticNet.com, 화학 산업의 Chemdex) 등이 있다. 이들이 제공하는 제품들은 전문적이기 때문에 안전하고 신뢰성 있는 물류를 위해 유통업체들과 관계를 형성한다.

이상에서와 같이 E-hub는 집적(aggregation)과 매칭(matching) 메커니즘에 의해 가치를 창출한다. 다수의 구매자와 판매자를 하나의 가상 사이트에 모아 일괄구매를 가능하게 하고, 구매자와 판매자의 유동성을 증가시켜 구매자, 판매자에게 이익이 되게 하고, 구매자-공급자 관계뿐만 아니라 물류 업체와도 커뮤니티 구축을 가능하게 한다.

〈표 6-1〉 구매 대상과 방법에 따른 B2B 모델

		무엇을	
		운영 투입물 / 수평적 시장 (Operating inputs)	제조 투입물 / 수직적 시장 (Manufacturing inputs)
어떻게	시스템 적소싱	MRO Hubs • 비교적 거래비용이 높은 저가품 • 조달과정의 효율성 증대 • 공급자들의 통합된 카탈로그 • 제3자 로지스틱스(logistics) • 중간상 제거 또는 생략 • 예: Ariba, W.W.Grainger, MRO.com, BizBuyer.com	Catalog Hubs • 비상품(non-commodity) • 소싱의 자동화, 거래비용 절약 • 공급자들의 통합된 카탈로그 • 산업 특정적 • 종종 유통업자들과 밀착 • 예: Chemdex, SciQuest.com, Plastics Net.com
	일시적 소싱	Yield Managers • 공통영업자원(노동력, 광고) • 가격 및 수요의 변동이 심함 • 대규모 고정 자산 • 예: Employease, Adauction. com, CapacityWeb.com	Exchanges • 상품(commodity) • 수요/공급 정점/저점 완만화 • 구매자 및 판매자를 중개 • 예: e-Steel, PaperExchange. com, Atra Energy, IMX Exchange

자료원: Kaplan and Sawhney, 2000

1.3 역시장(Reverse Market)의 형성과 공급자 조직화

Kaplan과 Sawhney는 구매자-판매자 시장에서 분편화된 구매자들로 구성된 수직적 또는 수평적 시장, 소수의 대규모 구매자들과 다수의 소규모 구매자들이 있는 시장, 작은 규모의 주문단위로 쉽게 나누어지는 제품 및 서비스 시장에서 구매자들의 집단을 형성하여 구매력을 모으고 거래비용을 줄임으로써 역집적자(reverse aggregator)의 형성이 가능함을 제시하고 있다.

[그림 6-4] 구매자-판매자 시장에서 역집적자(reverse aggregator) 모델

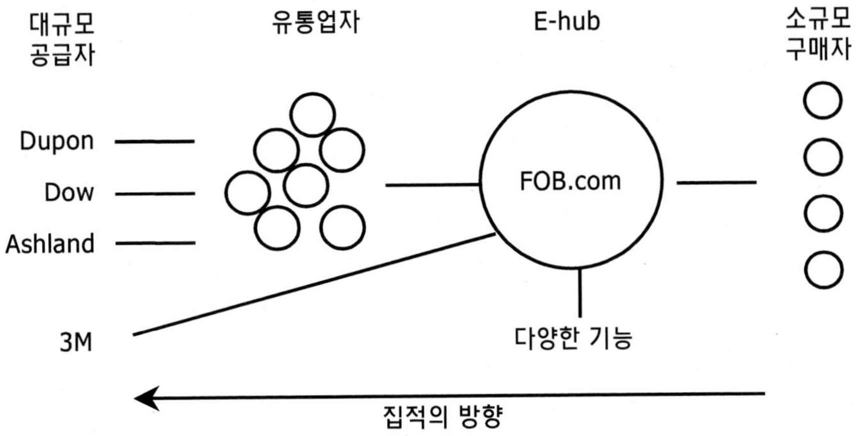

자료원: Kaplan and Sawhney, 2000

역집적자(reverse aggregator)와 같은 역시장(reverse market)은 산업새 바게팅에서 비롯된 개념으로, 조직에서 공급역할에 대한 전략적 관점을 요구하는 접근방법으로 공급자가 아닌 구매자가 주도권을 잡는 시장을 의미한다. 인터넷을 통해 매개되는 역시장의 특성은 〈표 6-2〉와 같다.

〈표 6-2〉 기존시장과 역시장 비교

	기존시장	역시장
정보소통	일방적	정보 매개적
구매관행	관계적(단골구매)	사건 특정적
구매단위	개별 소비자	커뮤니티
기업경쟁력	개별 기업 경쟁력	기업의 상호연결

자료원: 임종원과 이동일, 1999

인터넷을 통한 역시장의 등장은 기존의 물리적 유통망에서의 공급자의 조직화 등 공급 측면에도 영향을 준다. 인터넷의 등장과 더불어 탈중간상화 과정에 직면하게 된 공

급업자들은 개별 기업보다는 결합된 형태로써 협동적 공급사슬(collaborative supply chain)을 형성하여 핵심역량을 갖게 될 것이다. 이동일은 인터넷 역시장 형성과정에서 공급자가 새로운 가치제안을 구성함으로써 기존 고객에 대한 효율적 거래를 지원하고, 추가적 매출 기회를 얻을 수 있는 전환적 참여효과와 주의의 참여자가 많아짐에 따라 모방에 의해 더욱 집적화가 되는 모방적 참여효과로 공급자의 조직화 현상을 설명하고 있다.

기업은 역시장 형성을 통하여 생산 효율성이 향상되어 거래비용 등이 줄어들게 된다. 시장에서 소비자 욕구에 대한 잘못된 예측에서 초래되는 시장실패를 감소시켜 제품개발 및 출시에 대한 실패율을 낮출 수 있다.

1.4 공급자 조직화와 네트워크 외부성(Network Externality)

외부성(externality)이란 일반적으로 "어떤 경제 주체의 소비나 생산 행위가 그 대가의 지불없이 다른 소비자의 후생 또는 다른 기업의 생산성에 시장기능을 통하지 않고 직접적으로 영향을 미치는 경우" 외부성이 존재한다고 말한다. 외부성은 크게 경제 주체에 따라 소비 외부성(consumption externality)과 생산 외부성(production externality)으로, 그것이 미치는 영향에 성격에 따라 정의 외부성(positive externality)과 부의 외부성(negative externality)으로 분류할 수 있다. 네트워크 외부성(network externality)이란 한 사람이 특정 재화나 서비스를 소비함으로써 얻는 혜택이 그 재화나 서비스를 소비하는 다른 사람의 숫자에 영향을 받는 경우를 말한다.

역시장(reverse market)의 형성에 따른 공급자 조직화로 네트워크 외부성이 작용하여 시장시스템 성과 측면과 확산 측면에서 기업에 효과를 가져다주어 공급자를 더욱 조직하게 된다. 네트워크 외부성은 시장에 참여하고 있는 참여자에게 실제 시장시스템의 성과 이외에 기대를 형성함으로써 시장참여자를 유인하는 모방효과를 가져다 줄 것이고, 경쟁적으로 시장시스템을 확보하고자 하는 공급자들에게 결정적 다수(critical mass)를 확보하는 데 장벽을 구축함으로써 구축된 공급자의 확산을 더욱 가속화시킬 것이다.

1.5 가치창조 커뮤니티(Value-added Community)

1980년대와 1990년대 초반 기업은 경쟁우위를 업무 프로세스와 가치사슬상의 활동에 근거를 두었다. 즉, 업무 흐름을 재편하고 표준화하는 것과, 공급사슬상의 요소들을 기업이 자체적으로 소유라고 지배하는 것이 유리하다고 생각하여, BPR(Business Process Reengineering)과 ERP(Enterprise Resource Planning) 등 최적의 업무 흐름, 공급사슬, 프로세스를 설계하기 위하여 많은 노력을 기울였다. 그러나 1990년대 말에 이르러 인터넷의 등장으로 기업은 전통적인 방식으로 시장에서 우월한 성과를 낼 수 없게 되었다. 기존의 전통적 자본을 바탕으로 한 기업의 활동으로는 급변하는 환경에서 경쟁우위를 창출할 수 없게 되었다. 즉, 새로운 방식으로 경쟁을 요구하는 것이다. 이러한 요구에 부응하여 등장한 개념이 브랜드 기업과 가치창조 커뮤니티이다.

[그림 6-5] B2B e-비즈니스로 변화와 브랜드 기업의 등장

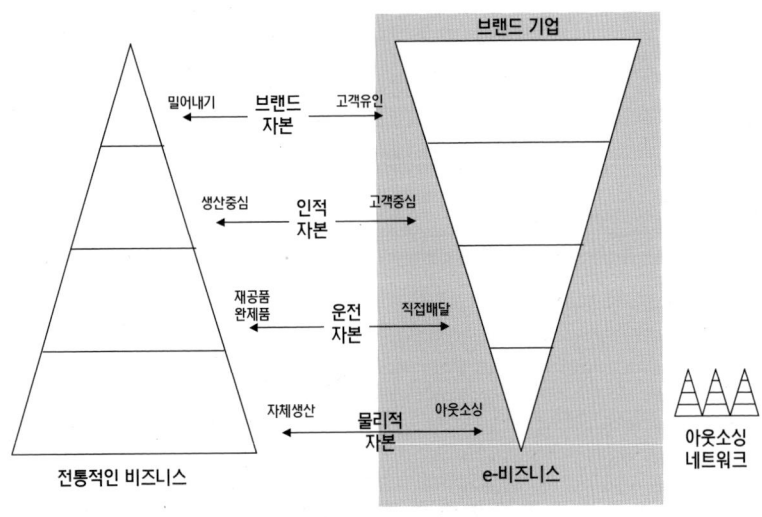

자료원: Means and Schneider, 2000

브랜드 기업이란 물리적 자본과 운전 자본 중심의 기업에서 탈자본화된 즉, 브랜드 자본이 중심이 된 기업을 의미한다. 브랜드 기업은 자본 활용도를 높이고 핵심역량을 지닌

부문에만 치중할 수 있게 물리적 자본의 의존도를 낮추고, 공급사슬(supply chain)과 수요사슬(demand chain) 전반에 걸쳐 핵심역량이 아닌 활동들을 아웃소싱 한다. 이러한 브랜드 기업의 가치사슬(value chain)상에서 아웃소싱 네트워크를 가치창조 커뮤니티 (VAC, value-added community)라 한다.

1) 가치창조 커뮤니티의 정의와 역할

가치창조 커뮤니티(value-added community)란 브랜드 기업의 외부에 존재하는 아웃소싱 네트워크를 의미하는데, 제품 생산 및 배달과 관련된 공급사슬, 즉 브랜드 기업이 필요로 하는 공유서비스를 제공하는 역할을 한다. 또한 가치창조 커뮤니티는 브랜드 기업 및 고객에게 가치사슬 모든 단계에 걸친 아웃소싱 서비스, 공급사슬에 대한 정보를 제공하는 역할을 수행한다.

가치창조 커뮤니티는 브랜드 기업의 등장과 더불어 가치사슬상의 많은 프로세스를 아웃소싱 하는 과정에서 형성되는 것이다. 가치창조 커뮤니티는 거래 커뮤니티, e-마켓, 전자상거래 허브, 인포미디어리, 메타미디어리, 전자시장과 유사한 개념으로 여겨질 수 있다.

[그림 6-6] 가치창조 커뮤니티 개념

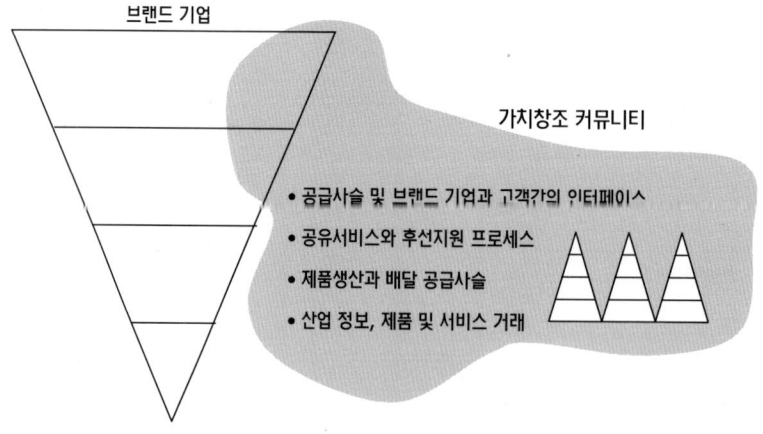

자료원: Means and Schneider, 2000

2) 가치창조 커뮤니티의 유형

가치창조 커뮤니티는 산업에 따라 수직적, 수평적 가치창조 커뮤니티, 운영의 중심에 따라, 브랜드 기업 중심 커뮤니티, 공급업자 중심 커뮤니티, 제3자 중심 커뮤니티로 구분할 수 있다.

① 수직적 가치창조 커뮤니티: 수직적 가치창조 커뮤니티는 산업별 프로세스(industry-specific process)라고 불리는데, 특정 산업 내 공급사슬의 비효율성(어느 한 산업 내의 문제점)을 해결하기 위하여 형성된다.

② 수평적 가치창조 커뮤니티: 수평적 가치창조 커뮤니티는 산업 간 프로세스(cross industry functional process)라고 불리는데, 모든 산업의 기능별 프로세스(여러 산업이 공통으로 자지고 있는 문제점)를 개선하기 위하여 형성된다. 기능별 프로세스란 회계, 정보기술, 인적자원 관리 등 모든 기업이 공통적으로 지니고 있는 프로세스를 지칭한다.

[그림 6-7] 가치창조 커뮤니티 유형

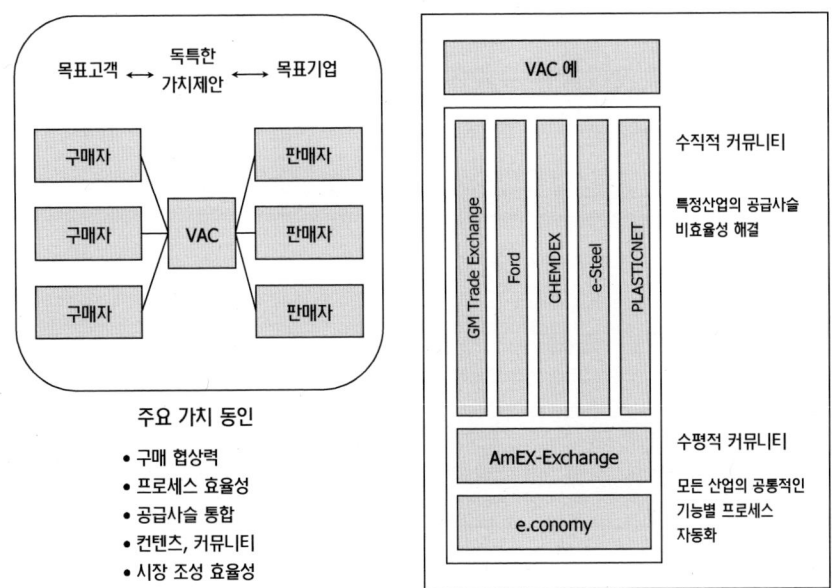

자료원: Means and Schneider, 2000

[그림 6-8] 운영의 중심에 따른 가치창조 커뮤니티 종류

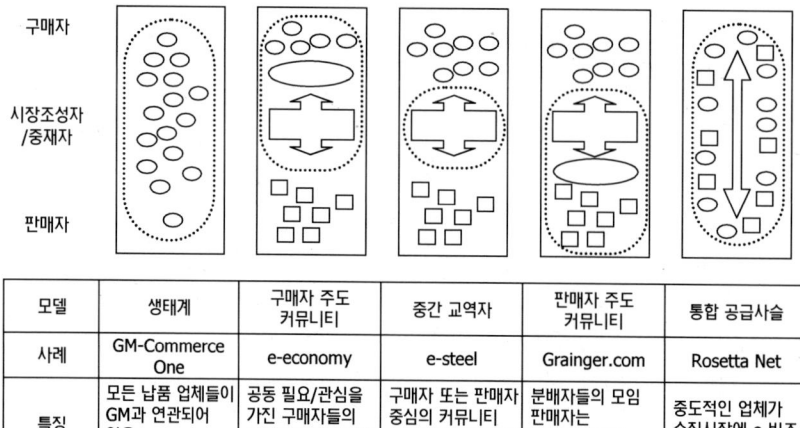

모델	생태계	구매자 주도 커뮤니티	중간 교역자	판매자 주도 커뮤니티	통합 공급사슬
사례	GM-Commerce One	e-economy	e-steel	Grainger.com	Rosetta Net
특징	모든 납품 업체들이 GM과 연관되어 있음	공동 필요/관심을 가진 구매자들의 모임(구심점을 가질 수도 있음)	구매자 또는 판매자 중심의 커뮤니티 (주도 세력 불필요)	분배자들의 모임 판매자는 공동 구매자에 초점을 맞춤	중도적인 업체가 수직시장에 e-비즈니스 기반을 구축

자료원: Means and Schneider, 2000

　구매자 중심 커뮤니티는 공동의 필요와 관심을 가진 구매자들이, 판매자 중심 커뮤니티는 공동 구매자에 초점을 두는 판매자들이 모인 커뮤니티이다. 중간 교역자 모델은 구매자 또는 판매자가 커뮤니티의 중심이 될 수 있고, 생태계 커뮤니티 모델은 GM-Commerce One처럼 직접적인 관계를 유지하는 것이고, 통합공급사슬 커뮤니티는 중도적인 업체가 수직적 시장에 비즈니스 기반을 구축하여 관계를 구축하는 모델이다. 이러한 다양한 형태의 모델의 선택은 시장이 직면한 상황에 따라 전략적 의사결정이 이루어져야 할 것이다.

3) 가치창조 커뮤니티의 특성

　가치창조 커뮤니티는 다음과 같은 특성이 있다. 첫째, 구매자와 판매자는 가치창조 커뮤니티를 통해 비교적 쉽게 상호 연결된다. 둘째, 많은 구매자와 판매자가 가치창조 커뮤니티에 참여한다. 이에 따라 수요 측면에서 시장규모가 커지고, 공급 측면에서 비용은 줄어들고 품질은 높아진다. 셋째, 경영자는 가치창조 커뮤니티를 적극적으로 관리하게 되는데, 네트워크 관리가 경영자의 주요한 업무로 부각된다. 즉, 개별 비즈니스를 최적화하는 것보다 비즈니스 네트워크 전체를 최적화하는 것이 중요한 과제로 대두되고 있다.

[그림 6-9] 개별 기업의 최적화와 네트워크 최적화

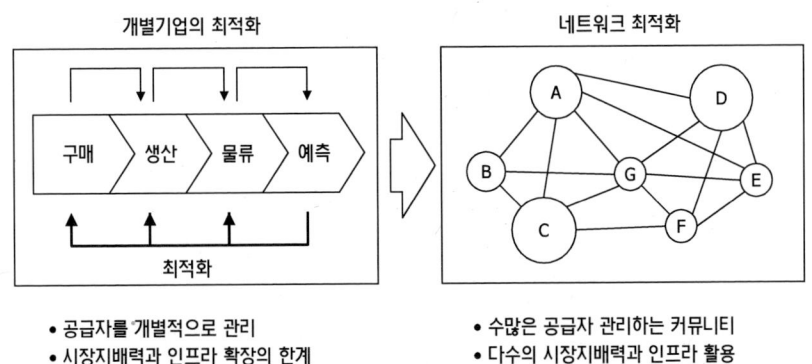

- 공급자를 개별적으로 관리
- 시장지배력과 인프라 확장의 한계
- 고객 및 시장 접근 한계
- 개별기업 공급사슬 최적화
- 수동, 반자동 구매 조달

- 수많은 공급자 관리하는 커뮤니티
- 다수의 시장지배력과 인프라 활용
- 네트워크를 통한 고객 접근
- 전체와 개별기업 공급사슬 동시 최적화
- 자동 구매 조달

자료원: Means and Schneider, 2000

4) 메타마켓

메타마켓이란 가치창출 커뮤니티가 모인 시장으로, 다양한 가치창조 커뮤니티로 구성된 '가치창조 커뮤니티들의 포트폴리오(Portfolio of VACs)'라 할 수 있다.

[그림 6-10] 메타마켓: VAC들의 포트폴리오

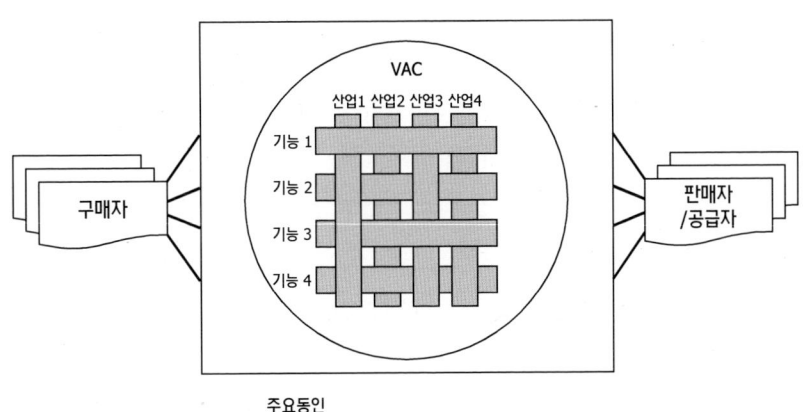

주요동인
- 속도 : 빠른 VAC 형성 능력
- 규모 : 공유 서비스로 효율성 확보
- 시너지 : 커뮤니티 확대와 협력 기회 증가

자료원: Means and Schneider, 2000

2. 소비자 집합으로써 커뮤니티

2.1 소비(Consumption)와 커뮤니티

상업주의(commerce)와 소비자 문화(consumer culture)가 발달함에 따라 전통적 커뮤니티 개념은 점차 퇴보하였다. 소비문화는 상품(unmarked commodities)을 상표가 있는 제품(branded goods)으로, 개인적 판매(personal selling)를 대중 광고(mass advertising)로, 공공 시민(communal citizen)을 개별 소비자(individual consumer)로 대체하였다. 성장하는 개인 소비자와 소비자의 물질적인 욕구는 커뮤니티를 점점 더 사라지게 하였다.

그러나 최근 인터넷과 정보기술 등의 발달로 커뮤니티 개념이 더 이상 지리적인 장소의 개념에 국한되지 않게 되자, 마케팅에서 개인의 소비뿐만 아니라 공동 소비에 관심을 기울이게 되는데, 이는 물리적인 근접성을 기반으로 한 공동 소비, 구성원이 물리적으로 가깝지 않는 상황에서의 공동 소비, 커뮤니티로서의 공동 소비로 구분하여 볼 수 있다.

1) 물리적인 근접성을 기반으로 한 공동 소비

Jannowitz는 제한된 책임 커뮤니티로써의 거주그룹(urban neighborhood)을 연구하였다. 거주그룹들은 치안, 교육 지원 등의 공유된 관심을 바탕으로 하여 결속되는 의도적이고 자발적인 집단이며 몰입(commitment)과 정체성을 가진다는 점에서 분명한 커뮤니티이다. Hunter와 Suttles는 거주그룹은 다른 그룹과의 분명한 차이에 의해서 정체성을 확보한다고 하였다.

공동 소비(communal consumption)의 개념은 새로운 것이 아니다. 커뮤니티 구성원들은 기념, 의례, 전통으로서 음식, 음료, 선물과 같은 특정한 소비를 행하여 왔다. 실제로 McGrath et al.은 농부시장에서 간헐적인(periodic) 커뮤니티의 존재를 연구하였다.

Maffesoli는 유동성과 우연적인 이합집산에 의해 특징지워지는 신부족주의(neo-tribalism)에 대해 연구하였다. 신부족주의는 이질적인 것과 대량 소비 사회의 잔재의 형태인 초

개인주의 사회의 재집합으로 물리적으로 공존하지 않지만, 정체성, 종교의식, 집단 나르시시즘 등의 형태로 공동 소비를 조장한다.

2) 구성원이 물리적으로 가깝지 않는 상황에서 공동된 소비

Celsi et al.은 스카이다이버를 대상으로 그들의 행동에 영향을 주는 것이 공동 의식임을 보여주었고, McAlexander와 Schouten은 대량생산 브랜드 제품인 Harley Davidson과 Jeep을 대상으로 하여 공동 소비 현상과 소비의 하위문화(subculture)를 연구하였다. 특정한 관심과 브랜드를 중심으로 모인 사용자들은 물리적으로 가깝지 않아도 집단을 형성할 수가 있다는 점에서 기존의 연구와 차별성을 가진다.

3) 커뮤니티로서의 공동 소비

소비 하위문화는 브랜드 커뮤니티와 유사하지만 Holt가 지적하였듯, 하위문화는 대다수에 의해 부여되는 주류문화(larger culture)와 일치하지 않는다는 점에서 사회적 집합은 아니다. Muniz와 O'guinn은 사회적인 집합으로써 브랜드 커뮤니티란 개념으로써 커뮤니티로서의 공동 소비를 연구하였다.

2.2 역시장과 소비자 커뮤니티(Consumer Community)의 형성

산업재 시장에서 비롯된 역시장(reverse market)의 개념은 인터넷의 발달로 인해 소비자 시장으로 관심을 이동하게 되었다. 소비자들은 구매에 대한 정보의 집적을 통해 역시장을 형성하게 되는데, 소비자들이 탐색에 대한 주도권을 가지고 공급자들로부터 가치를 추출한다. 소비자들은 가치창출 과정에 능동적으로 참여하게 되어 소비자로의 권한이 이동한다. 시장과 관련하여 인터넷은 수동적 소비자에서 능동적 소비자로 역할을 변모시키고, 높은 정보 집중성으로 인하여 소비자의 파워를 증가시키고, 기업의 파워를 약화시켰다. 소비자로의 파워의 이전과 더불어 인터넷을 통한 시장의 연결구조가 기업 간 시장에서 소비자 시장 중심으로 진화해 감에 따라 연결 주체의 중심이 기업에서 소비자로 변화하게 되었고, 소비자들이 형성하는 소비자 커뮤니티가 출현하게 되었다. 인터넷을 통해 유사한 관심을 갖는 사람(like-minded people)의 결집이 일어나게 됨에 따라 소비의 집적화, 구매의 조직화가 일어날 수 있게 된다. 이러한 현상은 인터넷상의 경매(Internet auction)나 공동구매와 같은 형태에서 나타나 소비의 집적자(예, www.eBay.com), 구매의 조직자(예, www.my09.com)에서 그 예를 찾아볼 수 있다. 이러한 관점에서 소비자 구매력의 조직화의 대표적이고 구체적인 형태가 바로 온라인 커뮤니티이다.

2.3 소비자 커뮤니티가 소비자에게 주는 혜택

소비자들은 커뮤니티를 구성함으로써 고립되고 원자화된 상황에서 자신의 목소리를 높이고 정보와 사회적 혜택을 제공받을 수 있게 된다. 이동일은 인터넷을 통한 역시장 형성으로 소비자가 얻을 수 있는 혜택을 다음과 같이 제시하고 있다.

① 능동적 참여로 인한 혜택: 소비자들의 참여로 보다 개별화된 제품의 공급이 가능하게 되어 소비 효용이 증가하고, 소비자들 상호간에 부가적인 가치가 창출된다.
② 새로운 소비가치 추구: 소비자 커뮤니티를 통하여 새로운 소비가치를 누린다. 인터넷 경매 과정에서 구매 이외에 참여과정의 즐거움이 그러한 예이다.
③ 제품 진부화에 대한 대응: 기술변화로 소비자들은 시장에서의 제품수명주기의 단축 등 제품구매에 대한 지각위험은 더욱 커지게 된다. 소비자 커뮤니티를 통하여 사전에 소비자를 제품개발에 참여시킴으로써 제품 진부화에 대한 위험을 줄일 수 있다.
④ 안정적 공급원 확보: 소비자 커뮤니티를 통하여 소비자는 자신의 소비활동에 부합하는 공급자를 조직하도록 하여 안정적인 공급원을 직접 확보할 수 있다.

3. RMC 형성과 효과

3.1 RMC 등장과 정의

정보기술의 발전에 힘입어 새로운 관계형성의 양식이 생기게 되었는데, 기업들이 내부 정보이용의 효율성을 높이기 위해 도입한 정보시스템이 외부적으로 발전하여 조직 간 정보시스템의 형태를 취함으로써 기업의 관계화 양식에 새로운 전기가 형성되었다. 정보기술의 발달로 기업 간 관계가 전자적으로 연결됨에 따라 연결구조를 암시하는 네트워크라는 개념이 보편화되어 왔으나, 네트워크에 참여한 기관들의 행동원리와 네트워크 조직의 관리를 위해 커뮤니티 개념이 도입되었다.

[그림 6-11] Relationship Marketing Community의 개념도

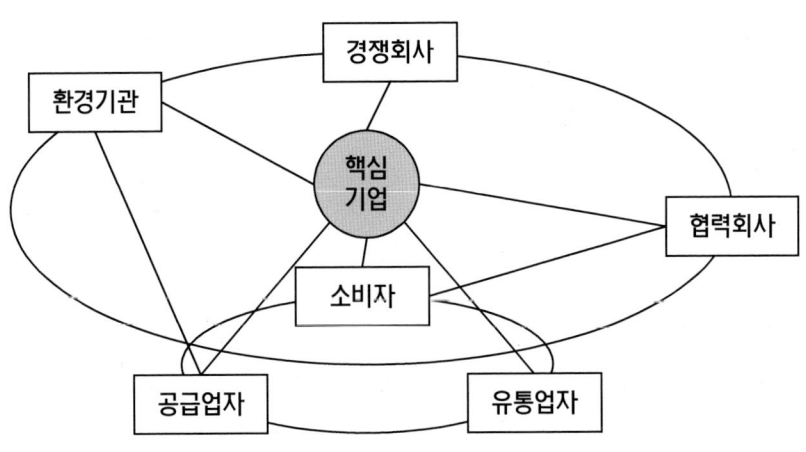

자료원: 임종원과 박형진, 1998

임종원 외의 연구에서는 연결마케팅 커뮤니티(Relationship Marketing Community; RMC)의 개념을 제시하고 있다. 이들은 연결마케팅과 관련하여 경제적 이해관계를 중심으로 관계를 형성함으로써 연결이익을 얻고자 하는 커뮤니티를 연결마케팅 커뮤니티라 부르면서, 공동의 목적을 달성하기 위하여 서로 마케팅의 네트워크를 구성하는 사람이나 기관들의 모임으로 정의하고 있다. 이러한 커뮤니티는 기존의 네트워크와는 달리 그 범위에 있어서 시장에 총체적 해결책을 제공하거나 더욱 다양한 연결의 이익을 얻기 위하여 네트워크보다 더욱 큰 범위의 구성요소를 포함한다는 점에서 네트워크가 더욱 발전한 형태로 볼 수 있다. 이에 따라 과거에 연결대상이나 참여 분야에 따라 진행되던 전략적 제휴(strategic alliance), 협력을 통한 경쟁력 강화(copetition), 이업종과의 결합, 등의 개념들도 커뮤니티의 개념으로 통합, 발전하게 되었다.

3.2 RMC 특성

임종원과 박형진은 Relationship Marketing Community의 특성을 커뮤니티 원리의 적용을 통한 심성적 일체감과 정보적 관계화(informational relationalization)에 의한 자발성, 신뢰성, 몰입성, 공정성을 제시하고 있다.

① 자발성: 정보가 즉각적으로 공유되므로 기업이 소비자의 욕구를 충족하지 못한다면 고객은 즉시 그러한 사실을 알게 되고 그 기업은 도태될 것이다. 따라서 참여자는 커뮤니티에서 도태되지 않기 위해 스스로 알아서 자발적으로 행동할 것이고, 관계규범이 자율적으로 형성될 것이다. 정보기술의 신속한 상호작용성으로 인해 참여자들은 수동적이고 반작용적인 행동에서 벗어나 능동적인 주체가 된다.

② 신뢰성: 기회주의에 대한 정보가 즉각적으로 알려짐에 따라 기회주의의 가능성은 줄어들고 이에 따라 신뢰성이 증가하게 된다. 정보를 바탕으로 한 가상 차원에서 상호작용을 통한 공유된 몰입은 신뢰를 형성한다.

③ 몰입성: 정보적 관계화로 기업과 소비자의 관계는 시간적, 공간적 제약의 감소로 일대 일 관계가 가능해지게 되어 기업과 소비자의 파트너쉽 형성을 통한 몰입의 증대가 가능하다. 기업의 마케팅 과정에 참여기회 제공은 소비자의 기업에 대한 몰입을 증대시킨다.

④ 공정성: 커뮤니티에서는 정확한 정보가 신속하게 전달되므로 기회주의가 통제되고 공정성이 확보된다. 정보기술이 가지는 동시성, 상호작용성으로 인한 신속한 피드백과 개방성으로 기회주의가 사라질 것이다.

3.3 RMC 효과

1) 정보적 관계화에 의한 연결이익(Relationship Merits)

정보기술(information technology)은 기업의 내부 기능 간의 통합뿐만 아니라 전자적 자료교환(electronic data interchange)과 정보공유(information sharing)를 통해서 기업 외부의 당사자들과의 통합을 가능하게 하였다. 기업 간 커뮤니케이션이 전자적으로 중계됨에 따라서 재고감소, 시간단축, 불확실성의 감소, 상권의 확대 등 다양한 연결이익(relationship merits)을 얻을 수 있다.

2) 고객공유(customer sharing)를 통한 매출 증대와 비용 절감

고객공유란 유사한 목표고객을 가진 서로 다른 둘 이상의 기업이 고객확보를 목표로 장기적 관계에 기초하여 공동마케팅 활동을 하는 것이다. Relationship Marketing Community는 이업종들이 고객을 공유하여 공동으로 마케팅을 추진하는 것이 가능하게 하여, 고객의 욕구를 효과적으로 충족시킴으로써 매출액을 증가시키고 판매비용을 절감시킬 수 있다.

3) 고객문제 해결을 통한 가치창출

Relationship Marketing Community는 단순한 고객만족에서 벗어나서 고객성공을 위해서 운영된다. 고객성공이란 고객이 추구하는 목적을 어느 정도 달성하였는가의 성공정도를 의미한다. 이러한 고객성공을 만들어내기 위한 활동으로는 고객의 문제를 정확하게 파악하고 그에 대한 적설한 해결책, 즉 고객맞춤형 해결책방안을 제공하는 테일리링(tailoring), 고객에게 더 좋은 결과를 가져다주기 위해 고객행동을 바꾸는 코칭(coaching), 동반자로서의 고객과 함께 공동의 목표를 추구하여 일하는 제휴관계를 형성하고 연결될 당사자들이 시너지효과를 갖게 되는 파트너링(partnering), 관계를 통하여 고객에게 즐거움을 제공하는 고객관계의 즐거움 제공, 고객과의 신뢰성 구축 등이 있다.

Relationship Marketing Community를 통하여 기업은 고객이 추구하는 가치(value)를 보다 쉽고 효율적으로 실현할 수 있도록 각종 기관들과 제휴하여 공동마케팅을 전개할 수 있다. 이러한 의미에서 소비자 커뮤니티와 고객이 원하는 것을 제공하기 위해 공동마케팅을 수행하는 참여자들이 융합되어 새로운 가치를 창출하는 소비하는 가치 커뮤니티가 등장하게 되었는데, 가치 커뮤니티는 과거의 정보기술의 활용을 통하여 마케팅의 특정한 기능을 보다 효율적으로 수행하기 위한 기능을 공유하는 기능공유 커뮤니티나 동일한 고객의 욕구를 충족시키기 위하여 이업종들이 모인 고객공유 커뮤니티보다 발전한 형태이다. 가치 커뮤니티의 주요한 특성은 〈표 6-3〉과 같다.

〈표 6-3〉 기능공유, 고객공유, 가치공유의 비교

유 형	기능공유	고객공유	가치공유
세분시장	인구통계적 세분시장	사용세분시장	가치세분시장
마케팅	매스마케팅	데이터베이스마케팅	커뮤니티마케팅
마케팅장소	지리적 장소	행위적 장소	가상공간
소비자	시장수용자	시장참여자	시장창출자

자료원: 임종원, 2001

〈표 6-4〉 교환 행위자들의 관계와 커뮤니티

관 계	내 용	커뮤니티
일차적 관계	핵심기업(focal firm)과 핵심기업 환경 내 당사자들과 관계	• Homepage내 Community • Community of Production(Sawhney and Prandelli, 2000) • Community of Creation(Sawhney and Prandelli, 2000) • Value-Added Community(Means and Schneider, 2000)
이차적 관계	핵심기업 제외한 핵심기업 환경 내 당사자들 간의 관계	• Third Party Community(Scott, 2000; 이동일, 2000) • E-hub(Kaplan and Sawhney, 2000) • Value-Added Community(Means and Schneider, 2000)
삼차적 관계	당사자들 각각에 내부적인 보는 가능한 관계(십난 지향적(cohort-oriented))	• Community of practice(Ulrich, 1998; Wenger, 1998, 2000) • Comsumer Community(Hagel and Armstrong, 1997; Dellarert, 199; Hagel and Singer, 1999) • Consumption Community - 불리적 근접성 기반한 공동 소비(Jannowitz, 1952; McGrath et al., 1993; Celsiet al., 1993; Cova, 1997) - 물리적으로 가깝지 않는 상황 공동 소비(McAlexander and Schouten(1995, 1998) • Brand Community(Muniz and O'guinn, 2001)
종합적 관계		• Relationship Marketing Community(임종원 외 2인, 1997; 임종원과 박형진, 1998; 임종원, 2001)

제7장 브랜드 커뮤니티

브랜드 커뮤니티는 특정 브랜드에 대한 공동의 관심사(사적인 관심)를 바탕으로 형성된 커뮤니티다. 즉, 개별적인 고객-브랜드 관계가 인터넷을 매개로 정보를 공유하고 일상적인 관계를 형성하기 위하여 고객-고객-브랜드 관계로 확장된 것으로 볼 수 있다. 따라서 브랜드 커뮤니티에 대한 이해를 하기 위해서는 소비자-브랜드 관계에 대한 이해가 선행되어야 한다. 본 장에서는 소비자-브랜드 관계에 대한 고찰은 간단히 고찰한 다음, 브랜드 커뮤니티에 대한 정의와 종류, 그리고 효과에 대한 내용을 소개하기로 한다.

[그림 7-1] 브랜드 커뮤니티 형성

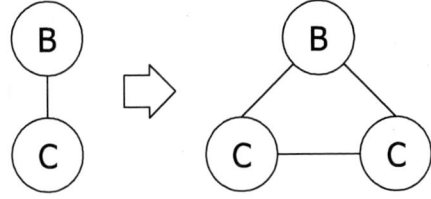

1. 소비자-브랜드 관계

1.1. 소비자-브랜드 관계의 정의

소비자-브랜드 관계란 브랜드와 소비자가 상호의존하고 있다는 관계 파트너로써의 브랜드에 대한 인식과 함께 심리적-사회적-문화적 맥락 모두에서 브랜드가 의미를 가진다는, 다차원 및 동적 관점에서의 소비자와 브랜드와의 관계를 의미한다.

Belk는 인간과 소유물에 대한 관계를 다룸으로써 소비자-브랜드 관계 연구의 출발을 제시하였다. 그는 인간이 특정 소유물과의 관계를 맺음으로써 자아를 형성시켜 나

간다고 하였다. Belk 이외에도 인간이 자아를 형성하기 위해 특정 매개체와 관계를 맺는다는 연구는 이후에도 계속 진행되었다. 신과 인간에 관한 연구, 영화팬과 스타와의 관계 연구 등 관계에 관한 기존연구들은 이러한 소비자-브랜드 관계의 이론적 토대를 마련하였다.

이처럼 지금까지의 브랜드 충성도 중심의 연구에 관계 연구를 접목함으로써 관계 개념을 도입할 뿐만 아니라 현재 브랜드 충성도 연구가 소홀히 했던 의미(meaning)나 맥락(context), 그리고 일시성(temporality)에 대한 개념화의 틀을 제공할 수 있게 되었다.

이러한 배경에서 소비자-브랜드 관계의 존재, 관계의 차원, 관계의 유형, 관계의 성과 등을 제시한 연구들이 등장하게 되었다.

먼저 Fournier는 소비자와 브랜드 간의 관계의 깊이와 이상적인 관계의 특성에 대한 연구를 통하여 소비자-브랜드 관계의 질적 차원을 도출하였으며 이러한 연구결과를 바탕으로 Fournier는 소비자-브랜드 관계의 통합적 차원을 제시하여 이 분야의 실제적인 연구 가능성을 제시하였다. 또한 소비자-브랜드 관계에서 높은 품질과 지속적인 연대를 가능하게 하는 것을 브랜드 관계 품질(Brand Relationship Quality: BRQ)이라고 하여 이의 6가지 차원-정서적 및 사회 감정적 애착, 행동적 연관, 지원적/인지적 신념-을 제시하였고, 또한 15가지의 소비자-브랜드 관계의 유형을 제시하였다.

다음으로 Keller는 CBBE(Customer-Based Brand Equity)모델을 통해 브랜드 자산 피라미드상에 소비자-브랜드 관계(Brand relationships)가 브랜드구축의 가장 상위에 위치하고 있으며 이 단계에 이르게 되면 고객이 브랜드와 합치되어 있다고 느끼게 되는 동일시(identification)가 형성된다고 하였다. 또한 소비자-브랜드 관계 구축의 효과로서 행동적 충성도(behavioral loyalty), 태도적 애착(attitudinal attachment), 커뮤니티 소속감(sense of community), 적극적 개입(active engagement)과 같은 소비자-브랜드 관계 구축 성과가 발생한다고 주장하였다.

한편, 소비자-브랜드 관계의 영향요인을 연구하려는 노력들도 있었다. Moore는 유럽의 5개국(영국, 프랑스, 독일, 스페인, 이탈리아)에 걸친 93개의 주요 브랜드를 대상으로 하여 브랜드 차별화, 위험 회피, 충성구매 등을 연구하였는데, 이 연구에서 국가별로 각 척도의 점수가 매우 상이하게 나타났다. 이와 관련하여 Moore는 소비자-브랜드 관계가 문화적인 요인에 영향을 받는다고 주장하였다. 또한 Fournier의 연구를 국내 소비자들에게 적용하기 위해 질적 분석의 결과를 양적으로 검증하는 절차와 함께 문화가 상이한 국내 실정에 맞게끔 수정하는 연구들이 행해졌는데 이러한 노력의 일환으로 국내 소비자들을 대상으로 하여 영향요인 및 관계의 유형, 관계의 질, 관계의 효과 등을 파악해 보고자 하는 연구도 많이 진행되어져 왔다.

〈표 7-1〉 소비자-브랜드 관계 및 소비자-브랜드 관계 측정 연구들

연구 분야	연구자	주요 내용	측 정
소비자-브랜드 관계	Fournier(1994, 1998) Keller(2001) Part et al.(2002) Thorbjørnsen et al.(2002) 김재일 외(2003) 김유경 외(2003) 이학식 외(2004)	• 소비자-브랜드 관계의 유형과 Brand Relationship Quality 차원 제시 • Customer-Based Brand Equity 모델을 통한 Brand relationships와 성과 제시 • 브랜드 확장 수용에의 영향요인 • 온라인 환경하에서의 소비자-브랜드 관계 구축 • Fournier(1998)의 BRQ 각각의 검증 • BRQ 각각의 검증 • 소비자-브랜드 관계의 새로운 구성개념(소비자 구매행동에 대한 브랜드 태도) 제시	• 6개 구성요소, 14개 항목 • 7개 차원, 42개 항목 • 4개 차원, 상위차원으로서의 BRQ • 7개의 사전적 요인
소비자-브랜드 관계의 유형화	Fournier(1994, 1998) 김유경(2002) 구자룡(2002)	• 15가지 소비자-브랜드 관계의 유형 제시 • 5가지 소비자-브랜드 관계의 유형 제시 -상황적 의존 관계, 신뢰/친화, 습관적 애착, 자아 표현, 부정적 대안 • 4가지 소비자-브랜드 관계의 유형 제시 -브랜드 관심 관계, 개성 중시 관계, 브랜드 애호 관계, 브랜드 무관심 관계	• 7개의 차원, 31개 항목 • 4개 요인, 10개 항목
소비자-브랜드 관계 영향 요인과 효과	김유경(2002) 김유경 외(2003) 박성연 외(2003) 박은아 외(2004)	• 소비자-브랜드 관계 영향요인: 제품 요인(FCB GRID)과 소비자요인(관여도와 친숙도) • BRQ에의 영향요인: 제품 요인과 커뮤니케이션 요인 • 소비자-브랜드 관계 효과: 소비자 만족, 상표 충성도 • 소비자-브랜드 관계 효과: 확장된 브랜드 평가	 • 6개 구성요인, 19개 항목 • 2차원 요인, 6개 하위 차원, 26개 항목

마지막으로 이학식, 최재익, 임지훈의 연구에서는 이러한 관계의 대상으로의 브랜드에 관한 논의를 더 발전시켜 '소비자 구매행동에 대한 브랜드 태도'라는 새로운 구성개념(construct)을 개발하고 측정을 시도하고자 하였다. 즉 브랜드에 대한 소비자의 측면(태도, 행동 등)에 초점을 맞춘 것에서 발전하여 소비자에 대한 브랜드의 태도까지도 연구함으로써 이제 브랜드는 소비자의 구매 대상이 아닌, 상호작용적인 관계의 대상으로써 연구되어지고 있는 것이다.

위와 같은 연구들에 있어서 소비자–브랜드 관계 측정과 관련된 내용을 살펴보면, 소비자–브랜드 관계란 소비자와 브랜드가 동등한 당사자로서 서로에게 파트너로서의 역할을 담당하면서 상호작용하는 결과로 생성되는 연대를 의미하며, 이러한 의미에서 브랜드 관계 품질(BRQ)은 소비자–브랜드 관계 강도를 측정하는 개념으로써 많은 연구에서 파악되고 있다. 이에 따라 대부분의 연구들이 Fournier가 제시한 6개 구성요소(또는 하위 차원)를 바탕으로 한 전반적인 BRQ 점수를 소비자–브랜드 관계 형성 정도의 측정에 활용하고 있다.

온라인 환경하에서 개인화된 웹사이트와 소비자 커뮤니티라는 상호작용적 커뮤니케이션이 소비자–브랜드 관계 구축에 미치는 영향을 연구한 Thorbjørnsen, Supphellen, Nysveen, Herbjørn, Pederson은 love/passion, self-connection, intimacy, partner quality의 4가지 차원만을 이용해 소비자–브랜드 관계 구축을 측정하였고, 브랜드 확장 수용에의 영향요인을 연구한 Park et al.은 Fournier의 연구에서 제시된 commitment, interdependency, trust, self connection, intimay, love/passion, nostalgic connection, partner quality의 8가지 구성요소(또는 차원)를 바탕으로 하여 요인분석을 수행한 후 최종적으로 interdependency를 제외한 7개의 구성요소(차원)로 BRQ를 측정하였다.

1.2 소비자–브랜드 관계 영향요인

소비자–브랜드 관계 형성에 있어서 기업과 소비자가 모두 관계당사자로서 관계 형성에 영향을 준다고 할 수 있다. 이런 이유로 인해 관계 마케팅 연구들에 있어서 관계 형성요인으로써 소비자 측면의 요인들과 기업 측면의 요인들에 대해 연구를 진행해 왔다. 관계 마케팅에 대한 기존연구들 중에는 소비자와 기업의 모든 변수를 동시에 고려한 연구도 있지만 연구의 어려움으로 인해 소비자변수나 기업변수만을 중심으로 연구를 진행하는 경우를 많이 찾아 볼 수 있다.

소비자-브랜드 관계 형성에 대한 연구에 있어서도 종합적인 연구를 진행하기 위해서는 소비자요인과 기업요인을 동시에 고려한 연구가 필요하다. 그러나 실제 연구를 진행하는 데 있어서 기업의 마케팅 활동 등의 기업변수는 그 측정에 어려움이 있고, 소비자변수와 기업변수를 모두 고려하는 경우 전체적인 모델이 지나치게 커진다는 단점이 있다. 이런 이유로 해서 본 장에서는 소비자변수를 중심으로 소개하고자 한다.

1) 관여도

어떤 제품이나 브랜드가 자신에게 중요하거나 높은 개인적 관련성을 가졌다고 지각할 때 소비자들은 높은 관여도를 보이게 된다. 이와 같이 관여도가 높은 상황에서 소비자는 자신에게 가장 적합한 제품이나 브랜드를 선택하기 위해 많은 노력을 기울이고 자신에게 가장 높은 혜택을 주는 제품이나 브랜드를 선택하고, 이렇게 하여 선택된 제품이나 브랜드가 만족스럽다면 선택한 제품이나 브랜드에 대해 높은 충성심을 보이는 경우가 많다. Iwasaki et al.의 연구에서는 특정 레저활동에 높은 관여도를 형성하게 되면 특정 브랜드에 충성하려는 심리적 몰입을 보이게 되고 이에 따라 브랜드 충성도가 높아지게 된다고 주장하고 있다. Quester and Lim의 연구에서는 제품범주에 대한 관여도가 높은 경우 소비자들은 제품범주 내의 특정 브랜드에 대해 충성도를 보이게 되는데 소비자의 관여도가 높아지면 소비자는 제품범주 내의 특정브랜드에 더욱 높은 충성도를 보일 것이라고 주장하고 있다.

특히 이러한 경향은 브랜드 간의 차이가 큰 경우에 많이 나타나게 된다. 브랜드 간의 차이가 클 경우 소비자들은 브랜드를 선택할 때 기능적 위험과 정서적 위험에 직면하게 된다. 기능적 브랜드-선택 위험은 브랜드가 가격 등과 같은 재무적 측면, 내구성 등과 같은 물리적 측면, 성능 등과 같은 기타 특성)에 있어서 브랜드들이 차이가 날 경우에 발생하며, 정서적 브랜드-선택 위험은 브랜드가 자아이미지 등의 심리적 결과, 지위 등의 사회적 의미에 있어서 차이가 있을 경우 발생하게 된다. 브랜드들 간의 차이가 큰 경우 소비자들은 브랜드 선택에 있어서 높은 불확실성과 위험을 지각하게 되고 이러한 불확실성과 위험을 줄이기 위해 많은 노력을 기울여 최적의 브랜드를 선택하려 할 것이고, 이러한 브랜드가 만족스럽다면 선택한 브랜드와 지속적인 관계를 유지하려고 할 것이다. 이와 관련하여 Palmer의 연구에서는 소비자들은 그들의 위험을 관리하기 위해 관계의 대용물로 브랜드를 활용하기 때문에 기업들은 안전감과 일관성을 제공하는 수단으로 브랜드를 활용하여 왔다고 주장하고 있다. 이러한 근거들을 통해 소비자의 제품에 대한 관여도가 높은 경우에는 브랜드 선택에 있어서 소비자-브랜드 관계가 구축될 가능성이 높다는 예측을 할 수 있다.

이와 관련해서는 다양한 실증적 근거를 찾아 볼 수 있는데 Iwasaki and Havitz의 연구에서는 레저활동과 같은 제품범주에 대한 관여도가 높아지면 서비스를 제공하는 브랜드를 변경하려는 의도가 낮아지고 서비스를 제공하는 브랜드에 대한 심리적 몰입이 높아진다는 것을 보여주고 있다. Bennett, Rebekah, Charmine, Janet의 연구에서는 선호하는 브랜드에 대한 관여도가 브랜드에 대한 태도적 충성도에 유의적인 영향을 미친다는 결과를 보여주고 있다. 또한 Beatty, Sharon, Homer의 연구에서는 제품에 대한 관여도가 구매관여도에 영향을 미치고, 이러한 구매관여도가 브랜드 몰입에 영향을 미친다는 연구결과를 보여주고 있다. Mittal and Lee의 연구에서도 유사한 결과를 보여주고 있다.

이러한 경향성은 서비스에 대한 관여도가 높을 경우 소비자들은 고객은 동일한 서비스제공자와의 계속적인 관계를 선호한다는 연구결과에서도 확인할 수 있다. 서비스에 대해 소비자가 관여도가 높은 경우 소비자는 가격보다는 품질을 중심으로 서비스를 구매하려 하고, 높은 이질성으로 특징지워지는 서비스제공자들 중에서 자신에게 적합한 우수한 서비스를 제공하는 서비스제공자를 찾고 이들과 지속적인 관계를 유지함으로써 우수한 서비스를 안정적으로 제공받고자 시도하게 되고, 이에 따라 서비스제공자와 고객 간의 관계가 구축되게 된다. Bennett et al.의 연구에서도 서비스범주에 대한 관여노가 높은 경우에 특정 브랜드에 대해 높은 태도적 충성도를 보인다는 것을 실증적으로 보여주고 있다. 한편 소비자-브랜드 관계에 대한 기존연구들도 소비자-브랜드 관계에 영향을 주는 요인으로 관여도를 다루고 있다.

이러한 여러 근거들을 통해서 볼 때 제품에 대한 관여도가 높을수록 소비자는 브랜드와 장기적이고 안정적인 관계를 형성할 가능성이 높아질 것이라는 추론을 할 수 있다.

2) 대인관계지향성

소비자와 브랜드 간의 관계는 소비자의 사회적 관계의 모방이 될 가능성이 높다. 이와 관련하여 Aagarwal은 소비자는 브랜드와 브랜드를 보유하고 있는 기업을 구분하지 못하고, 특히 서비스의 경우 서비스 브랜드를 대표하고 있는 사람들과의 상호작용을 통하여 브랜드와 상호작용하고 있다고 생각하고, 브랜드를 인간적 특성을 가진 생명체로 생각함으로써 소비자와 브랜드 관계는 소비자의 사회적 관계와 유사한 것이 되고, 소비자와 브랜드의 상호작용은 관계적인 것이 될 수 있다고 주장하고 있다. 이러한 점에서 소비자－브랜드 관계형성은 소비자의 대인관계지향성에 영향을 받을 가능성이 높다.

소비자의 대인관계지향성(interpersonal orientation)은 타인에게 관심을 가지고 다른 사람과 상호작용하려는 성향으로 정의할 수 있다. Bearden, Manoj, Kelly은 Cohen의 연구에서 제시된 CAD 개성측정항목들에 근거하여 다른 사람을 가까이 하려는 순응형 소비자와는 달리 격리형 소비자(detached consumer)는 다른 사람들과 일정한 감정적 거리를 두려고 하기 때문에 다양한 관계대상들과 관계형성을 회피할 가능성이 높다고 주장하고 있다.

또한 Bove and Johnson은 소비자의 대인관계지향성이 고객과 관계파트너 간의 관계 강도에 영향을 준다는 명제를 제시하고 있다. 이들은 대인관계지향성이 낮은 소비자의 경우에는 관계를 형성할 여지를 거의 두지 않기 때문에 관계파트너가 관계를 구축하려 해도 성공적으로 관계를 형성할 가능성이 낮다고 주장하고 있다. 서문식과 김유경의 연구에서도 고객 유형을 과업지향형 고객, 상호작용지향형 고객, 자기중심지향형 고객 등으로 구분하고 사회적 관계에 대한 니즈가 높은 상호작용지향형 고객이 보다 관계지향적이 될 가능성이 높다는 것을 보여주고 있다.

이러한 연구들에 근거해 볼 때 소비자와 브랜드 관계에 있어서도 대인관계지향성이 높은 소비자들이 그렇지 않은 소비자들보다 더욱 개별 브랜드와의 관계 구축에 대해 긍정적일 수 있다는 추론을 가능하게 한다.

3) 관계마케팅에 대한 태도

소비자와 기업 간의 관계 형성과 활용이 고객만족과 고객충성도를 향상시키는 데 큰 영향을 미친다는 연구들이 증가함에 따라 서비스제공자, 판매원, 브랜드 등의 다양한 관계대상을 매개로 한 관계 구축노력과 이의 실행에 대한 기대가 커져가고 있다.

　관계마케팅에 대한 많은 연구들은 기업이나 종업원의 관계적 행위가 관계형성에 큰 영향을 미친다고 주장하고 있다. 보험판매원을 대상으로 한 Crosby et al.의 연구에서는 판매원의 관계지향적 행동이 관계품질에 유의적인 영향을 미친다는 것을 보여주고 있고, Tam et al.의 연구에서도 보험판매원의 관계적 행위가 관계파트너의 신뢰에 유의적인 영향을 미친다는 것을 보여주고 있다.

　그러나 관계형성은 기본적으로 두 당사자의 존재를 전제로 한다는 점에서 두 당사자들의 특성들이 관계형성에 영향을 주게 된다. 관계 구축은 한 당사자만의 노력으로 이루어지는 것이 아니라는 점에서 관계의 또 다른 당사자인 소비자 특성에 대한 연구도 많이 진행되었다. 이와 관련하여 Chaston의 연구에서는 고객이 선호하는 관계파트너의 마케팅스타일과 관계파트너의 실제 마케팅스타일이 일치하는 경우에 관계마케팅이 효과적이라고 주장을 하고 이에 대해 실증적으로 연구하였는데 이산적인 마케팅활동이든 관계적 마케팅활동이든 고객들이 선호하는 스타일과 일치하는 경우 각 유형의 마케팅활동이 더욱 효과적이었다. 이러한 연구결과는 관계의 당사자인 소비자들이 관계형성을 선호하고 관계를 통해 여러 가지 혜택을 얻는 것에 대해 호의적인 태도를 가진 경우에 관계마케팅을 활용하는 것이 효과적이라는 것을 보여준다. 이러한 점에서 Anderson and Narus에서는 관계마케팅을 통하여 성장을 추구하려 할 때 시장에 있는 소비자들이 관계마케팅에 대해 어떤 지향성을 가지는가를 고려하여서 전략을 선택해야 한다고 주장하고 있다. 이러한 연구 이외에 소비자의 관계마케팅에 대한 태도가 관계파트너와의 관계형성이나 신뢰에 유의적인 영향을 미친다는 연구들도 찾아 볼 수 있다. Milne and Boza의 연구에서는 소비자의 관계마케팅에 대한 태도가 관계파트너와의 관계형성을 촉진하고 관계파트너에 대한 신뢰를 증가시킨다고 주장하고 이를 실증적으로 확인하였다. Palmer의 연구에서는 관계지향적인 고객들은 구매과정에 있어서의 사회적 측면에 더 많은 관심을 가지고, 관계의 대상으로써의 브랜드에 대해서도 감정적 유대감(emotional bond)을 개발하려 한다고 주장하고 있다. 이러한 근거들을 통해 관계마케팅에 대한 소비자들의 태도가 소비자와 브랜드 간의 관계형성에도 영향을 줄 가능성이 있다는 추론을 가능하게 한다. 즉, 관계파트너와 관계를 형성하고 관계형성을 통해 얻게 되는 여러 가지 혜택에 대해 호의적인 태도를 가지고 있는 소비자들은 관계파트너로서 브랜드와 관계를 형성하는 정도가 높은 반면 관계마케팅 자체에 대해 비호의적인 태도를 가진 소비자들의 경우에는 브랜드와 관계를 형성하지 않으려 할 것이라고 예측할 수 있다.

2. 브랜드 커뮤니티 형성과 특징

2.1 브랜드 커뮤니티 정의

브랜드란 특정한 회사의 제품 및 서비스의 구별을 위해 사용되는 이름, 문자, 기호, 도형 또는 이들의 결합 등의 총칭으로, 일반적으로 이러한 브랜드를 매개로 형성된 커뮤니티를 브랜드 커뮤니티라 한다.

이러한 브랜드 커뮤니티를 Muniz와 O'Guinn은 "특정 브랜드를 좋아하는 사람들 사이에서 나타나는 사회적 관계의 구조화된 집합에 기반한 특화되고 지리적으로 제약되지 않은 커뮤니티(a brand community is a specialized, non-geographically bound community, based on a structured set of social relationships among admires of brand)"로 징의하고 있고, 유창조와 정혜은은 "브랜드를 좋아하는 사용자들이 인지적, 감정적, 물질적 자원을 공유하고 의미를 창조해 나가는 공간"으로 정의하고 있다.

따라서 브랜드 커뮤니티는 특정 브랜드에 대한 사적인 공동의 관심사를 바탕으로 형성된 커뮤니티라 할 수 있다. 즉, 개별적인 고객-브랜드 관계가 인터넷을 매개로 정보를 공유하고 일상적인 관계를 형성하기 위하여 고객-고객-브랜드 관계로 확장된 것으로 볼 수 있다.

성영신과 임성호는 브랜드 커뮤니티가 형성되기 위한 요건으로 특정 브랜드, 브랜드를 중심으로 모인 회원, 회원들 간의 관계로 형성된 집단을 내적 구성요소로, 기업, 정부나 마케팅 활동 등을 브랜드 커뮤니티의 외적 환경요소로 제시하고 있다.

2.2 브랜드 커뮤니티 특징

브랜드 커뮤니티는 전통적 커뮤니티와 마찬가지로 공유된 의식(shared consciousness), 의례와 전통(rituals and traditions), 도덕적 책임감(sense of moral responsibility)과 같은 본질적인 특징을 지니고 있다.

1) 공유된 의식(shared consciousness)

공유된 의식이란 커뮤니티 구성원이 브랜드 정체성(brand identity)을 기반으로 브랜드에 대해 중요한 연결을 느끼고, 다른 구성원들과 강한 연결을 느끼는 것을 의미한다. 이러한 공유된 의식은 브랜드 사용자와 다른 브랜드 사용자 사이를 구분하고, 대항적 상표충성(oppositional brand loyalty)을 가져다준다.

한편, 브랜드 커뮤니티에서 나타나는 공유된 의식은 전통적인 커뮤니티와 유사하지만 구조화되는 방식에 있어서 차이점을 보이는데, 정창모와 김상훈은 브랜드 커뮤니티의 구성원들이 공유하는 감정은 대량 생산되고 광고되는 브랜드를 가진 제품(branded products)에 대한 것이기 때문에 브랜드 커뮤니티 구성원들 간에 공유된 소속감은 깊이가 깊지 않고(shallowness), 열정적이며(fanaticism), 물질주의적(materialism)이고, 쾌락주의적(hedonism)인 성격을 나타낸다고 하였다.

2) 의례와 전통(rituals and traditions)

의례와 전통은 커뮤니티의 역사, 문화, 의식을 영속시키고 다른 커뮤니티와 차별성을 나타내게 한다. 커뮤니티에서 의례, 규범과 전통은 커뮤니티를 유지하는 중요한 수단인데, 커뮤니티의 역사, 커뮤니티 의식과 의례, 커뮤니티 상징물, 커뮤니티 스토리 등은 구성원들 간의 상호작용을 강화하여 커뮤니티를 결속시킨다.

브랜드와 관련된 공유된 소비경험을 근간으로 형성되는 브랜드 커뮤니티 의례와 전통은 브랜드와 관련한 특유한 표현 양식, 상징과 의미 등을 생산하여 브랜드 의미(brand meaning)를 형성하게 된다.

한편, 서영신과 임성호는 브랜드 커뮤니티의 의례의 전통은 주로 광고를 통해 형성된 브랜드의 가치를 커뮤니티 외부나 내부적으로 표현하려는 회원들의 경향성을 반영한 다는 점에서 다른 커뮤니티와는 다른 성격을 나타낸다고 지적하고 있다.

3) 도덕적 책임감(sense of moral responsibility)

도덕적 책임감은 전체로써 커뮤니티와 커뮤니티의 개별 구성원에 대하여 느끼는 의무감이다. 이는 커뮤니티의 유지·존속을 위하여 자발적이고 지속적인 참여를 이끌고 또한 새로운 구성원을 유치하게 하고 커뮤니티가 위험한 시기에 협동적인 행동을 가능하게 하여 경쟁관계에 있는 커뮤니티와 맞서게 한다. 브랜드 커뮤니티에 있어서 도덕적 책임감은 동일한 브랜드를 사용하는 사람들이 가지는 문제점을 해결해 주거나 브랜드에 대한 정보를 공유하고자 하는 행동으로 표출된다.

또한 전통적 커뮤니티와는 달리 브랜드 커뮤니티가 지니는 차별적 특징은 다음과 같다.

첫째, 브랜드 커뮤니티는 대중성과 분산성을 지닌다. 편재성이라는 브랜드의 본질로 인해 지역적인 제약으로부터 자유롭다.

둘째, 브랜드 커뮤니티는 주류문화에 반하지 않기 때문에 안정성과 몰입성을 나타낸다.

셋째, 브랜드 커뮤니티는 상업적이다. 브랜드 커뮤니티는 감춰져 있거나 미숙한 상업주의가 아니라 공동의 자기인식과 자기 반영성을 가지는 완전한 시각 안에서 브랜드를 중심으로 형성되기 때문에, 강력한 이미지, 풍부한 역사, 위협적인 경쟁상황하에 있는 브랜드를 중심으로 형성될 가능성이 높으며, 개인적으로 소비되는 것보다는 공공적으로(publicly) 소비되는 것을 중심으로 형성될 가능성이 더 높다.

2.3 브랜드 커뮤니티 연구흐름

브랜드 커뮤니티에 대한 개념적 정의를 바탕으로 브랜드 커뮤니티의 형성동인을 심층적으로 분석하고자 하는 많은 연구들이 진행되었다. 성영신과 임성호는 심리학적인 분석을 통해 브랜드 커뮤니티가 형성되기 위한 요건으로 브랜드, 브랜드를 중심으로 모인 회원, 회원들 간의 관계로 형성된 집단을 내적 구성요소로, 기업, 정부나 마케팅 활동 등을 브랜드 커뮤니티의 외적 환경요소로 제시하였다. 이두희, 이현정과 박상태는 브랜드 커뮤니티 형성에 있어서 초기 신뢰의 중요성을 언급하면서 초기 신뢰와 그 선행변수의 영향을 실험적 방법을 통해 분석하였다. 또한 이문규 외는 재무적 관계 형성 전략, 사회적 관계 형성 전략, 구조적 관계 형성 전략, 교육적 유대관계 전략 등 4가지의 브랜드 커뮤니티 유대관계 전략을 제시함으로써 브랜드 커뮤니티 형성 전략을 유형화하였다. 한편, 프로축구 서포터스를 대상으로 하여 브랜드 커뮤니티의 특징 및 구성원 행태, 참여경험, 관계의 질을 정성적으로 분석한 유창조와 정혜은의 연구는 브랜드 커뮤니티가 어떤 과정을 거쳐 구축, 유지, 발전되는지를 심층적으로 보여주고 있다.

지금까지의 브랜드 커뮤니티에 관한 연구들을 정리해 보면 〈표 7-2〉와 같다.

〈표 7-2〉 브랜드 커뮤니티 관련 연구의 주요 내용

연구자	연구의 내용	연구 대상 및 방법
McWilliam(2000)	• 브랜드를 활성화하는 한 가지 방법으로 온라인 커뮤니티를 제시	온라인
Muniz & O'guinn(2001)	• 브랜드 커뮤니티 자체의 성립요건과 그 특성을 밝혀 온라인과 오프라인 브랜드 커뮤니티가 존재함을 보임	온·오프라인, 기업 중심, 정성적 연구
성영신, 임성호(2002)	• 브랜드 커뮤니티 구성원들이 커뮤니티 내에서의 활동, 심리적 동기, 심리적 체험을 분석 • 소비자-브랜드, 소비자-구성원, 소비자-기업 및 사회, 소비자-사회로 활동 대상을 구분	온라인, 소비자 중심, 정성적(interpretative analysis) 연구
McAlexander et al.(2002)	• 브랜드 커뮤니티(Jeep 구매자 대상) 활동의 효과를 제품, 브랜드, 회사, 회원 간의 통합적 프레임으로 제시(IBC)	오프라인, 기업 중심, 정성(ethnography)적, 정량적 연구
서문식, 김유경(2003)	• 온라인 브랜드 커뮤니티에 대한 공동체 의식과 브랜드 커뮤니티 동일시, 커뮤니티 충성도, 브랜드 태도의 관계를 규명	온라인, 소비자 중심, 정량적 연구
McAlexander, Kim, & Robertsl.(2003)	• Satisfaction과 brand community integration(BCI), consumer experience가 customer loyalty에 미치는 상대적 영향력을 실증 • Customer loyalty의 주요 동인으로서 brand community의 중요성을 언급	오프라인, 기업 중심, 정성(참여관찰, depth-interview)적, 정량적 연구
정창모(2003)	• 커뮤니티 구성원들을 대상으로 온라인 브랜드 커뮤니티 충성도가 브랜드 지식, 브랜드 태도, 구매의도에 미치는 영향을 실증	온라인, 소비자 중심, 정성적 연구
이두희 외(2004)	• 온라인 브랜드 커뮤니티 가입에의 동기가 무엇인가를 밝힘에 있어서 초기 신뢰 및 이의 선행변수의 영향을 실험으로 분석	온라인, 소비자 중심, 실험 연구
이문규 외(2004)	• 소비자 구축 커뮤니티와 기업 구축 커뮤니티로 구분 • 브랜드 커뮤니티 유대관계 전략은 커뮤니티 의식과 커뮤니티 충성도에 대해 높은 설명력을 가지나 브랜드 태도에 대해서 낮은 설명력	온라인, 기업·소비자중심, 정량적 연구
강명수(2004)	• 연결마케팅 이론을 바탕으로 확장된 관점하에서 온라인 브랜드 커뮤니티의 유형을 체계적으로 분류, 효과 제시	온라인, 기업·소비자 중심, 이론적 연구
유창조, 정혜은(2004)	• 브랜드 커뮤니티(서포터스) 형성과정에 따른 커뮤니티의 특징, 구성원 행태, 참여 경험, 관계 질을 분석하여 브랜드 커뮤니티의 관리 방향 도출	오프라인, 소비자 중심, 정성적 연구

연구자	연구의 내용	연구 대상 및 방법
성영신, 한민경, 박은아(2004)	• 브랜드 커뮤니티 구성원과 비구성원 간 커뮤니티 몰입도에 따라 브랜드 성격의 지각과 브랜드 애착 형성 정도에 있어서의 차이를 살펴 봄 • 브랜드 커뮤니티 몰입도가 높을수록 브랜드 성격을 명확히 지각하고, 브랜드 애착도 높다고 실증	온라인, 소비자 중심, 정량적 연구
Andersen(2005)	• B2B Market에서도 web-enhanced brand community는 relationship의 구축을 통한 시장성과 증대에 효과적	온라인, 기업 중심, 사례 연구(case study)
강명수, 김병재, 신종칠(2005)	• 기업 주도 브랜드 커뮤니티를 대상으로 일반 집단과 비교를 통해 브랜드 커뮤니티 성과를 실증함	온, 오프라인, 기업 중심, 실증연구

3. 브랜드 커뮤니티 유형

대부분의 브랜드 커뮤니티에 대한 분류는 고객 – 고객 – 브랜드 삼각관계형, 포털형과 닷컴(닷넷)형 등과 같이 단순히 브랜드 커뮤니티 참가자나 후원 여부에 따라 분류되고 있다. 본 절에서는 McAlexander et al.들이 제시한 브랜드 커뮤니티에 대한 확장된 관점(고객 – 핵심고객 – 브랜드 – 제품 – 마케터)에서 '브랜드 커뮤니티를 구성하는 참가자는 구누인가'와 '누가 주도적으로 커뮤니티를 구축하였는가'에 따라 브랜드 커뮤니티를 분류하고자 한다.

[그림 7-2] 온라인 브랜드 커뮤니티 유형

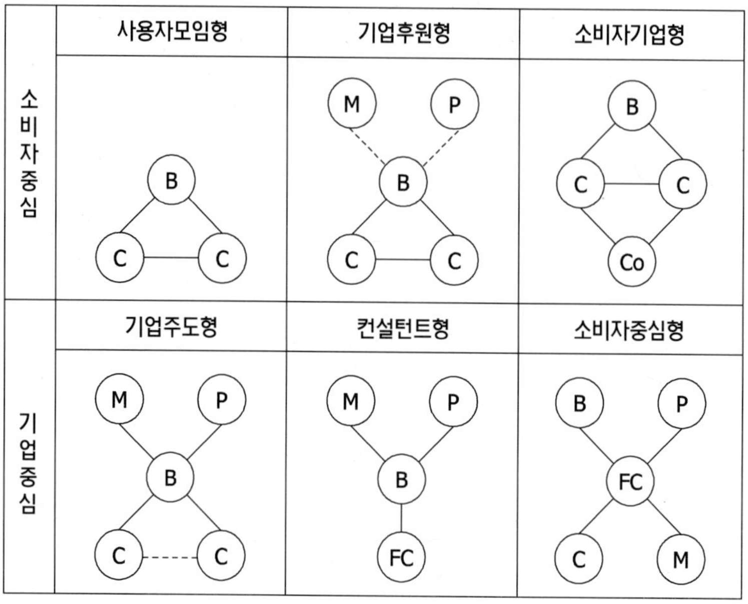

3.1 소비자 중심 브랜드 커뮤니티

소비자 중심 브랜드 커뮤니티는 특정 브랜드에 관심이 있는 소비자들이 자발적으로 형성한 커뮤니티이다. 특정 브랜드를 사용하는 사람들이 모여(사용자모임형) 제품에 대한 정보나 경험을 추구하고 제공하며 때로는 제품을 서로 교환하거나 공동구매를 하기도 한다. 다음(www.daum.net)이나 프리챌(www.freechal.com)에 있는 대부분의 브랜드 커뮤니티가 사용자모임형이라 할 수 있다. 성영신과 임성호는 이러한 사용자모임형 브랜드 커뮤니티 활동을 대상에 따라 브랜드, 구성원, 기업 및 사회로 구분하고 브랜드에 대한 애착활동, 신뢰로운 정보의 효율적인 교환활동, 제품교환 및 구매, 판매활동, 인간관계 활동으로 구분지어 설명하고 있다.

이러한 사용자모임형은 브랜드 기업과 연결되는 기업후원형(예, www.luxamo.net)이나 특수한 형태이긴 하나 소비자들이 기업을 형성하는 소비자기업형(예, www.sm5club.-com)으로 발전하기도 한다.

[그림 7-3] 소비자기업형 브랜드 커뮤니티 예

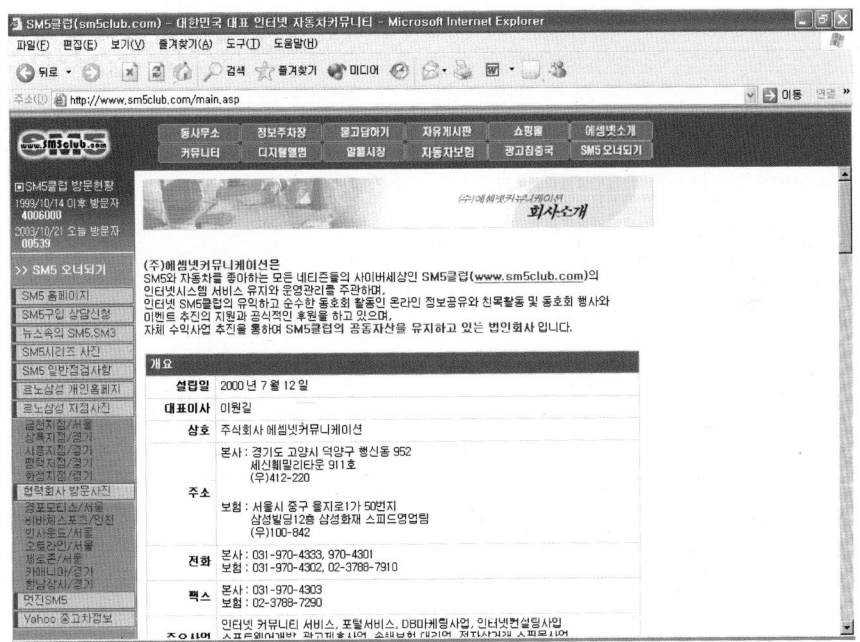

이러한 소비자 중심 브랜드 커뮤니티는 브랜드와 소비자들 사이의 공유된 의식과 도덕적 책임감과 같은 커뮤니티 특징은 쉽게 찾아 볼 수 있으나 브랜드와 관련된 의례와 전통요소는 쉽게 찾아보기는 힘들다.

3.2 기업 중심 브랜드 커뮤니티

기업 중심 브랜드 커뮤니티는 기업이 브랜드 사용자들과의 관계를 형성하기 위하여 의도적으로 형성된 커뮤니티이다. 이러한 커뮤니티에서는 주로 기업이 제품 사용 방법이나 업그레이드 정보들 제공하며, 브랜드와 관련된 역사와 전통에 대한 이야기를 제공하며, 때로는 브랜드 페스티벌과 같은 이벤트를 열기도 한다. 기업의 홈페이지나 특정 사이트에 있는 대부분의 브랜드 커뮤니티가 기업주도형 브랜드 커뮤니티라 할 수 있다.

[그림 7-4] 기업주도형 브랜드 커뮤니티 예

기업주도형 브랜드 커뮤니티는 기업들이 이전부터 대고객관계 마케팅의 일환으로 수행해오던 객원마케터나 최근 이동통신사업자들이 실시하고 있는 고객컨설턴트와 같은 특수한 모습으로도 형성이 가능하다.

이러한 기업 중심 브랜드 커뮤니티는 소비자 중심 브랜드 커뮤니티보다는 상대적으로 의례와 전통요소를 쉽게 이식할 수는 있으나 소비자들 간의 연결(공유된 의식)과 커뮤니티에 대한 도덕적 책임감이 미흡하다.

4. 브랜드 커뮤니티 효과

브랜드 커뮤니티는 기업과 소비자 모두에게 여러 가지 혜택을 제공할 수 있다.

우선 브랜드 커뮤니티를 통해서 소비자가 누릴 수 있는 혜택을 살펴보면 다음과 같다.

첫째, 브랜드 커뮤니티는 소비자에게 권한을 제공한다. 특히 온라인 브랜드 커뮤니티의 경우 인터넷에서 역시장(reverse market)을 형성하는 과정에서 브랜드 커뮤니티는 집단으로써 소비자 대리인으로 역할을 수행하기 때문에 고립되고 원자화된 상황에서 소비자들의 목소리를 높여 준다. 또한 커뮤니티를 통하여 제품개발 활동 등에 참여함으로 제품 진부화에 대한 위험을 줄일 수 있고, 안정적인 공급원을 확보할 수 있게 된다.

둘째, 브랜드 커뮤니티는 소비자에게 중요한 정보의 원천이 된다. 소비자들은 커뮤니티 내에서 브랜드에 관한 정보를 쉽게 얻을 수 있다. 커뮤니티는 이러한 정보교환의 장소로써 심리적인 기능뿐만 아니라 새로운 정보를 산출하는 기능을 수행하게 되는데 이러한 결과로 새로운 소비가치를 창출하고 누릴 수 있게 된다.

셋째, 브랜드 커뮤니티 구성원들은 커뮤니티 내에서 여러 가지 활동을 통하여 새로운 사회적 관계를 형성하여 기업뿐만 아니라 사회 공익성과 같은 사회적 참여를 수행함으로 여러 가지 혜택을 누리게 된다.

다음으로 기업은 브랜드 커뮤니티를 통해서 다음과 같은 혜택을 얻을 수 있다.

브랜드 커뮤니티에 속한 소비자들은 다른 소비자들에게로 마케팅 메시지를 전달하는, 이른바 브랜드 전도사로서의 역할을 수행하게 되고, 또한 제품의 실패 혹은 서비스 품질의 하락에 대해서도 상대적으로 관대해진다. 그리고 경쟁 제품이 비록 뛰어난 품질을 보이더라도 브랜드 전환을 쉽게 하지 않게 되며, 나아가서는 기업에게 여러 가지 제언 사항들을 기꺼이 제공한다. 브랜드 커뮤니티 구성원들은 브랜드의 라이센스 제품이나 확장 브랜드에 대해서도 강한 시장을 형성한다. 브랜드 커뮤니티에 높게 통합되어진 소비자들은 감정적으로 기업의 발전에 관심을 가지게 되고, 기업의 성공에 기여하고자 하는 의도를 가지게 된다.

〈표 7-3〉 브랜드 커뮤니티의 효과

구 분		내 용
소비자 혜택	권한	집단으로써 역할을 수행하기 때문에 소비자들의 발언권을 높여 줌
	정보원	커뮤니티 내에서 구성원들과 제품 및 사용 등에 대한 정보를 주고받음
	사회적 혜택	커뮤니티 내에서 상호작용을 통해 다양한 사회적 혜택을 받음
기업 혜택	브랜드 자산	지각된 품질, 브랜드 충성도, 브랜드 인지, 브랜드 연상에 직접적인 영향을 주고 커뮤니티 특성으로부터 브랜드 지분을 유추
	고객과의 관계	커뮤니티는 정보를 공유하고, 브랜드에 대한 역사와 문화를 유지하며, 구성원들에게 도움을 제공함으로 구성원이 브랜드를 유지 고수하게 함
	경쟁 우위 원천	커뮤니티가 제공하는 장기적 관계는 기업에게 경쟁우위와 전략을 제공
	시장 기회	제품 평가, 신제품 아이디어의 제공 등의 제품개발에 대한 기회를 제공하고, 구성원들의 사용행동을 통해 교차판매에 대한 기회 제공

이러한 브랜드 커뮤니티의 여러 가지 성과를 구체적으로 실증적 결과들은 다음과 같다.

〈표 7-4〉 브랜드 커뮤니티 성과 관련 주요 연구

연구자	주요 성과변수	구체적 측정항목
McAlexander et al.(2002)	• Integration in Brand Community	• Product, Brand, Company, Other owners
서문식, 김유경(2003)	• 브랜드 태도	• 호감도, 품질 인식, 선호도, 중요도
성상보(2003)	• 브랜드 지식 • 브랜드 태도 • 구매의도	• 브랜드 인지 • 호감도, 중요도, 선호도, 타 제품 선호도 • 제품구매의도, 구전 의도 등
성영신 외(2004)	• 브랜드 성격 지각 정도 • 브랜드 애착	• 관심과 사랑
이문규 외(2004)	• 브랜드 태도	• 호감도, 품질 인식, 중요도, 선호도, 타 제품 선호도
강명수, 김병재, 신종칠(2005)	• 관계성과 • 브랜드 자산	• 제품 관계, 기업 관계, 소비자(공중) 관계 • 브랜드 인지, 브랜드 연상, 지각된 품질, 브랜드 충성도

4.1 관계성과

관계성과는 브랜드 커뮤니티에 대한 감정적이면서도 행동적인 애착을 의미하는데 관계성과와 관련하여 McAlexander et al.은 고객과 브랜드와의 총체적인 경험에 기반한 개념으로써 Integration in a Brand Community(IBC)를 제시하였다. McAlexander et al.은 Brand Community Integration의 네 가지 차원으로 제품 차원, 브랜드 차원, 기업 차원, 다른 소비자(other owners) 차원을 주장하였는데, 이는 기업이 브랜드 커뮤니티를 형성, 관리함으로써 제품과의 관계, 브랜드와의 관계, 기업과의 관계, 다른 소비자와의 관계에서 여러 가지 성과를 얻을 수 있음을 의미한다. 이를 구체적으로 살펴보면 다음과 같다.

첫째, 브랜드 커뮤니티는 고객-제품 관계를 개선시켜 기업에게 새로운 제품과 시장기회를 제공한다. 커뮤니티는 마케터에게 기회와 위협을 동시에 제공한다. 브랜드 커뮤니티는 제품의 변화를 서부하는 등 마케터에게 위협이 되기도 하고, 제품 평가, 신제품 아이디어의 제공 등의 제품개발에 대한 기회를 제공한다. 또한 커뮤니티 구성원들의 사용행동(usage behavior)을 통해 교차판매(cross selling)와 상향판매(up selling)와 같은 다른 제품에 대한 판매 기회를 가질 수 있다.

둘째, 브랜드 커뮤니티는 고객-브랜드 관계를 공고히 하여 브랜드 자산에 긍정적인 영향을 미친다. 브랜드 커뮤니티는 브랜드에 대해 열정적인 몰입과 의식을 가진 활동적 충성자들(active loyalists)의 집합이다. 따라서 커뮤니티를 통해 구성원들은 브랜드에 대한 애착활동을 근간으로 지각된 품질(perceived quality), 브랜드 충성도(brand loyalty), 브랜드 인지(brand awareness), 브랜드 연상(brand associations)과 같은 브랜드 자산요소에 대하여 긍정적인 태도를 가지게 될 것이고, 커뮤니티를 통해 형성된 사회적 관계를 통해 이를 외부로 확장시켜 나갈 것이다.

셋째, 브랜드 커뮤니티는 고객-기업 관계를 발전시켜 기업에게 경쟁적 우위와 전략적 원천을 제공한다. 브랜드 커뮤니티는 정보를 공유하고, 브랜드에 대한 역사와 문화를 유지하며, 구성원들에게 도움을 제공한다. 따라서 커뮤니티는 구성원으로 하여금 브랜드를 유지 고수하게 하여 기업과 소비자 사이의 장기적인 관계를 구축한다.

넷째, 브랜드 커뮤니티는 고객-다른 소비자들(공중)과의 관계를 개선하여 기업 이미지 개선 등 사회적 책임 기능을 수행하게 된다. 브랜드 커뮤니티 내의 구성원들은 서로 정보를 공유하고 서로 친밀하게 지내는 것과 같은 자신만을 위한 활동을 넘어서 사회 공익성을 위해 커뮤니티의 한 사람으로써 참여하고자 한다. 수재민을 돕거나 고아원을 방문하는 등 다른 사람들을 위한 활동을 통해 구성원들은 자신이 소유한 브랜드나 커뮤니티를 홍보할 수 있는 기회를 만들며, 브랜드 커뮤니티에 대한 자부심을 고취시킴으로써 기업이 수행해야 하는 사회적 책임의 기능을 수행하기도 한다.

4.2 브랜드 자산

브랜드 커뮤니티의 다른 성과변수인 브랜드 자산은 브랜드에 대한 연구에서 성과변수로 많이 사용하고 있는 변수이다. 브랜드 자산에 대해서 상당히 많은 연구들이 진행됨에 따라 다양한 연구들이 등장하기는 하였지만 브랜드 자산의 측정에 있어서는 통일된 이론이나 모형이 존재하지 않는다. 이에 따라 브랜드 자산은 연구자들마다 상이한 측정방법을 사용하여 측정하여 왔는데 과거의 연구를 살펴보면, 주로 두 가지 관점에서 측정이 이루어져 왔다. 하나는 재무적 관점(financial perspective)이고, 다른 하나는 고객기반 관점(customer-based perspective)이다.

최근 들어서는 재무적 관점의 가치측정보다 고객의 브랜드에 대한 평가와 행동에 기반한 브랜드 자산의 정의 및 가치측정에 대한 관심이 보다 증대되고 있다. 그 이유는 고객 기관 관점이 고객의 브랜드에 대한 태도를 형성하는 선행요인들과 결과변수들에 대한 이해를 높여주기 때문에 마케터에게 실무적으로 관리해야 할 마케팅 변수들을 확인할 수 있다는 점에서 실용적이기 때문이다.

고객기반 브랜드 자산은 크게 고객의 브랜드에 대한 태도와 브랜드에 대한 행동으로 분류될 수 있다.

어떤 제품이나 서비스가 브랜드를 가졌기 때문에 발생하는 바람직한 마케팅 효과인 브랜드 자산을 Aaker는 어떤 브랜드와 그 브랜드의 이름 및 상징과 관련된 자산과 부채의 총체로서 이것은 제품이나 서비스가 기업과 기업의 고객에게 제공하는 가치를 증가시키거나 감소시키는 역할을 하는 것으로 정의하고 브랜드 인지, 브랜드 연상, 지각된 품질, 브랜드 충성도 등을 주요 구성요소로 보고 있는데, 브랜드 인지 및 브랜드 연상과 지각된 품질은 고객기반 브랜드 자산의 브랜드 태도에 속하며, 브랜드 충성도는 브랜드 행동이라고 볼 수 있다.

브랜드 커뮤니티는 브랜드 인지, 브랜드 연상, 지각된 품질, 브랜드 충성도 등에 직접적으로 영향을 미칠 가능성이 높다는 점에서 브랜드 자산은 브랜드 커뮤니티의 주요 성과를 효과적으로 파악할 수 있는 좋은 성과변수가 될 가능성이 높다. 특정 브랜드를 좋아하는 사람들 사이에서 나타나는 사회적 관계의 구조화된 집합체인 브랜드 커뮤니티에서 활동하는 경우 그렇지 못한 소비자들에 비해 더욱 높은 브랜드 인지를 가지고 호의적인 브랜드 연상을 가질 가능성이 높고, 제품의 품질도 높게 지각할 가능성이 높다. 이와 관련하여 서문식과 김유경은 브랜드 커뮤니티에 대한 충성도가 높을수록 브랜드 커뮤니티에서의 회원들 간의 상호작용뿐만 아니라, 정보획득, 기업 - 회원들 간의 상호작용을 통해 만족한 회원들은 그 브랜드를 더욱 긍정적으로 평가할 가능성이 높고, 이에 따라서 브랜드 태도가 더욱 호의적이라는 것을 실증적으로 보여주고 있다. 나아가서 브랜드 커뮤니티의 효율적인 관리와 운용, 회원들 간의 커뮤니티의 활성화는 기존의 브랜드 자산을 더욱 높일 수 있으리라 주장하고 있다.

이문규 외의 연구에서도 소비자들이 브랜드 커뮤니티를 통해 제품의 본질적 속성과는 거리가 먼 사회적 유대관계를 통하여 브랜드에 대한 호의적 태도가 형성되고, 제품의 본질적 속성에 있어서는 구매 시 얻을 수 있는 재무적 효익보다는 커뮤니티를 통하여 제품에 대한 정보를 공유하는 데에서 호의적 브랜드 태도가 형성되는 것을 보여주고 있다.

온라인 브랜드 커뮤니티의 충성도에 따라서 브랜드 지식 및 브랜드 태도, 구매의도라는 브랜드 자산 측면에 미치는 영향을 분석한 정창모의 연구에서는 브랜드 커뮤니티 충성도가 높아질수록 브랜드 인지 등의 브랜드 지식이 증대되고, 브랜드에 대한 호감 및 품질 인식, 중요도, 선호도 등의 브랜드 태도가 호의적이 되며, 더 나아가서는 구매의도까지도 높아짐을 실증하였고, 성영신 외의 연구도 커뮤니티 몰입도에 따라서 브랜드 애착이 영향받는다는 유사한 결과를 보여주었다.

4.3 브랜드 애착

브랜드에 대한 심층적인 연구가 진행되면서 브랜드 충성도 등에 관한 연구들의 한계를 극복하기 위해서 최근에 등장한 개념이 소비자-브랜드 관계이다. 소비자-브랜드 관계(consumer-brand relationship)란 소비자와 브랜드가 동등한 파트너로서 공헌하며 상호작용한 결과로 생성된 연대(連帶)를 말한다.

　이러한 브랜드에 대한 연구에서 관계적인 접근이 강조되면서 소비자와 브랜드 간의 장기적인 관계를 설명하기 위한 개념으로 등장한 것이 브랜드 애착(brand attachment) 이다. 브랜드 애착이란 브랜드와의 장기적인 관계에서 나타나는 강한 감정(emotion)으로, 소비자가 사용하고 있는 특정 브랜드와 지속적인 상호작용을 통해 브랜드에 대해 마치 자신과 가까운 사람에 대해 느끼는 정서적 유대감과 결속감을 형성한 상태를 말한다 (성영신 외, 2004; Thomson et al., 2005).

　원래 애착이란 개념은 아이들과 부모 간에 형성되는 관계의 질에 대한 연구에서 시작되었는데, 이후 심리학에서 성인 간의 사랑이나 집단 구성원과의 관계 등 다양한 인간관계를 설명하는 중요한 개념으로 자리잡았다. 마케팅에서 이러한 애착의 개념은 이후 Ball and Tasaki에 의해 사용되는데, 이들은 애착 개념을 소유대상에 대한 의미를 파악하는 것에서 적용 가능한 것으로 보고 있다. 최근에는 이러한 애착의 개념이 소비자-브랜드 관계와 같은 관계 관점에서 다루어지고도 있다.

〈표 7-5〉 브랜드 애착의 특징

	브랜드 태도	브랜드 애착
관 점	단기적(대상을 보는 순간에도 가능)	장기적(형성하는 데 충분한 시간 필요)
상호작용	직접적	직적접, 간접적 모두 가능
대상	모든 브랜드 형성 가능	일부 브랜드에만 형성
평가	인지적 평가	정서적 구성요소 필수적
기타 특성	행동과 느슨한 관계	행동과 강한 관계 브랜드와 근접성 유지 분리시 불안감 간섭에 저항적

자료원: Thomson et al., 2005에서 정리

　이러한 브랜드 애착은 〈표 7-5〉에서 보는 바와 같이 장기적, 상호작용적, 제한적, 정서적, 행동적이라는 점에서 일반적인 태도나 만족, 관여도와는 다른 특징을 보이고 있다.

애착에 대한 선행연구들을 살펴보면 브랜드 애착을 구성하는 요소로는 몇 가지 하위 구성요소 내지 개념이 존재한다. 성영신 외는 소비자가 브랜드에 대해 형성하게 되는 애착을 신뢰(trust), 정서적 유대감(emotional bond)과 사랑, 관심(care)의 세 가지 측면으로 제시하였고, 실증을 통해 관심과 사랑 요인을 최종적으로 제시하고 있다. 또한 Thomson et al.은 애정(affection), 열정(passion), 연결(connection)의 3개 차원으로 제시하고 있고, 김해룡 외는 선행연구들을 바탕으로 브랜드 애착을 구성하는 항목으로 사랑과 의존성의 2개 차원을 제시하였다.

제4부 커뮤니티 활용 실제

●● 제8장 커뮤니티 연구모형과 실제

제8장 커뮤니티 연구모형과 실제

1. 온라인 커뮤니티 형성과 성과 모형[1])

1.1 이론적 모형과 구성개념

전통적 커뮤니티는 물리적인 공간을 바탕으로 하여 구성원들의 공동의 유대와 상호 작용을 통하여 형성된다. 공동의 유대를 바탕으로 한 회원들의 지속적인 상호작용은 커뮤니티 정체성(identity)과 소속감, 행동 규범과 제재 체계를 창출하여 커뮤니티 구성원이 동일한 감정(community sentiment)을 지닐 수 있게 하여, 구성원에 대하여 친밀하고 지속적인 신념(loyalty)을 가지게 하고 커뮤니티의 부동성(immobility)을 조장하여 커뮤니티를 유지하게 한다.

온라인 커뮤니티는 관심과 정보를 공유하기 위해 형성하기 시작하여 한 이후, 지속적인 정보기술과 커뮤니케이션 기술의 발달로 그 개념이 계속 확장되었다. 온라인 커뮤니티는 가상 공동체(virtual community), 전자적 공동체(electronic community), 상징적 공동체(symbolically constituted community), 상상 공동체(imagined community) 등과 같이 다양한 용어로 사용되어 왔으나, 어떠한 매개체를 통해 공동의 관심에 근거하여 모인 사람들의 집합이라는 점에서 전통적인 커뮤니티와 개념을 같이 한다. 즉, 비슷한 관심이나 가치를 중심으로 모인 구성원들의 상호작용을 통하여 온라인 커뮤니티는 형성된다.

구성원의 사회적 욕구(social needs)와 경제적 욕구(economical needs)를 충족시키기 위하여 커뮤니티 제공자와 구성원들은 지속적인 상호작용을 수행 할 것이고, 이는 커뮤니티 구성원으로 하여금 커뮤니티에 몰입(commitment)하게 하여 온라인 커뮤니티의 지속적인 방문과 활동 참가를 이끌어 궁극적으로 온라인 커뮤니티를 통하여 거래를 가능하게 한다.

---

1) 본 모형은 강명수(2002), 박사학위논문 모형임.

이상의 논의를 표로 나타내면 〈표 8-1〉과 같다. 본 모형에서는 온라인 커뮤니티의 형성 요인을 크게 공동의 유대를 형성하는 욕구와 상호작용으로 구분하였다. 욕구는 Armstrong과 Hagel, Farrior et al.이 제시한 관심(interest), 환상(fantasy), 관계(relationship), 거래(transaction) 욕구를 거래와 관계된 경제적 욕구와 이외의 사회적 욕구로 구분하였다.

온라인 커뮤니티를 통한 욕구의 충족과 상호작용은 몰입으로 나타나는데, 온라인 커뮤니티 몰입은 태도적 몰입(attitudinal commitment)과 행동적 몰입(behavioral commitment)으로 구분하였다. 태도적 몰입은 커뮤니티에 대한 감정적 차원에서의 호감 등을 의미하고, 행동적 몰입은 커뮤니티의 방문 등을 의미하는 것이다. 온라인 커뮤니티는 전통적 커뮤니티와는 달리 지역으로부터 자유롭기 때문에 구성원의 의도적인 방문과 체류가 커뮤니티 유지의 필수적인 요소가 된다.

온라인 커뮤니티에 몰입을 하게 되면 커뮤니티는 성과를 낳게 된다. 본 모형에서는 온라인 커뮤니티 성과를 유지(retention), 참가(participation), 거래수행(transaction)으로 구분하였다.

〈표 8-1〉 온라인 커뮤니티의 몰입과 성과의 이론적 모형

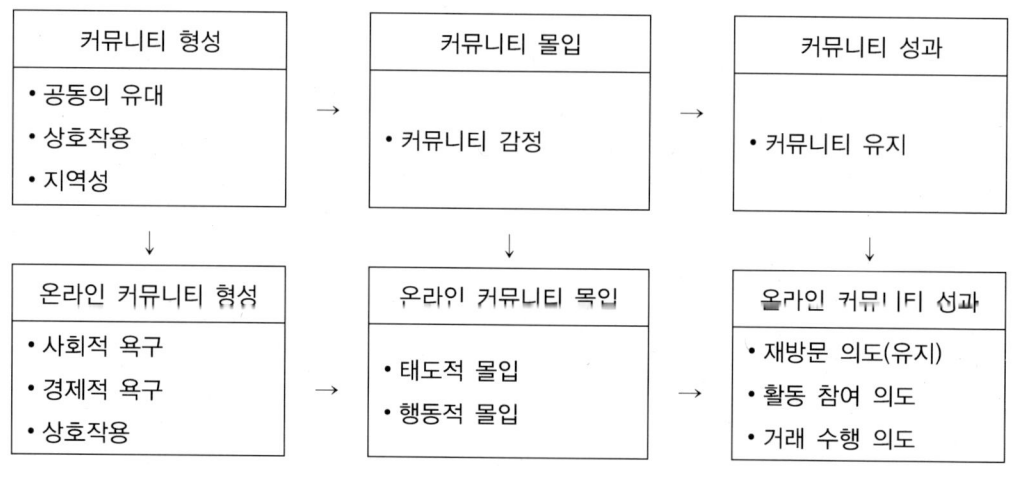

1) 사회적 욕구(Social Needs)

(1) 관심(Interests) 욕구

사람들의 대부분은 어떠한 활동, 취미, 개인적이거나 전문적인 관심에 관한 주제에 열정을 가지고 있다. 이러한 관심은 넓은 주제부터 스포츠, 취미, 여행, 음악 등과 같은 좁은 주제에 이른다. 관계, 환상, 거래 욕구는 사람들에겐 관심사의 하나로서의 역할을 하기 때문에 관심 욕구는 넓은 의미에서 모두를 포괄한다고 볼 수 있다.

초기에 인터넷에서는 PC통신 동호회처럼 특정한 주제에 대해 열정적인 시삽(sysops: system operators)에 의해 운영되는 형태, 변호사 협회, 의학 협회, 소프트웨어 지원과 같은 전문적인 지식에 초점을 맞춘 게시판과 같이 특정 분야에 대한 관심과 경험을 공유할 수 있는 사람들과의 교류를 통하여 욕구를 충족하고자 하였다.

인터넷의 도입과 확산으로 온라인 커뮤니티의 개발이 이루어져, 특별한 관심을 나누고자 하는 사람들을 연결하는 능력은 컴퓨터를 잘 알지 못하는 사람들을 이끌 수 있다.

(2) 관계(Relationships) 욕구

인간은 "소외감"을 두려워하는 사회적 존재로, 사회 내에서 어떠한 집단에 소속되어 있기를 원한다. 가정에서의 역할, 직장 내 역할, 사회 내 역할, 주변인들 사이에서의 역할과 같이 다양한 역할을 하면서 각각의 역할 사이에 원활한 관계 형성을 추구하면서 하나의 "삶"을 이뤄간다. 이러한 과정에서 비슷한 경험을 가진 사람들을 만나 경험을 나눈다.

인터넷은 시간과 장소에 제한 받지 않고 비슷한 경험을 나눌 수 있는 기회를 제공하고, 개인들의 의미 있는 관계를 형성할 수 있도록 도와준다.

(3) 환상(Fantasy) 욕구

네트워크 환경은 사람들을 같은 공간에 모이게 하고, 환상과 즐거움의 세계를 탐험할 수 있는 기회를 제공한다. 네트워크의 이와 같은 성격으로 사람들은 모르는 사람과 관계를 형성한다.

인터넷이 도입되기 이전 온라인 네트워크인 머드(MUD)로부터 시작하여, 무(MOO), 머시(MUSH), 머크(MUCK), 뮤즈(MUSE), 먹스(MUX)와 같은 상대방과의 대전을 통해 얻는 "승부" 욕구, 상상 속 세상과 판타지 세계를 접목시켜 얻는 "신비"와 관계된 이상적 욕구, 사회적 동물로서 느끼는 "즐거움"이라는 본능적 욕구 등이 환상 욕구에 해당한다.

게임과 같이 승부 욕구를 충족하기 위해서는 다수의 사용자가 있어야 하는 경우가 많지만, 신비와 관련된 이상적 욕구와 즐거움과 관련된 본능적 욕구는 다수의 사용자가 아니라도 환상을 제공할 수 있다. 또한 환상 욕구는 ESPNet의 실제 경기 성적과 연결되어 운영하는 가상 게임처럼 일상생활과 무관하지 않을 수도 있다.

2) 경제적 욕구(Economical Needs)

(1) 거래(Transactions) 욕구

온라인 커뮤니티 내에 거래를 수행하기 위한 포럼 등을 제공함으로써 경제적 가치를 달성할 수 있다. 거래를 하고자 하는 욕구는 일상생활에서 중요한 부분으로 사회적인 존재로써 사람의 존재에 대한 근원적인 이유 중의 하나이다.

넓은 의미의 거래는 온라인을 통하여 사용자들끼리 정보를 교환하는 것을 포함한다. 온라인상에서는 아직까지 보안, 인증과 같은 기술적인 문제가 있지만, 사람들은 특정의 제품이나 서비스에 대해 관심을 가지고 있으며 자연스럽게 이와 관련된 정보와 구매 경험과 사용 경험을 서로 나누기 위해 모인다. 이러한 의미로써의 거래는 상당부분 사회적 욕구로서의 성격을 지니고 있다.

(2) 사회적 욕구와 경제적 욕구와의 관계

온라인 커뮤니티는 사회적, 경제적 욕구에 대한 관심도에 따라 차별화를 할 수 있다. 즉, 어느 한 가지 욕구에 치중할 수 있다는 것이다. 그러나 온라인 커뮤니티는 다양한 욕구를 동시에 충족시킬 능력이 있고, 구성원이 욕구도 다양하기 때문에 어느 한 가지 욕구에만 치중한다면 성공하기 힘들 것이다.

실제로 관심, 관계, 환상, 거래의 네 가지 욕구는 상호 배타적이지 않다. 소비자들이 제품과 서비스를 구매할 때, 그들은 종종 관심 욕구에 기초하여 거래 욕구를 충족한다. 이러한 과정에서 기업이 궁극적으로 바라는 것은 사회적 욕구 충족을 통한 경제적 가치의 창출, 즉 커뮤니티를 통한 거래의 발생이다. 예를 들면, 사람들은 여행에 대하여 이야기를 하는 것만 아니라 티켓의 구매나 호텔의 예약 등을 동시에 원할 것이다.

거래 사이트는 사이트 내에 커뮤니티를 제공함으로써 고객유지(customer retention),

체류시간, 수많은 거래 등을 증가시킬 수가 있다. 성공한 커뮤니티는 지속적 경쟁우위를 발견하고 유지하기 위하여 거래 욕구를 계속 지니게 될 것이다.

3) 상호작용

Hoffman과 Novak은 인터넷 환경에서 상호작용의 개념을 인적 상호작용(man-interactivity)과 기계적 상호작용(machine-interactivity)으로 구분하고 있다. 인적 상호작용이란 커뮤니티 구성원 간의 상호작용을 말하는 것이고, 기계적 상호작용은 매체와의 상호작용을 의미하는 것이다. 인터넷을 기반으로 한 온라인 커뮤니티의 경우 사용자는 다른 사용자와 전자우편이나 토론그룹 등의 형태로 인적 상호작용뿐만 아니라 사이트를 통해 기계적 상호작용할 수도 있다.

또한 온라인 커뮤니티의 가능한 상호작용의 유형은 인적, 기계적 이외에 커뮤니티 내(in community), 외(off community)로 구분할 수 있다. Rothaermel과 Sugiyama는 온라인 커뮤니티를 대상으로 한 연구에서 회원 간의 이메일, 전화 등의 커뮤니티 밖에서의 커뮤니케이션(off-site communication)이 커뮤니티의 경제적인 성과에 중요한 영향을 미친다고 하였다.

<표 8-2> 온라인 커뮤니티 상호작용 유형

구 분		예
커뮤니티-구성원 간 상호작용	커뮤니티 내	• 게시판 내 질의, 응답 • 공지사항
	커뮤니티 외	• 이메일
구성원 간 상호작용	커뮤니티 내	• 게시판을 이용한 질의, 응답, 토론 • 채팅
	커뮤니티 외	• 커뮤니티 이외 사이트에서 만남 • 회원 간 이메일, 전화 등 • 실제 공간에서 직접 만남

(1) 구성원 간 상호작용

구성원 간 상호작용은 Hoffman과 Novak이 말한 인적 상호작용에 해당한다. 이는 또한 연결마케팅 연구에서 고객 간 연구에 해당하는 것으로 볼 수 있다. 이러한 인적 상호작용은 매체를 통해 일어난다. 상호작용 측면에서 매체는 경로(conduit)로서만 중요하며 이 매체가 송신자로부터 수신자로의 메시지 전달에 기여를 하는지 그렇지 않으면 방해를 하는지에 관심이 있다. 구성원 간의 상호작용은 온라인 커뮤니티의 형성에 결정적인 요소이며 이 요인이 결여되어 있다면 실질적인 의미의 커뮤니티는 형성되지 않을 것이다.

온라인 커뮤니티에서 구성원 간의 상호작용은 실제 커뮤니티 내에서의 상호작용과 커뮤니티 외에서의 상호작용으로 구분할 수 있다. Rothaermel과 Sugiyama는 온라인 커뮤니티 내에서의 상호작용뿐만 아니라 구성원 간의 이메일, 전화, 실재 물리적 공간에서 만남과 같은 커뮤니티 밖에서의 상호작용(off-site communication)도 커뮤니티의 운영에 중요한 요소임을 지적하고 있다.

(2) 커뮤니티-구성원 간 상호작용

커뮤니티-참가자 상호작용은 매개된 환경과 참가자와의 상호작용을 의미한다. 이는 Hoffman과 Novak이 말한 기계적 상호작용이 이에 해당한다. 매개된 환경에서 송신자는 곧 수신자와 같은 의미가 되며 이들은 매체와 상호작용을 하게 되는 것이다. 정보와 컨텐츠는 송신자로부터 수신자에게 단지 전달되는 것이 아니라 오히려 매개된 환경이 창출되고 경험되는 것이다. 매개된 커뮤니케이션 모델에서 상호작용은 "사용자가 실시간으로 매개된 환경의 형식과 내용을 수정하는 데 참여할 수 있는 정도"이다. 소비자는 기업이 할 수 있는 것처럼 매체와 상호작용할 수 있다. 뿐만 아니라 기업은 매체에 컨텐츠를 제공할 수 있다. 또한 커뮤니티 구성원은 컨텐츠를 제공할 수도 있다.

4) 태도석 볼입

마케팅에 있어서 몰입(commitment)은 주로 기업 간 관계 연구에서 성공적인 관계의 핵심구성요소로 연구되어 왔다.

고객관계에 있어서도 몰입은 행동적 결과를 유발하는 기재(mechanism)로 간주되므로 마케터가 중요하게 다루어야 할 변수이다. Wiener는 몰입의 역할을 어떠한 선행변수와 행동적 결과들 사이를 매개하는 과정으로 정의하면서 이는 동기 유발적인 현상이라고 하였다.

이처럼 고객관계에서 몰입은 그 중요성에 비해서 연구가 많이 되지 않았으나, 인터넷과 온라인 커뮤니티의 확산으로 기업과 고객, 고객과 고객 간의 관계 형성과 통제의 가능성이 높아지자 연구의 필요성이 점점 더 제기되고 있다. Gruen et al.은 고객관계에 있어서 몰입에 대한 연구가 거의 없음을 지적하고, 조직과 구성원(membership)의 몰입과 행동과의 관계를 설명하면서 몰입을 조직에 대해 멤버쉽의 심리적인 애착의 정도로 정의하고 있다.

Berry와 Parasuraman은 서비스 분야에서 관계는 상호 몰입에 기초하여 형성된다고 하였고, Garbarino와 Johnson은 기업에 대한 고객의 몰입을 소속감(belonging)과 같은 심리적인 애착(attachment)과 충성도(loyalty)로 측정하면서 몰입이 미래의 의도에 긍정적인 영향을 준다고 하였다. Sheth와 Parvatiyar는 소비자들이 기업과 지속적 관계를 가짐으로써 선택대안을 줄이기를 원한다는 근본가정을 제시하면서, 기업이 고객과의 직접적 관계를 발전시키려고 노력할수록 소비자의 반응과 몰입이 개선될 것이라고 제시하고 있다.

송창석과 신종칠은 가상마케팅 시스템에서의 몰입을 가상점포에 대한 몰입인 사이트 몰입과 마케팅 과정에의 참여의향을 나타내는 참여적 몰입으로 구분하면서, 가상 커뮤니티 형성을 통하여 사회적 상호작용 욕구를 충족함으로써 커뮤니티의 몰입이 기업 몰입에 연결되는 계기를 제공한다고 하였다.

이수동과 최주석은 가상환경에서의 몰입을 사이트 몰입과 고객 간 몰입으로 구분하면서 사이트와 다른 고객에 대한 충성도와 애착으로 정의하고 있다.

Gundlach et al.의 연구에서는 몰입을 투입이나 수단적 구성요소, 태도적 요소, 시간적 차원(temporal dimension)을 포함한다고 주장하면서, 몰입이 수단적 몰입(instrumental commitment)에서 태도적 의도(attitudinal intention)와 미래의 실제적 몰입(actual commitment)으로 성장하는 자기강화 사이클을 이루고 있다고 주장하고 있다.

한편 Young과 Denize의 연구에서는 몰입의 유형을 경제적 몰입(economic commitment)과 감정적·심리적 유대를 갖게 되는 사회적 몰입(social commitment)으로 구분 짓고 있다.

조직 행위론 연구에서는 성과와 전직률(turnover)에 대한 조직적 몰입의 영향에 대해 연구해 왔다. 조직 몰입과 성과의 관계는 온라인 커뮤니티의 관리에 많은 함의를 제공한다. 조직 행위론에서의 연구는 몰입을 태도적 몰입(attitudinal commitment)과 행동적 몰입(behavioral commitment)의 두 가지 차원으로 구분하고 있다.

태도적 몰입이란 구성원이 소속 집단에 대해 강하고 긍정적인 태도를 나타내는 것으로, 지속적 몰입(continuance commitment), 규범적 몰입(normative commitment), 감정적 몰입(affective commitment)으로 구분할 수 있다.

(1) 감정적 몰입(Affective Commitment)

감정적 몰입(affective commitment)이란 집단을 얼마나 좋아하는가에 기초를 둔 집단에 대한 심리적인 애착 정도로 긍정적인 감정적 애착이 중심이다. 감정적 몰입은 몰입에 대한 가장 일반적인 접근으로 몰입을 조직에 대한 감정적, 정서적인 집착으로 여기는 것이다. 감정적 몰입 결과 개인은 집단과 동일시하고, 집단에 참여하고, 멤버쉽(membership)을 즐긴다.

Kanter는 응집몰입(cohesion commitment)이라는 개념으로, Buchanan은 집단의 목표와 가치에 감정적 애착을 보이는 사람(partisan)으로, Porter et al.은 집단에 대하여 관여하고, 동일시하는 상대적 강도로써 감정적 몰입을 설명하고 있다.

응집몰입(cohesion commitment)이란 구성원이 집단에 애착과 충성심을 느끼면 일체감을 느끼고, 구성원끼리 서로 결속되어 있으며 집단의 도전에 맞서는 상태의 몰입이다. 응집몰입은 개인을 전체와 결속하게 하여 하나(oneness)가 되게 하고, 집단의식을 느끼게 하며, 우리의식(we-feeling)을 고취시킨다.

(2) 지속적 몰입(Continuance Commitment)

지속적 몰입(continuance commitment)이란 관계에 있어서 자기 이해관계(self-interest stake)에 근거하여 조직을 이탈하는 경우 지각된 경제적, 사회적, 지위와 관련된 비용에 기초를 둔 집단에 대한 심리적인 애착 정도이다. 이는 몰입을 활동이 단절과 관련된 개인적인 비용의 관점에서 활동의 일관된 방침에 참가하는 경향으로 본 것이다. 이를 Kanter는 인지적 지속 몰입(cognitive-continuance commitment)으로, Ritzer와 Trice는 비용유인 몰입(cost-induced commitment)으로 개념화하였다.

지속적 몰입은 다른 사회적 정체성 또는 지위를 선택하는 불가능성에 대한 인식, 전환에 대한 페널티(penalty)와 같이 집단의 구성원으로 남아 있는 것이 이익이 되는가에 대한 인지적인 지향이다. 따라서 집단은 구성원으로 하여금 무엇인가를 포기하게 하는 희생(sacrifice)이나 시간과 노력을 투자(investment)하게 함으로써 개인에게 외생적(extraneous) 이해를 집단 공동의 이해로 이끌 수 있다.

(3) 규범적 몰입(Normative Commitment)

규범적 몰입(normative commitment)은 집단과 관계를 유지하고자 하는 지각된 도덕적 의무에 기초를 둔 집단에 대한 심리적인 애착 정도이다. 이는 몰입을 조직에 대한 구성원의 책임에 대한 신념으로 보는 견해이다.

Weiner는 몰입을 집단의 목표와 관심을 충족시키도록 작용하는 내부화된 규범적 압력의 집합으로 정의하면서, 도덕적으로 해야 하는 것과 개인적인 규범을 개인이 집단에 충성해야 하는 정도, 이익을 희생해야 하는 정도, 집단을 비판해서는 안 되는 정도로 제시하고 있다.

〈표 8-3〉 감정적, 지속적, 규범적 몰입 개념 비교

구 분	기본 개념
감정적 몰입(affective commitment)	원해서(want to)
지속적 몰입(continuance commitment)	필요해서(need to)
규범적 몰입(normative commitment)	해야해서(ought to)

자료원: Allen and Meyer, 1990에서 정리

5) 행동적 몰입

행동적 몰입이란 비합리적, 사회심리학적인 입장에서 몰입을 파악하는 것으로, 개인이 집단을 빠져나올 수 없게 되는 과정을 몰입으로 본다. 구성원이 과거 행동으로 인해 집단에 떠날 수 없을 만큼 조직에 구속되는 매몰비용(sunk cost)의 관점에서 파악된다. 구성원이 행동적 몰입을 하게 되면 올바른 선택(choice)을 했다는 것을 보여주기 위하여 자신을 정당화하거나 합리화하게 되어 심리적 강화(psychological bolstering)효과를 가진다.

이러한 의미에서 온라인 커뮤니티에서 행동적 몰입은 커뮤니티를 방문하는 횟수나 커뮤니티에 머무르는 시간으로 나타난다.

6) 커뮤니티 재방문(retention)

온라인 커뮤니티 성과는 크게 경제적 성과와 비경제적 성과로 구분할 수 있다. 비경제적 성과는 구성원의 참여 정도에 따라 단순한 커뮤니티 재방문(retention)과 상호작용을 통한 정보(contents) 구축 등의 참여(participation)로 구분할 수 있다.

커뮤니티 구성원은 커뮤니티를 참가하고자 하였던 목적, 즉 사회적 욕구와 경제적 욕구를 충족하기 위하여 커뮤니티 재방문한다. 이는 온라인 커뮤니티에 지속적 방문을 의미하는 것으로 수동적인 행위로써 단순한 정보수집과 같은 형태로 나타난다.

7) 커뮤니티 활동 참여(participation)

커뮤니티는 구성원의 참여 없이는 운영이 불가능하다. 특히 온라인 커뮤니티는 구성원의 적극적인 상호작용과 컨텐츠 생산을 통하여 새로운 구성원을 유인하고 구성원의 욕구를 충족시켜야 한다. 구성원의 협력(cooperation)을 통한 커뮤니티 정보 구축의 참여는 능동적 의미에서의 커뮤니티 활동 참여이며 구성원들이 참여를 지속할수록 그 가능성은 높아진다.

8) 커뮤니티를 통한 거래수행

사회적인 사회작용 단위로서의 성격이 강한 온라인 커뮤니티가 기업에 중요하게 여겨지는 이유는 온라인 커뮤니티를 통하여 고객의 사회적 욕구를 충족시킴으로써 궁극적으로는 경제적 가치와 광고, 거래 수수료, 다른 잠재적인 형태 등의 수입을 창출할 수 있다고 여기기 때문이다.

전자적 거래는 커뮤니티를 통하지 않고도 수행할 수 있다. 그러나 인터넷을 통한 전자적 거래는 아직까지 해결되지 않은 문제점이 있다. 이러한 상황에서 인터넷 등을 통한 전자적 거래를 수행하기 위해서는 온라인 커뮤니티 구축을 통하여 몰입이나 신뢰 등을 형성함으로 그 문제점을 해결하여 거래를 수반할 수 있을 것이다.

1.2 가설설정

1) 커뮤니티를 통한 욕구 충족과 몰입 간의 가설

커뮤니티 구성원은 커뮤니티를 통해 자신의 욕구를 충족할 수 있는데, 이러한 과정에서 구성원은 심리적 관점에서 커뮤니티와 자신을 동일시하고, 문화적 관점에서 구성원들이 커뮤니티의 가치와 규범 및 목표를 공유하여 동일체감이 생겨나 커뮤니티에 몰입을 하게 된다.

공유가치(shared value)는 구성원들이 어떤 행위와 목표, 정책들의 중요성 여부, 적절성 여부, 옳고 그름에 대해 가지는 공통된 믿음의 정도이다. 온라인 커뮤니티는 공통의 관심, 이해관계 등을 중심으로 형성된 집단이다. 따라서 커뮤니티 구성원들의 관심이 일치하는 정도가 높고 자신의 관심과 커뮤니티의 관심이 일치하는 정도가 높다면 커뮤니티에 대한 구성원의 몰입은 높아질 것이다.

Morgan과 Hunt는 관계 이익(relationship benefits)을 파트너와의 관계로부터 얻을 수 있는 가치로 정의하면서, 높은 관계 이익은 몰입을 자져온다고 하였다. 온라인 커뮤니티에서 관계 이익은 커뮤니티를 통한 욕구 충족으로 볼 수 있다.

온라인 커뮤니티의 성패는 온라인 커뮤니티에서 구성원이 요구하는 다양한 욕구를 얼마나 충족시키는가에 달려 있다. Armstrong과 Hagel은 온라인 커뮤니티를 통하여 사회적 욕구와 경제적 욕구를 충족시킴으로써 커뮤니티에 대한 소비자의 재방문과 몰입을 증가시킬 수 있다고 하였다. 주우진은 인터넷 사이트에서 사람들을 오래 머무르기 하기 위해서는 다양한 정보를 얻을 수 있어야 한다고 주장하고 있고, 송창석, 송창석과 신종칠의 연구는 온라인 커뮤니티에 대한 지각된 수준이 높을수록 구성원의 몰입이 증가하는 것을 보여주고 있다.

가설 1: 온라인 커뮤니티를 통한 욕구의 충족이 높을수록 커뮤니티의 몰입은 높아진다.
    1-1: 온라인 커뮤니티를 통한 사회적 욕구의 충족이 높을수록 커뮤니티의 태도적 몰입은 높아진다.
    1-2: 온라인 커뮤니티를 통한 사회적 욕구의 충족이 높을수록 커뮤니티의 행동적 몰입은 높아진다.
    1-3: 온라인 커뮤니티를 통한 경제적 욕구의 충족이 높을수록 커뮤니티의 태도적 몰

입은 높아진다.

1-4: 온라인 커뮤니티를 통한 경제적 욕구의 충족이 높을수록 커뮤니티의 행동적 몰입은 높아진다.

2) 커뮤니티 상호작용과 몰입 간의 가설

온라인 커뮤니티를 통한 상호작용은 커뮤니케이션의 쌍방향성, 커뮤니케이션의 일관성 증대, 준사회적 상호작용 욕구의 충족을 통하여 구성원의 몰입을 달성케 한다.

커뮤니케이션의 쌍방향성은 상호작용의 주요한 특성이다. 커뮤니케이션의 한 당사자인 커뮤니티 구성원은 온라인 커뮤니티를 통하여 컨텐츠를 선택, 통제, 생산하고, 다른 구성원들과 대화 또는 커뮤니케이션을 할 수 있으며, 게시판 등에 글을 올리고 응답할 수 있다. 이러한 과정을 통하여 상호작용은 구성원들 사이의 친밀감 또는 우정의 감각을 증대시키며 이는 구성원의 접촉의도 즉, 몰입을 증대시킬 것이다. Sheth와 Parvatiyar는 높은 수준의 상호작용을 제공하는 커뮤니티는 인지적 일관성, 의사결정의 효율성 증대, 정보처리 과업 감소, 지각된 위험의 감소를 제공하여 관계적 시장행동, 즉 장기적 거래관계를 형성한다고 주장하였다. 즉, 구성원과 커뮤니티 간의 형성된 관계는 구성원의 몰입으로 나타난다. 온라인 커뮤니티를 적절히 관리함으로써 새로운 구성원을 촉진하고 부정적 상호작용을 감소시키고 긍정적 상호작용을 증대시킬 수 있다.

이상의 논의를 바탕으로 온라인 커뮤니티를 통한 상호작용은 커뮤니티에 대한 구성원의 몰입을 증대시킬 것이다.

가설 2: 온라인 커뮤니티를 통한 상호작용의 정도가 높을수록 커뮤니티의 몰입은 높아진다.

2-1: 온라인 커뮤니티를 통한 상호작용의 정도가 높을수록 커뮤니티의 태도적 몰입은 높아진다.

2-2: 온라인 커뮤니티를 통한 상호작용의 정도가 높을수록 커뮤니티의 행동적 몰입은 높아진다.

3) 커뮤니티 몰입 간의 가설

본 모형의 목적 중 하나는 커뮤니티를 통한 고객과의 관계 구축 정도인 몰입(commitment)의 차원이 구분되는지를 밝히고, 이들 간의 관계를 규명하는 것이다. 본 모형에서는 몰입을 태도적 몰입(attitudinal commitment)과 행동적 몰입(beha-vioral commitment)으로 구분하였다. 본 모형에서는 가상환경에서 온라인 커뮤니티를 통한 욕구의 충족이라는 특성을 반영하여, 태도를 인지적 정보처리에 기초한 일차원적인 견해(unidimensional view)로 파악하여 태도가 행동과 의도에 영향을 주는 것으로 파악하였다. 따라서 태도적 몰입이 행동적 몰입에 영향을 미칠 것이다라는 것만을 가설화하였다. Mowday의 연구는 조직 구성원이 조직에 대해 가지는 태도적 몰입이 행동적 몰입에 영향을 미침을 보여주고 있고, 주우진은 인터넷 사이트에서 사람들이 얼마나 오랫동안 머무르느냐 하는 것은 중요한 것임을 지적하면서, 이를 위해서는 다양한 정보를 얻을 수 있을 뿐만 아니라 고객이 소속감을 느끼고 스스로 의견을 교류할 수 있을 정도가 되어야 한다고 하였다.

> 가설 3: 온라인 커뮤니티 태도적 몰입이 높을수록 온라인 커뮤니티 행동적 몰입은 높아진다.

4) 커뮤니티 몰입과 커뮤니티 유지 간의 가설

커뮤니티에 대한 높은 수준의 몰입은 다른 커뮤니티로의 이동성(소속 커뮤니티의 이탈)을 저해한다. Bell과 Howard의 연구는 커뮤니티 몰입으로 구성원은 커뮤니티 감정(community sentiment)이 생겨나 커뮤니티와 구성원에 대하여 친밀하고 지속적인 신념(loyalty)을 가지게 되고, 결과적으로 커뮤니티에 지속적인 소속(immobility)이 조장됨을 보여주고 있다.

조직 행위론에서의 몰입에 대한 연구도 비슷한 결과를 보여주고 있는데, Allen과 Meyer는 몰입이 종업원의 유지와 긍정적인 관계가 있음을 보여주고 있다.

Garbarino와 Johnson은 기업에 대한 고객의 몰입을 소속감(belonging)과 같은 심리적인 애착(attachment)과 충성도(loyalty)로 측정하면서 몰입이 미래의 의도에 긍정적인 영향을 미침을 보여주었다. 따라서 본 모형에서는 온라인 커뮤니티에 대한 몰입은 미래의 커뮤니티에 대한 이용의도에 긍정적인 영향을 미칠 것임을 가설화하였다.

> 가설 4: 온라인 커뮤니티 몰입이 높을수록 미래의 커뮤니티의 유지 의도는 높아진다.
> 　4-1: 온라인 커뮤니티 태도적 몰입이 높을수록 미래의 커뮤니티의 유지 의도는 높아진다.

4-2: 온라인 커뮤니티 행동적 몰입이 높을수록 미래의 커뮤니티의 유지 의도는 높아진다.

5) 커뮤니티 몰입과 커뮤니티 활동 참여 간의 가설

Mowday et al.의 연구는 조직 구성원의 높은 감정적인 몰입은 조직의 발전(well-being)에 기꺼이 무언가를 제공하는 높은 수준의 참가를 가져옴을 보여주고 있고, MacKenzie et al.은 영업사원의 역할 행동(in-role behavior)과 역할 외 행동(extra-role behavior)을 연구하면서 조직에 대한 몰입이 역할 외 행동(참여)에 긍정적인 영향을 미침을 보여주고 있다. 주우진은 온라인 커뮤니티에서 몰입과 신뢰는 전자상거래에서 기업과 소비자가 상호 성공을 이루는 협력적 행동을 촉진한다고 하였고, 이수동과 최 주석은 가상환경에서 몰입을 사이트–고객 간과 고객 간의 몰입으로 구분하면서 몰입 이 미래의 사이트 내에서 구성원과의 상호작용과 정보 구축의 참여와 정의 관계가 있 음을 보여주고 있다.

온라인 커뮤니티 활동 참여는 온라인 커뮤니티 구성원들이 새로운 정보를 커뮤니티 에 제공하고, 게시판에 자신이 쓴 글을 올리며 다른 참가자들과의 대화에 적극적으로 참여하는 것을 의미한다. 커뮤니티에 대한 몰입의 정도가 높을수록 커뮤니티의 참여의 정도가 높아질 것이다.

가설 5: 온라인 커뮤니티 몰입이 높을수록 커뮤니티에서의 활동 참여 의도는 높아진다.
　　5-1: 온라인 커뮤니티 태도적 몰입이 높을수록 커뮤니티에서의 활동 참여 의도는 높 아진다.
　　5-2: 온라인 커뮤니티 행동적 몰입이 높을수록 커뮤니티에서의 활동 참여 의도는 높 아진다.

6) 커뮤니티 몰입과 커뮤니티를 통한 거래수행 간의 가설

구성원이 집단에 몰입을 하면 집단의 발전(well-being)에 기꺼이 무언가를 제공한다 는 것을 보여주고 있다. 이러한 무언가를 제공하는 것은 단순히 구성원 자격을 유지하 는 것 이상의 참여와 협력을 의미한다. Gruen et al.은 기존의 연결마케팅은 주로 채널 구성원 간에 이루어지고 고객관계의 연구가 없음을 지적하면서, 구성원의 조직에 대한 몰입은 조직을 위한 경제적인 공헌과 활동에 영향을 미침을 실증하였다.

온라인 커뮤니티에서는 구성원들에게 사회적 욕구를 충족시킴으로 경제적 가치와 광고, 거래 수수료, 다른 잠재적인 형태 등의 수입을 창출할 수 있다. Farrior et al.은 온라인 커뮤니티 내에 사회적 욕구 충족, 상호작용, 컨텐츠 제공을 통하여 상거래가 일어날 것이라고 하였고, Rothaermel와 Sugiyama는 온라인 커뮤니티 구성원들의 컨텐츠에 대한 지각된 가치(perceived value)는 온라인 커뮤니티 내에서의 경제적 교환(e-based economic exchanges)과 정의 관계가 있을 것이라고 하였다. 실제로 인터넷 사이트를 대상으로 한 조사에서, 온라인 커뮤니티 활동은 구매에 긍정적인 영향을 미침을 보여주고 있다.

가설 6: 온라인 커뮤니티 몰입이 높을수록 커뮤니티를 통한 거래수행 의도는 높아진다.
    6-1: 온라인 커뮤니티 태도적 몰입이 높을수록 커뮤니티를 통한 거래수행 의도는 높아진다.
    6-2: 온라인 커뮤니티 행동적 몰입이 높을수록 커뮤니티를 통한 거래수행 의노는 높아진다.

[그림 8-1] 연구의 실증모형

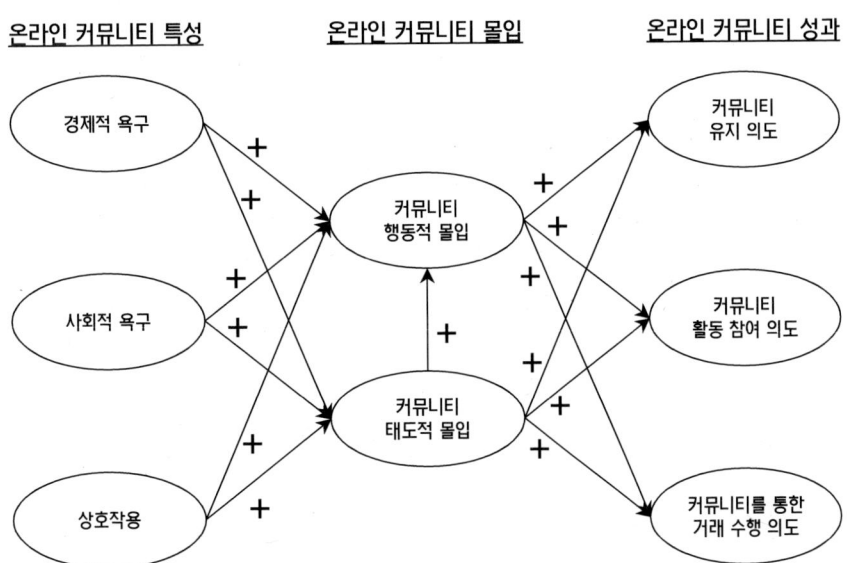

1.3 실증결과

추상적인 개념들을 측정하기 위해 여러 가지의 측정항목을 사용하였는데, 자료의 분석에 앞서 측정항목을 선별하고 정교화하는 과정이 필요하다. 이러한 정교화 과정은 ① 측정항목의 선별과 정교화, ② 신뢰성 분석, ③ 타당성 분석으로 이루어진다.

측정항목의 선별과 정교화를 위해서는 요인분석을 실시하였다. 일반적으로 요인분석은 이론변수들을 측정하는 데 있어서 각 항목의 신뢰성(reliability), 수렴타당성(convergent validity), 판별타당성(discriminant validity)의 개괄적인 방향을 보여 줄 수 있기 때문에 많은 연구자들이 요인분석을 측정항목의 사전평가에 사용하고 있다. 요인분석 과정을 통하여 부적절한 항목들을 일부 제거한 후 측정항목의 신뢰성과 타당성을 평가하기 위해서 이론변수의 다항목척도(multi-items scale) 간의 신뢰성을 Cronbach Alpha계수에 의해서 분석하였고, 확인적 요인분석을 통해서 구성개념들의 측정타당성을 검토하였다.

1) 신뢰성 및 타당성 분석

(1) 신뢰성 분석

다항목(multi-items)으로 측정된 이론변수는 이를 구성하는 측정항목들이 해당 이론변수를 적절하게 반영하는가와 관련하여 신뢰도를 평가할 필요가 있다.

신뢰도를 측정하는 방법에는 반복측정법(test-retest method), 항목분할법(split-half method), 내적 일관성 측정법(internal consistency method) 등이 있다. 일반적으로는 구성항목들이 내적 일관성을 유지하고 있는가를 평가하기 위해 Cronbach Alpha를 사용하여 신뢰성 검증하는데, 본 연구에서도 신뢰도를 평가하기 위하여 Cronbach Alpha 계수를 사용하였다.

〈표 8-4〉 측정항목의 신뢰성 계수

		측정항목의 구성내용	Alpha 계수
온라인 커뮤니티 특성	사회적 욕구	관심사를 충족 정도 색다른 경험을 제공 정도 관계를 형성 정도	0.7870
	경제적 욕구	제품구매에 도움 정도 구매 정보 정도 제품구매에 대한 의견 교환 정도	0.8746
	상호작용	커뮤니티에서 글을 올리는 정도 구성원과 채팅 정도 커뮤니티 내에서 질의-응답 정도	0.8029
온라인 커뮤니티 몰입	태도적 몰입	소속감 정도 호감 정도 커뮤니티 문제 동일시 정도	0.7869
	행동적 몰입	방문 빈도 체류 시간	0.9559
온라인 커뮤니티 성과	유지	재방문 의도 이용 의도	0.8173
	활동 참여	상호작용 의도 컨텐츠 구축 참여 의도	0.6965
	거래 수행	구매의도	단일 항목

Nunnally는 기초연구에서는 Cronbach Alpha계수가 0.7 이상의 수치를 나타내야 한다고 주장하고 있는데, 본 연구에서 실증연구에 사용된 이론변수들의 신뢰도는 〈표 8-4〉와 같이 기준을 충족하고 있어 측정항목들의 신뢰도가 만족할 만한 수준으로 보인다. 다만 상대적으로 커뮤니티 활동참가에 대한 신뢰도가 0.6965로 낮은 편이다.

모델의 전체적인 적합치가 모델의 전반적인 적합성에 대해 설명하지만 개별모수(parameter)의 성격과 모델의 내적 구조에 대한 다른 측면에 대해서는 명백히 제시하지 못할 수 있다. 즉 적반적인 적합치는 만족스러운 모델이라는 점을 나타내기는 하지만 가설적 관계에 대한 일부 모수(parameter)는 비유의적일 수도 있고 신뢰성에 있어서 문제가 있을 수도 있다. 이러한 문제를 보다 잘 파악하기 위해 Bagozzi와 Yi는 다음과 같은 세 가지 유형의 신뢰성을 가지고 확인할 것을 제시하고 있다.

첫째, 개별 항목 신뢰도(individual item reliability)로 이를 구하는 식은 다음과 같다.

$$\rho_i = \frac{\lambda_i^2 VarT}{\lambda_i^2 VarT + \theta_{ii}}$$

둘째, 복합신뢰도(composite reliability)로 이를 구하는 식은 다음과 같다.

$$\rho_c = \frac{\left(\sum_{i=1}^{p} \lambda_i\right)^2 Var(T)}{\left(\sum_{i=1}^{p} \lambda_i\right)^2 Var(T) + \sum_{i=1}^{p} \theta_{\delta ii}}$$

셋째, 평균추출분산(AVE; average variance extracted)으로 이를 구하는 식은 다음과 같다.

$$\rho_v^- = \frac{\sum_{i=1}^{p} \lambda_i^2 Var(T)}{\sum_{i=1}^{p} \lambda_i^2 Var(T) + \sum_{i=1}^{p} \theta_{\delta ii}}$$

단, T는 이론변수.

이러한 개별 항목 신뢰도(individual item reliability)는 복합신뢰도(composite reliability), 평균추출분산(AVE; average variance extracted)과 함께 공변량구조모형분석에 의한 연구모형의 평가에서 나타나 있다.

(2) 타당성 분석

Peter는 타당성(validity)을 측정도구가 측정하고자 하는 구성개념(construct)을 진정으로 측정하는 정도로 보고 있다. 구성개념의 타당성은 이론적 개념과 측정치들 사이의 일치성 정도와 관련되어 있기 때문에 적절한 이론개발과 가설검정의 필요조건이 된다. Campbell과 Fiske는 구성개념의 타당성의 2가지 측면인 수렴타당성(convergent validity)과 판별타당성(discriminant validity)과 관련하여 수렴타당성을 동일한 개념을 측정하고자 하는 여러 시도들이 일치하는 정도, 판별타당성을 다른 개념들의 측정치들이 다른 정도로 보고 있다.

온라인 커뮤니티 특성 변수군의 타당성을 위한 요인분석의 결과는 〈표 8-5〉와 같다.

〈표 8-5〉 온라인 커뮤니티 특성 변수군의 요인분석 결과

개념변수	측정항목	성 분			설명된 분산비율
		요인 1	요인 2	요인 3	
경제적 욕구	eco2	0.923	0.171	-0.029	
	eco1	0.896	0.162	-0.085	
	eco4	0.822	0.107	-0.011	
사회적 욕구	so2	0.208	0.887	0.134	74.71%
	so1	0.195	0.866	0.146	
	so5	0.062	0.666	0.157	
상호작용	act5	-0.019	0.024	0.875	
	act7	-0.034	0.184	0.864	
	act6	-0.067	0.267	0.752	

요인분석을 통해 판별타당성과 수렴타당성이 어느 정도 확인되었고, 통계적으로 검증하기 위하여 AMOS 4.0을 이용하여 확인적 요인분석(confirmatory factor analysis)을 실시한 결과는 [그림 8-2]와 같다.

온라인 커뮤니티 특성과 관련된 개념인 사회적 욕구, 경제적 욕구, 상호작용에 대한 확인적 요인분석은 만족스러운 적합도를 보여주고 있다. 따라서 구성개념과 측정항목 간의 관계가 실제자료와 부합됨을 알 수 있다.

측정항목들과 해당 구성개념들을 연결하는 계수는 모두 통계적으로 유의해 수렴타당성이 확보되었고, 구성개념 간의 관계를 보여주는 Φ계수의 신뢰구간(즉, $\Phi \pm 2SE$)에 1.0이 포함되지 않아, 구성개념들이 상이하다는 가설을 기각할 수 없게 되어 판별타당성을 가지는 것으로 나타났다.

[그림 8-2] 온라인 커뮤니티 특성 변수군의 확인적 요인분석 결과

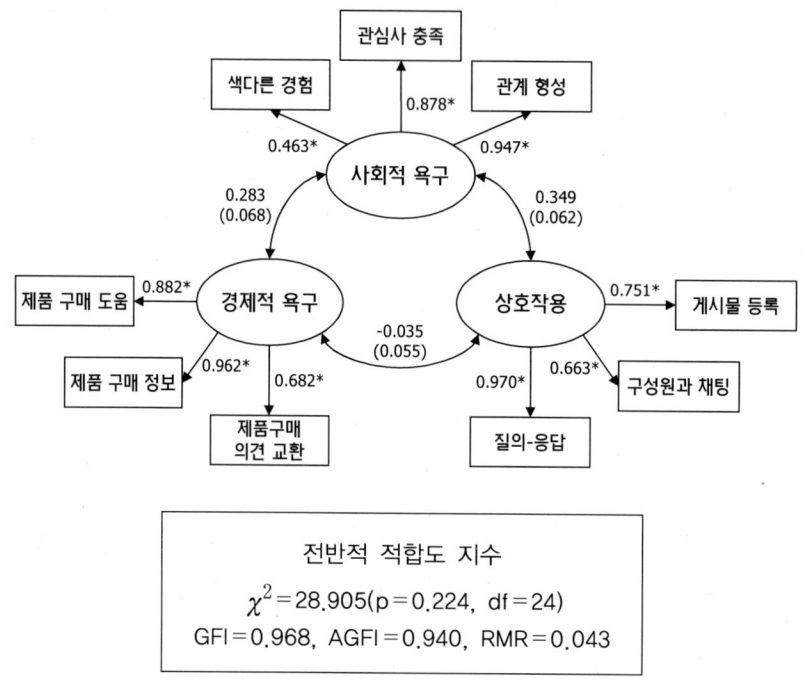

주) * 표시는 α=0.05 수준에서 유의함. ( )안의 수치는 표준오차(standard error)임.

〈표 8-6〉 온라인 커뮤니티 몰입변수군의 요인분석 결과

개념변수	측정항목	성 분		설명된 분산비율
		요인 1	요인 2	
태도적 몰입	ac7	0.845	0.097	
	ac2	0.823	0.163	
	ac5	0.818	0.099	80.24%
행동적 몰입	be1	0.120	0.969	
	be2	0.156	0.963	

온라인 커뮤니티 몰입변수군의 타당성을 위한 요인분석의 결과는 〈표 8-6〉과 같고, 확인적 요인분석(confirmatory factor analysis) 결과는 [그림 8-3]과 같다.

[그림 8-3] 온라인 커뮤니티 몰입변수군의 확인적 요인분석 결과

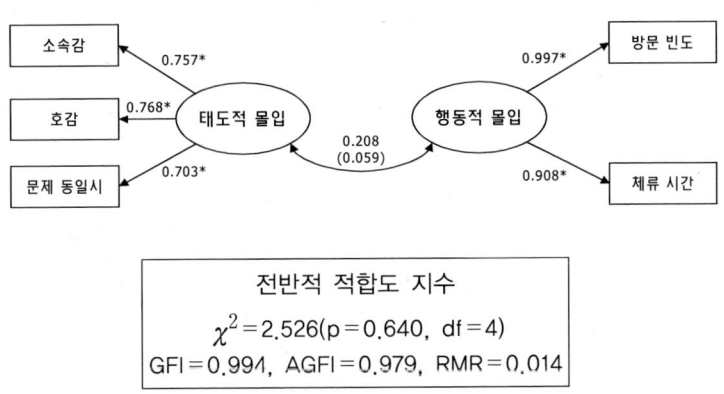

주) * 표시는 $\alpha = 0.05$ 수준에서 유의함. ( )안의 수치는 표준오차(standard error).

확인적 요인분석 결과 전반적 적합도는 $\chi^2 = 2.526$(p=0.640, df=4), GFI=0.994, AGFI=0.979, RMR=0.014로 높은 것으로 나타났고, 구성개념을 측정하는 항목들의 계수가 통계적으로 유의하여 수렴타당성을 확인할 수 있으며, Φ계수의 신뢰구간에 1.0이 포함되지 않아 구성개념들 간의 판별타당성을 확보됨을 알 수 있다.

〈표 8-7〉 온라인 커뮤니티 성과변수군의 요인분석 결과

개념변수	측정항목	성 분			설명된 분산비율
		요인 1	요인 2	요인 3	
유지 의도	ret1	0.917	0.068	−0.003	
	ret3	0.905	0.153	0.025	
참여 의도	inc3	0.019	0.893	−0.094	85.13%
	inc2	0.211	0.843	0.127	
거래수행 의도	int1	0.011	0.014	0.995	

온라인 커뮤니티 성과변수군의 타당성을 위한 요인분석의 결과는 〈표 8-7〉과 같다.

온라인 커뮤니티 성과변수군에 대한 확인적 요인분석 결과 모형의 적합도지수는 χ^2 =1.622(p=0.654, df=3), GFI=0.996, AGFI=0.982, RMR=0.017으로 높은 수준을 보이고 있으며, 각 계수도 통계적으로 유의한 값을 나타내고 있으며, Φ계수의 신뢰구간에 1.0이 포함되지 않아 수렴타당성과 판별타당성이 있음이 나타났다.

[그림 8-4] 온라인 커뮤니티 성과변수군의 확인적 요인분석 결과

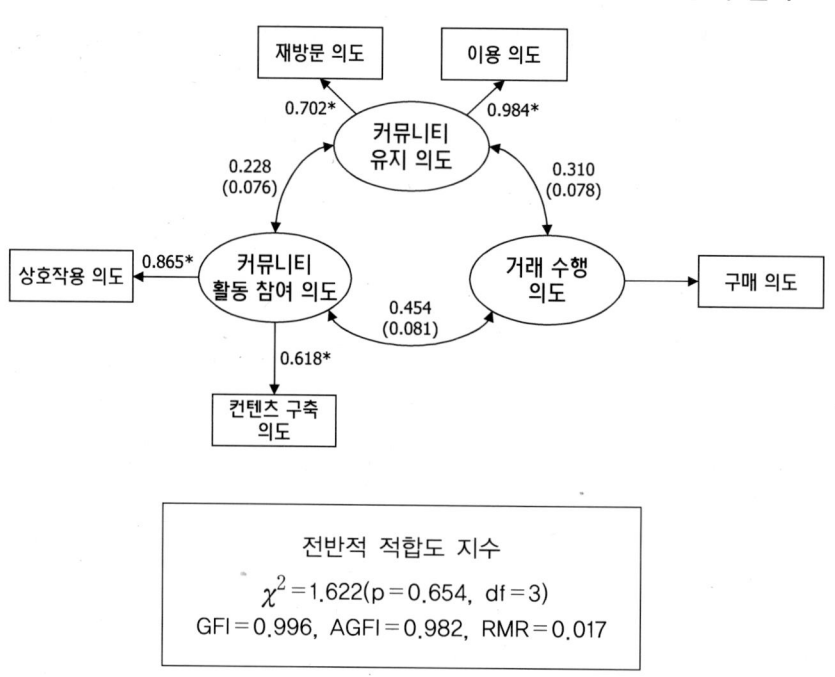

주) * 표시는 α=0.05 수준에서 유의함. ( )안의 수치는 표준오차(standard error)임.

2) 가설검증

가설검정을 위한 통계분석방법으로는 상관관계분석과 공변량구조모형분석이 사용된다. 먼저 상관관계분석을 통하여 각 구성개념 간의 일차적인 상관관계를 살펴보았다. 그러나 이러한 단순상관관계분석은 잠재된 제3의 변수효과 때문에 변수들 간의 상호영

향관계를 정확히 반영하지 못할 수도 있고, 구성개념 간의 상관관계를 구하기 위하여 측정항목들을 어떤 형태로 종합한 단일항목만을 사용하므로 정보의 손실을 감수해야 하는 한계가 있다. 또한 구성개념 간의 상관계수가 통계적으로 유의적인 값을 보이더 라도 두 구성개념 간의 영향관계가 어떤 방향성을 가지는지는 확인할 수 없다.

따라서 본 연구에서는 연구의 신뢰도를 높이기 위하여 연구대상이 되는 구성개념을 복수항목들로 측정하고, 이들 간의 관계를 검증하기 위하여 AMOS 4.0을 이용하여 공변량구조모형(covariance structure modelling)분석을 실시하였다. 공변량구조모형분석은 종래의 상관분석, 회귀분석, 경로분석이 가지는 가정을 버리고 보다 현실적인 상황에서 변수들 간의 분석을 가능하게 하는 방법이다.

(1) 상관관계분석의 가설검증

구성개념들은 다항목(multi-item)으로 측정되었으므로, 신뢰성 검증을 통해 내적 일관성이 확보된 측정항목들을 표준화하여 평균한 단일값을 이용하여 상관분석을 수행하였다.

〈표 8-8〉 연구가설에 대한 상관관계분석 결과

		예상된 관계	상관계수	결 과
몰입 모형	사회적 욕구 ↔ 태도적 몰입	+	0.231(p = 0.002)	가설채택
	사회적 욕구 ↔ 행동적 몰입	+	0.395(p = 0.000)	가설채택
	경제적 욕구 ↔ 태도적 몰입	+	−0.273(p = 0.000)	가설기각
	경제적 욕구 ↔ 행동적 몰입	+	−0.069(p = 0.356)	가설기각
	상호작용 ↔ 태도적 몰입	+	0.517(p = 0.000)	가설채택
	상호작용 ↔ 행동적 몰입	+	0.429(p = 0.000)	가설채택
	태도적 몰입 ↔ 행동적 몰입	+	0.281(p = 0.000)	가설채택
성과 모형	태도적 몰입 ↔ 유지 의도	+	0.496(p = 0.000)	가설채택
	태도적 몰입 ↔ 참여 의도	+	0.484(p = 0.000)	가설채택
	태도적 몰입 ↔ 거래 의도	+	0.519(p = 0.000)	가설채택
	행동적 몰입 ↔ 유지 의도	+	0.310(p = 0.000)	가설채택
	행동적 몰입 ↔ 참여 의도	+	0.164(p = 0.027)	가설채택
	행동적 몰입 ↔ 거래 의도	+	0.188(p = 0.011)	가설채택

〈표 8-9〉 공변량구조모형분석에 의한 모델적합도의 평가기준

기준유형		구체적인 내용
예비적 적합도	없어야 할 것	• 음의 오차분산 • 영과 유의적으로 크게 다르지 않은 오차분산 • 1 이상의 상관관계 • 1에 가까운 상관관계 • 너무 작은 요인적재량(factor loading) • 매우 큰 표준오차(standard errors)
전반적 적합도	이루어져야 할 것	• 비유의적인 χ^2(χ^2 with p-value $\geq$ 0.05) • 적절한 χ^2검정의 통계적 검정력 • 만족스러운 증분지수(incremental fit index) • 만족스러운 기초부합치(GFI) • χ^2차이검정을 통한 만족스러운 모델비교 • 낮은 요소 간 평균차이(root mean square residuals) • 1 이상의 기울기를 갖는 정규화된 잔차의 선형 Q-plot • 높은 결정계수 • 만족스러운 critical N • 5:1 이상의 표본크기 대비 자유모수비율
모델 내적 구조 적합도	이루어져야 할 것	• 높은 개별 항목 및 종합신뢰도(composite reliability) • AVE(average variance extracted)가 0.50이상 • 가설을 확인하는 유의적인 모수추정치들 • 2 이하의 정규화된 잔차들(normalized residuals) • 3.84 이하의 추가지수(modification indices) • 인과적 경로를 찾아 낼 수 있는 적절한 검정력

자료원: Bagozzi and Yi, 1988; 신종칠, 1997에서 재인용

　　연구가설로 설정된 사회적 욕구, 상호작용, 태도적 몰입, 행동적 몰입 간의 모든 관계가 유의적인 상관관계를 보여주고 있다. 그러나 경제적 욕구와 몰입과의 관계는 유의적이지 못했다. 따라서 가설 1-3, 가설 1-4만 기각되고 다른 가설들은 모두 채택되었다.

　　온라인 커뮤니티 몰입과 성과 간의 가설된 관계는 모두 예상한 대로의 상관관계를 보여주고 있는 것으로 나타났다. 즉, 태도적 몰입, 행동적 몰입, 커뮤니티 참여 의도, 활동 참여 의도, 거래수행 의도변수들 간의 상관계수가 모두 통계적으로 유의한 것으로 나타나고 있어 가설들을 지지하고 있다.

(2) 공변량구조모형분석에 의한 가설검증

공변량구조모형분석에서 얻어지는 경로계수를 통해 설정된 가설을 검증하기 위해서는 변수들 간의 관계에 대한 모형의 적합도에 대한 평가가 선행되어야 한다. 연구모형의 적합도 평가는 일반적으로 예비적 적합도 평가, 전반적 적합도 평가, 연구모형의 내부구조의 적합도 평가 등의 세 단계를 거쳐서 이루어지게 되는데 이를 요약하면 〈표 8-9〉와 같다.

공변량구조모형의 분석결과가 얻어지면 전반적인 적합도를 평가하기에 앞서 음오차변량(negative error variance)이 존재하지 않는가, 상관관계계수에 1보다 큰 값이 존재하지 않는가, 상관관계가 1에 접근하지는 않는가, 요인적재값 중에서 너무 작거나 너무 큰 것은 없는가, 표준오차(standard errors)에 너무 큰 값은 없는가 등에 대한 검토가 이루어져야 한다.

이러한 예비적 기준에 문제가 없다고 판단되는 경우 모형의 전반적인 적합도 기준을 살펴보게 되는데, 여기에서는 우선 χ^2값이 유의히지 않아야 하는데, 즉 설정된 연구모형과 자료에서 추정된 관계 사이에 유의한 차이가 존재하지 않아서 두 모형이 같다는 귀무가설을 기각할 수 없어야 한다. 또한 모델의 전반적인 적합도를 나타내는 기초부합치(GFI: goodness-of-fit index), 조정부합치(AGFI: adjusted goodness-of-fit index), 증분지수(incremental fit index), 원소 간 평균차이(RMR: root mean square residuals), 결정계수(coefficients of determination) 등에서 만족할 만한 수치가 얻어져야 한다.

공변량구조모형분석에 의한 연구가설에 대한 검증결과는 [그림 8-5]에 나타나 있다. AGFI 값이 0.883으로 0.9 이하로 나타났으나, p-값이 0.081로서 0.05보다 크므로 연구에서 제시된 관계모형이 현실에서 얻어진 분석자료와 만족할 만한 수준에서 일치한다고 판단하여 가설검증을 실시하였다.

〈표 8-10〉은 전체 모형에 대한 개별 항목 신뢰도, 복합신뢰도, AVE를 나타낸 표이다. 이론변수를 측정하는 측정변수들의 개별신뢰도 및 종합신뢰도 그리고 AVE의 수준은 모두 일반적인 기준을 통과하고 있다.

〈표 8-10〉 전체 모형의 측정모형 평가

구성개념	측정항목	개별 항목 신뢰도	복합신뢰도	AVE
사회적 욕구	관심사 충족	0.767	0.825	0.638
	관계 형성	0.900		
	색다른 경험	0.218		
경제적 욕구	제품구매 도움	0.794	0.885	0.723
	제품구매 정보	0.906		
	제품구매 의견 교환	0.469		
상호작용	게시물 등록	0.564	0.809	0.588
	구성원과 채팅	0.444		
	질의-응답	0.755		
태도적 몰입	소속감	0.690	0.854	0.662
	문제 동일시	0.603		
	호감	0.692		
행동적 몰입	방문 빈도	0.750	0.886	0.795
	체류 시간	0.842		
유지 의도	재방문 의도	0.298	0.690	0.533
	이용 의도	0.906		
참여 의도	상호작용 의도	0.881	0.687	0.525
	컨텐츠 구축 의도	0.341		

[그림 8-5] 전체 모형의 적합도 평가

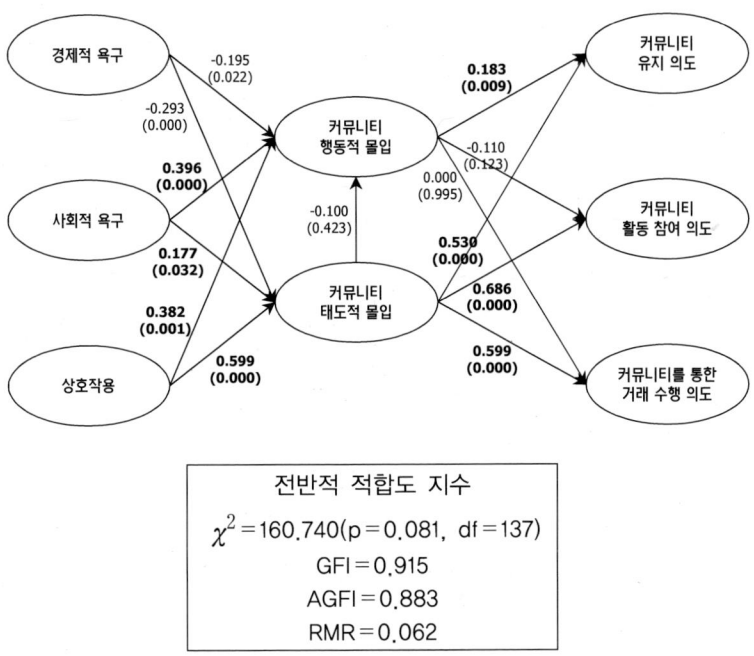

```
          전반적 적합도 지수
   χ² = 160.740(p = 0.081,  df = 137)
            GFI = 0.915
            AGFI = 0.883
            RMR = 0.062
```

주) ( )안의 수치는 유의수준임.

전체 모형의 연구가설별 결과를 살펴보면 다음과 같다.

① 가설 1-1: 온라인 커뮤니티를 통한 사회적 욕구의 충족이 높을수록 커뮤니티의 태도적 몰입은 높아진다.

온라인 커뮤니티를 통한 관심, 환상, 관계 욕구가 충족될수록 커뮤니티에 대한 소속감과 호감 등의 태도적 몰입이 높아질 것이라는 가설은 경로계수가 0.177(p = 0.032)로 나타나 가설 1-1은 채택되었다.

② 가설 1-2: 온라인 커뮤니티를 통한 사회적 욕구의 충족이 높을수록 커뮤니티의 행동적 몰입은 높아진다.

온라인 커뮤니티를 통한 관심, 환상, 관계 욕구가 충족될수록 커뮤니티에 대한 방문과 체류시간은 증가할 것이라는 가설은 경로계수가 0.396(p = 0.000)으로 나타나 가설 1-2는 채택되었다.

③ 가설 1-3: 온라인 커뮤니티를 통한 경제적 욕구의 충족이 높을수록 커뮤니티의 태도적 몰입은 높아진다.

온라인 커뮤니티를 통해 거래와 같은 경제적 욕구가 충족될수록 커뮤니티에 대한 소속감과 호감 등의 태도적 몰입이 높아질 것이라는 가설은 경로계수가 -0.293(p=0.000)으로 나타나 가설 1-3은 기각되었다. 이는 상관관계분석과 하위모형의 분석결과와 동일하다.

④ 가설 1-4: 온라인 커뮤니티를 통한 경제적 욕구의 충족이 높을수록 커뮤니티의 행동적 몰입은 높아진다.

온라인 커뮤니티를 통해 거래와 같은 경제적 욕구가 충족될수록 커뮤니티에 대한 소속감과 호감 등의 태도적 몰입이 높아질 것이라는 가설은 경로계수가 -0.195(p=0.022)로 나타나 가설 1-4는 기각되었다. 이는 하위모형의 분석결과와 동일하다.

⑤ 가설 2-1: 온라인 커뮤니티를 통한 상호작용의 정도가 높을수록 커뮤니티의 태도적 몰입은 높아진다.

온라인 커뮤니티 내에서의 게시물 등록, 회원과의 채팅 등 상호작용 수준이 높아질수록 커뮤니티 소속감과 호감 등의 태도적 몰입이 높아질 것이라는 가설이다. 이 관계를 나타내는 경로계수의 값은 0.599(p=0.000)로 통계적으로 유의하게 나타나 가설 2-1은 채택되었다.

⑥ 가설 2-2: 온라인 커뮤니티를 통한 상호작용의 정도가 높을수록 커뮤니티의 행동적 몰입은 높아진다.

온라인 커뮤니티 내에서의 게시물 등록, 회원과의 채팅 등 상호작용 수준이 높아질수록 행동적 몰입이 높아질 것이라는 가설이다. 이 관계를 나타내는 경로계수의 값은 0.382(p=0.001)로 통계적으로 유의하게 나타나 가설 2-2는 채택되었다.

⑦ 가설 3: 온라인 커뮤니티 태도적 몰입이 높을수록 온라인 커뮤니티 행동적 몰입은 높아진다.

이 가설은 나타내는 경로계수는 -0.100(p=0.423)으로 유의하지 않아 가설 3은 기각되었다.

⑧ 가설 4-1: 온라인 커뮤니티 태도적 몰입이 높을수록 미래의 커뮤니티의 유지 의도는 높아진다.

온라인 커뮤니티에 대한 소속감과 호감 등의 태도적 몰입이 높아질수록 커뮤니티 재방문과 같은 유지 의도가 높아질 것이라는 가설은 경로계수가 0.530(p=0.000)으로 나타나 가설 4-1은 채택되었다.

⑨ 가설 4-2: 온라인 커뮤니티 행동적 몰입이 높을수록 미래의 커뮤니티의 유지 의도는 높아진다.

온라인 커뮤니티 방문과 체류시간이 높아질수록 커뮤니티 재방문과 같은 유지 의도가 높아질 것이라는 가설은 경로계수가 0.183(p=0.009)으로 나타나 가설 4-2는 채택되었다.

⑩ 가설 5-1: 온라인 커뮤니티 태도적 몰입이 높을수록 커뮤니티에서의 활동 참여 의도는 높아진다.

온라인 커뮤니티에 대한 소속감과 호감 등의 태도적 몰입이 높아질수록 커뮤니티 내에서 상호작용과 정보 구축 활동과 같은 참여 의도가 높아질 것이라는 가설은 경로계수가 0.686(p=0.000)으로 나타나 가설 5-1은 채택되었다.

⑪ 가설 5-2: 온라인 커뮤니티 행동적 몰입이 높을수록 커뮤니티에서의 활동 참여 의도는 높아진다.

온라인 커뮤니티 방문과 체류시간이 높아질수록 커뮤니티 내에서 상호작용과 정보 구축 활동과 같은 참여 의도가 높아질 것이라는 가설은 경로계수가 -0.110(p=0.123)으로 나타나 가설 5-2는 기각되었다.

⑫ 가설 6-1: 온라인 커뮤니티 태도적 몰입이 높을수록 커뮤니티를 통한 거래수행 의도는 높아진다.

온라인 커뮤니티에 대한 소속감과 호감 등의 태도적 몰입이 높아질수록 커뮤니티를 통하여 거래수행 의도가 높아질 것이라는 가설은 경로계수가 0.599(p=0.000)로 나타나 가설 6-1은 채택되었다.

⑬ 가설 6-2: 온라인 커뮤니티 행동적 몰입이 높을수록 커뮤니티를 통한 거래수행 의도는 높아진다.

온라인 커뮤니티 방문과 체류시간이 높아질수록 커뮤니티를 통하여 거래수행 의도가 높아질 것이라는 가설은 경로계수가 0.000(p=0.995)으로 나타나 가설 6-2는 기각되었다.

3) 결론 및 시사점

(1) 실증결과의 요약

본 모형에서 제시한 가설들은 상관관계분석과 공변량구조모형분석에서 일부 다른 결과를 보여주고 있다. 일반적으로 상관관계분석보다 공변량구조모형분석에서는 모든 변수들의 영향을 동시에 고려하며 구성개념과 측정항목 간의 관계를 고려하고 있으므로 전체적으로는 공변량구조모형분석의 결과를 보다 신뢰할 수 있다.

따라서 본 모형에서 제시한 가설은 다음과 같이 평가하기로 한다.

첫째, 온라인 커뮤니티의 비거래 특성으로써 사회적 욕구는 태도적 몰입과 행동적 몰입에 긍정적 영향을 미치나, 거래 특성으로써 경제적 욕구는 몰입에 부정적 영향을 미친다.

둘째, 온라인 커뮤니티에서 상호작용은 태도적 몰입과 행동적 몰입에 긍정적인 영향을 미친다.

셋째, 온라인 커뮤니티 태도적 몰입과 행동적 몰입 간의 관계가 유의하지 않다.

마지막으로, 커뮤니티에 대한 태도적 몰입은 미래의 유지, 참여, 거래수행 의도에 긍정적인 영향을 미치나, 행동적 몰입은 미래의 유지 의도에만 긍정적인 영향을 준다.

(2) 시사점

첫째, 온라인 커뮤니티의 형성동인으로서 욕구의 차원을 구분하였다. 온라인 커뮤니티는 전통적 커뮤니티와는 달리 개인적인 이해나 관심을 바탕으로 형성이 된다. Armstrong과 Hagel이 온라인 커뮤니티가 충족시키는 욕구를 관심, 환상, 관계, 거래로 제시한 이후 이에 대한 더 이상의 연구가 없었다. 그러나 본 모형의 실증결과와 사전 연구결과 온라인 커뮤니티를 통한 욕구 충족이 차원은 관심, 환상, 관계의 사회적 욕구 차원과 거래의 경제적 요구 차원으로 구분됨이 확인되었다. 이는 대부분의 구성원이 커뮤니티가 제공하는 정보나 가치를 경제적인 것과 아닌 것으로 구분하고 있으며, 사회적 욕구로서의 관심, 환상, 관계는 아직 분화되고 있지 못함을 의미한다.

둘째, 고객관계에서 몰입(commitment)을 연구하고 몰입의 차원을 태도적 몰입과 행동적 몰입으로 구분하였다. 기업 간 관계에서 주로 연구되던 몰입을 조직 행위론에서의 연구를 바탕으로 고객관계에 적용하여 심리적인 상태로서의 태도적 몰입뿐만 아니라 행동과 관련된 개념으로서의 몰입을 연구함으로써 소비자 행동, 특히 가상환경에서의 소비자 행동에 대한 이해를 제공하였다.

마지막으로, 온라인 커뮤니티의 성과의 차원을 구분하였다. 연결마케팅(relationship marketing)에서 주요한 성과 중의 하나는 구성원과의 관계의 질이다. 온라인 커뮤니티에서 구성원과의 관계의 질을 유지(retention), 참여(participation), 거래(transaction)로 구분함으로써 상호작용적 마케팅(interactive marketing)을 중심으로 논의되고 있는 가상환경에서의 대고객 연결마케팅의 개념을 확장하였다.

이상의 결과를 바탕으로 다음과 같은 전략적 시사점을 들 수 있다.

첫째, 경쟁력을 확보하기 위한 기업의 역할과 노력이 커뮤니티의 형성과 관리로 초점이 모아져야 한다. 특히, 온라인 커뮤니티는 기존의 커뮤니티와는 달리 마케터의 노력에 따라 형성과 운영이 가능하다는 점에서 많은 기회를 제공하고 있다. 소비자 커뮤니티의 지원 및 관리뿐만 아니라 기업 입장에서 어떤 기업과 제휴를 할 것이며, 어떤 고객을 공유하여 커뮤니티를 형성하고 운영할 것인가에 대한 전략적인 접근이 필요하다. 이를 위해 마케팅 시스템에서의 소비자 행동과 마케팅 전략을 고려함에 있어 기존의 연결마케팅 이론을 바탕으로 커뮤니티 마케팅(community marketing)에 대한 보다 깊은 연구가 필요할 것이다.

둘째, 온라인 커뮤니티 형성동인의 차원이 사회적 욕구와 경제적 욕구로 구분됨은 온라인 커뮤니티 오거나이저나 관리자들에게 커뮤니티 정체성(identity)에 대한 지침을 제공한다. 온라인 커뮤니티가 충족하는 욕구는 Armstrong과 Hagel이 지적하였듯 상호 배타적이지 않기 때문에 가능하면 모든 욕구를 충족시켜줌으로 구성원들과 관계를 강화하고 새로운 관계를 형성하여 커뮤니티 경쟁력을 강화해야 할 것이다. 동시에 사회적 욕구의 차원이 분화되지 않았다는 것은 커뮤니티 포지셔닝에 대한 기회를 제공한다.

셋째, 온라인 커뮤니티가 구성원의 바람직한 몰입과 관계 행동을 이끌어내기 위해 구성원에게 제공하는 가치를 어떻게 가져가야 하는지에 대한 함의를 제공한다. 온라인 커뮤니티의 거래 특성으로써 경제적 욕구는 몰입에 부정적 영향을 미침으로, 기업이 수익을 창출하기 위해 커뮤니티에 상거래적 요소를 섣부르게 도입한다면 오히려 부정적인 결과를 초래할 수도 있을 것이고, 쇼핑몰과 같은 전형적인 상거래 사이트에 커뮤니티를 구축, 운영함으로써 컨텐츠 제공을 통한 상거래를 유발하는 사이트로의 발전을 기대할 수 있을 것이다. 이는 사이트의 방문을 유도하기 위해서 사이트의 본질적 서비스나 제공물과 연관된 커뮤니티의 구축이 필수적임을 보여준 결과라 할 수 있다.

마지막으로, 커뮤니티에 대한 태도적 몰입은 미래의 유지, 참여, 거래수행 의도에 긍정적인 영향을 미치나, 행동적 몰입은 미래의 유지 의도에만 긍정적인 영향을 준다는 것이 증명되었다. 이러한 사실은 커뮤니티를 포함하여 인터넷 사이트를 운영하는 기업에게 많은 의미를 제공한다. 지금까지 인터넷 사이트와 커뮤니티는 구성원의 지속적인 방문을 위하여 많은 노력을 기우려 왔고, 그러한 노력의 성과 지표로써 페이지 뷰 (page view)와 같은 행동적인 측면을 강조해 왔다. 그러나 이러한 고객의 방문행동은 물론 중요한 지표이지만, 기업이 고객과의 관계를 통하여 그들의 적극적인 참여를 이끌어내고 궁극적으로 경제적인 성과를 얻기 위해서는 행동적인 측면뿐만 아니라 구성원들의 태도적인 측면에서 바람직한 결과를 이끌기 위한 노력을 기울어야 할 것이다.

마케팅에서 고객과의 관계를 형성하고 유지, 발전시키는 것은 매우 중요한 과제이다. 커뮤니티, 특히 온라인 커뮤니티는 마케터에게 이러한 기회를 제공하고 있으며, 커뮤니티 형성동인으로서 특성과 구성원의 몰입과 이들의 관계에 대한 정확한 이해는 성공적인 커뮤니티 운영의 열쇠가 될 것이다.

2. 온라인 커뮤니티를 통한 거래수행 의도 영향 모형[2]

1.1 이론적 모형과 구성개념

온라인 커뮤니티를 통한 상거래수행과 관련된 연구는 매우 부족한 실정이다. 인터넷을 통한 전자상거래 분야에서의 기존연구와 커뮤니티에 대한 기존연구를 검토해 봄으로써 온라인 커뮤니티를 통한 거래수행에 영향을 미치는 요인들을 규명하고자 하였다.

우선 인터넷에서 소비자행동과 관련된 연구는 크게 인터넷 특성과 관련된 연구, 인터넷에서 구매의도와 관련된 연구, 인터넷에서 구매행동과 관련된 연구로 구분하여 볼 수 있다.

인터넷 특성과 관련된 연구들은 주로 생동감과 상호작용성, 원격실재감, Flow 등의 변수들이 소비자로 하여금 인터넷 환경에 몰입하게 하고 더 오래 머물게 하고 그 사이트

---

2) 본 모형은 강명수, 전종근, 홍성태(2003), 소비자학연구에 게재된 모형임.

에 대한 재방문 가능성을 높여준다는 것이었다. 전자상거래 구매의도 결정요인과 관련된 연구에서는 인터넷 사용자의 인구통계 변수, 심리적인 변수(혜택요인, 위험요인 등) 등의 이용자 특성 변수와 제품 유형(경험재, 탐색재 등), 점포 유형(종합쇼핑몰, 전문쇼핑몰 등), 규모 등과 관련된 판매자 특성 변수들이 주요한 요인으로 연구되어 왔다.

이상과 같은 연구결과들을 커뮤니티 내에서의 상거래 활동에 적용하기 위해서는 커뮤니티의 상황에 맞게 몇 가지 차원으로 정리할 필요가 있다. 첫째, 기존에 연구되었던 일반적인 인터넷 특성 관련 변수들보다는 커뮤니티 특성 요인이 커뮤니티 내에서 경제적 성과에 대해 관련성이 더 높을 것이다. Rothaermel and Sugiyama는 온라인 커뮤니티 내에서 상업적 성공을 위해서는 커뮤니티의 규모, 커뮤니티 관리, 사이트 컨텐츠/지식의 축적 정도, 커뮤니티 분화(하위 커뮤니티 여부) 등의 커뮤니티 특성 변수들의 역할이 중요하다고 주장하였다. 또한, 커뮤니티의 특성을 나타내는 동류의식, 의례·규범·전통, 책임의식 등도 커뮤니티에 대한 신뢰와 몰입에 영향을 미쳐서 결국 상거래 활동을 유발할 것으로 생각된다. 사회적 욕구 충족, 상호작용, 컨텐츠 개발 등의 커뮤니티 특성도 온라인 커뮤니티 내에 상거래가 배태되는 원인이 될 수 있다.

둘째, 개인 수준의 특성변수들에는 기존의 인터넷 쇼핑 관련 연구들이 제시한 인구통계변수와 심리적 변수(혜택요인, 위험요인 등) 외에 회원의 경험(웹사이트 사용시간 등), 오프사이트 커뮤니케이션, 커뮤니티 몰입 등의 커뮤니티와 관련한 변수들이 커뮤니티의 경제적인 교환 활동에 영향을 미칠 것이다.

가상환경과 관련된 연구에서 미래의도에 영향을 미치는 주요한 변수 중 하나는 몰입(commitment)이다. 몰입은 주로 기업 간 관계를 대상으로 연구되어 왔으나 인터넷의 발달과 더불어 고객관계에 있어서도 행동적 결과를 유발하는 기재로 여겨지기 때문에 온라인 커뮤니티에서도 중요한 개념이다. 온라인 커뮤니티는 물리적 기반을 바탕으로 한 전통적 커뮤니티와는 달리 공동의 관심사로 형성된 커뮤니티에 대하여 구성원들이 몰입을 할 때 비로소 커뮤니티로 존재할 수 있기 때문에 커뮤니티 몰입은 커뮤니티를 유지를 위한 중요한 변수이자 커뮤니티를 통한 거래수행에 영향을 미치는 변수로 작용한다고 볼 수 있다.

그 밖에 기존의 인터넷 쇼핑 관련 연구에서 다루었던 점포 유형(종합쇼핑몰, 전문쇼핑몰 등)의 영향은 커뮤니티와 관련이 없으며 제품 유형(경험재, 탐색재 등)에 따른 차이는 본 연구에서는 고려하지 않았다.

이상의 논의를 바탕으로 온라인 커뮤니티를 통한 경제적 성과와 영향요인들을 정리하면 〈표 8-11〉과 같다. 경제적 성과에는 방문빈도, 체류시간, 거래의도, 거래빈도, 거래금액(매출액) 등으로 측정할 수 있으나 본 연구에서는 온라인 커뮤니티를 통한 공동구매와 같은 거래의도에 초점을 맞추었다.

〈표 8-11〉 온라인 커뮤니티 경제적 성과와 영향요인들

구 분	주요 요인	커뮤니티 경제적 성과
개인 특성	• 회원의 인구통계특성 • 심리적인 변수(혜택요인, 위험요인 등) • 회원의 경험(웹사이트 사용시간 등) • 오프사이트 커뮤니케이션 • 커뮤니티 몰입	• 방문빈도 • 체류시간 • 거래의도 • 거래빈도 • 거래금액
커뮤니티 특성	• 동류의식 • 의례, 규범, 전통 • 책임의식 • 커뮤니티 사이트 관리 정도 • 회원의 수 • 커뮤니티 분화(하위 커뮤니티 여부) • 회원 인증과정(identification) • 사이트 컨텐츠/지식의 축적 정도 • 상호작용	

I.2 가설설정

기존의 문헌연구를 통하여 온라인 커뮤니티를 통한 거래수행에 영향을 미치는 요인을 크게 개인 특성과 커뮤니티 특성으로 구분하여 가설을 설정하였다.

본 모형에서는 회원의 수, 커뮤니티 분화와 관련하여서는 상반된 주장이 존재하고 커뮤니티 회원의 인구통계특성, 회원의 경험 등은 경제적 성과와 관련성이 있다는 구체적인 이론적 근거를 찾기 어려워 가설화하지 않았다. 또한 사이트 컨텐츠와 상호작용은 온라인 커뮤니티 형성동인 차원의 변수로 판단하여 모델에 포함하지 않았다. 다만, 커뮤니티 성격은 거래지향이냐, 관계지향이냐, 관심지향이냐 등에 따라 경제적 성과에 영향을 미칠 것으로 판단되나 대부분의 커뮤니티가 이들 특성을 모두 가지고 있어서 뚜렷한 구분이 어렵기 때문에 측정하지 않았다.

1) 커뮤니티 몰입(community commitment)

몰입에 대한 정의는 다양한 관점이 존재하는데 본 연구에서는 몰입을 감정적 차원에서 보고자 한다. 감정적 몰입은 몰입에 대한 가장 일반적인 접근으로 몰입을 조직에 대한 감정적, 정서적인 집착으로 여기는 것이다. 즉, 몰입이란 구성원이 소속 집단에 대해 강하고 긍정적인 태도를 나타내는 것이다.

따라서 커뮤니티 몰입이란 커뮤니티를 얼마나 좋아하는가에 기초를 둔 커뮤니티에 대한 심리적인 애착 정도로 긍정적인 감정적 애착이 중심이다. 즉, 커뮤니티 몰입이란 즉 심리적으로는 구성원들이 "우리 의식(weness)"을 가지는 것을 의미하고, 행동적으로는 커뮤니티 구성원들 사이에 일련의 공유된 행동 기대를 의미한다. 따라서 커뮤니티 몰입은 구성원들로 하여금 커뮤니티의 가치나 신념 및 규범에 적응하도록 하여, 결과적으로 커뮤니티 내에 부동성(immobility)을 조장한다.

구성원이 커뮤니티 몰입이 생겨나면 커뮤니티의 발전에 기꺼이 무언가를 제공하게 된다. 이러한 무언가를 제공하는 것은 단순히 구성원 자격을 유지하는 것 이상의 참여와 협력을 의미하는데, 김재욱 외는 구성원들이 온라인 커뮤니티 몰입이 높을수록 애호도, 사회적 참여와 지원적 참여와 같은 구성원들의 친커뮤니티 행동은 증가하는 것을 실증하였다.

Gruen et al.은 구성원의 조직에 대한 몰입은 조직을 위한 경제적인 공헌과 활동에 영향을 미치는지에 대해 실증연구를 수행한 바 있고, Rothaermel와 Sugiyama는 온라인 커뮤니티 내에서 공유의식과 상호협력을 바탕으로 생성된 컨텐츠에 대한 지각된 가치가 경제적 교환과 정의 관계가 있을 것이라고 하였다. 실제로 2000년 2분기 McKinsey가 아마존, 반즈앤노블, 씨앤앤, 이베이, 이에스피앤, 이토이즈, 풀, 타임 등의 소매점과 미디어 사이트를 대상으로 하여, 온라인 커뮤니티 활동이 구매에 어떠한 영향을 미치는가를 조사한 결과는 커뮤니티 이용자가 커뮤니티 비이용자에 비해 구매율, 페이지 뷰(page view), 재방문, 구매 전환율이 높게 나타났다.

가설 1: 온라인 커뮤니티 몰입이 높을수록 커뮤니티에서의 거래수행 의도는 높아진다.

(1) 동류의식

커뮤니티는 하나의 혹은 그 이상의 부가적인 공동의 유대를 통해 사회적으로 상호작용하는 사람들로 이루어진 집단이다. 따라서 '동류의식(consciousness of kind)'은 커뮤니티 몰입에 많은 영향을 미치게 된다.

동류의식은 구성원이 다른 구성원에 대해 느끼는 내재적인 연결이고, 커뮤니티에 없는 다른 사람들과는 차별적인 느낌으로 Weber는 이를 소속감(knowing of belonging)이라고 하였다. 동류의식은 공유된 태도(shared attitudes)나 인지된 유사성(perceived similarity)보다 더 높은 차원에서 생각하는 방법으로써 공유된 의식(shared consciousness)이다. 따라서 온라인 커뮤니티 내에서 공동의 관심사 등을 바탕으로 형성되는 구성원들 사이의 동류의식은 높은 커뮤니티 몰입을 이끌 것이다. Muniz와 O'guinn은 브랜드 커뮤니티를 대상으로 하여 "Saab Spirit"나 "The Cult of Macintosh"와 같은 커뮤니티 의식이 다른 브랜드 사용자와 구분을 가능하게 할 뿐만 아니라 커뮤니티 구성원들의 충성도를 가름하여 커뮤니티에 몰입하게 됨을 보여주고 있다.

가설 1-1: 온라인 커뮤니티 구성원들의 동류의식이 높을수록 커뮤니티 몰입은 높아진다.

(2) 의례 · 규범 · 전통

온라인 커뮤니티가 커뮤니티로써 존재하기 위해서는 구성원 사이에 커뮤니티 몰입이 있어야 한다. 구성원들이 온라인 커뮤니티에 몰입하게 하는 중요한 요소 중 하나는 '공유된 의례와 전통(shared rituals and traditions)'이다. 이케아 전통은 커뮤니티의 역사, 문화, 의식을 영속시키고 다른 커뮤니티와 차별성을 나타내게 한다. 커뮤니티에서 의례, 규범과 전통은 커뮤니티를 유지하는 중요한 수단인데, 커뮤니티의 역사, 커뮤니티 의식과 의례, 커뮤니티 상징물, 커뮤니티 스토리 등은 회원들 간의 상호작용을 강화하여 구성원들로 하여금 커뮤니티 몰입이 생겨나게 한다.

온라인 커뮤니티에서도 구성원들은 상호작용을 통하여 상감문자(예, ^__^: 미소, ^*: 윙크 등)나 고유한 어휘나 용어(예, ㅂㄱㅇ: 반가요, 반갑습니다, 9빠2: 굿바이 등)와 같은 특유한 표현 양식, 상징과 의미 등을 생산하여 다른 커뮤니티와는 구별되는 하나의 문화를 형성함으로써 커뮤니티 회원만의 의례와 규칙, 커뮤니티에 대한 역사와 전통을 만들어 그들을 결속시킨다.

> 가설 1-2: 온라인 커뮤니티 내에서 의례, 규범, 전통이 높을수록 커뮤니티 몰입은 높아진다.

(3) 책임의식(도덕적 의무감)

커뮤니티 몰입을 이끄는 또 하나의 요소는 전체로서 커뮤니티와 개별 구성원에게 느끼는 책임의식이다. 책임의식은 커뮤니티의 유지, 존속을 위하여 새로운 구성원을 유치하게 하고, 커뮤니티가 위험한 시기에 협동적인 행동을 가능하게 하여 경쟁관계에 있는 커뮤니티와 맞서게 한다.

전통적인 커뮤니티의 우선적 과제인 커뮤니티 유지의 문제는 온라인상에서 더욱 심각하게 대두된다. 즉, 온라인 커뮤니티에서는 회원 확보와 회원의 사이트 방문이 커뮤니티 존속의 필수요건이 되는데, 이러한 관점에서 구성원의 책임의식이란 회원의 가입과 지속적 방문에 대한 구성원의 기본적인 책임을 말하는 것이다. 이러한 책임의식은 도덕적 의무와 맥을 같이 하는데, 도덕적 의무라는 것은 다른 구성원을 돕는 것뿐만 아니라 정보를 공유하는 것을 포함한다. 구성원 사이의 상호협조와 커뮤니티 활동에 자발적인 참여는 구성원들 사이에 주요한 관계(relationship)를 형성하게 된다. 따라서 전체로써 커뮤니티와 커뮤니티의 개별 구성원에 대하여 느끼는 의무감은 공동의 행동을 가능하게 하고 집단 결속을 강화시켜 구성원들을 커뮤니티에 몰입하게 한다.

> 가설 1-3: 온라인 커뮤니티 구성원의 책임의식이 높을수록 커뮤니티 몰입은 높아진다.

2) 커뮤니티 사이트 관리

온라인 커뮤니티가 활성화되기 위해서는 지침(guidance)이 필요하다. 이러한 지침은 온라인 커뮤니티 사이트 관리가 얼마나 잘되고 있는가를 의미하는 것으로 커뮤니티 구성원들의 태도에 많은 영향을 미친다. Rothaermel과 Sugiyama는 온라인 커뮤니티 구성원이 느끼는 사이트 관리에 대한 지각된 가치는 커뮤니티 내에서의 경제적 교환과 긍정적인 관계가 있음을 보여주고 있다.

커뮤니티 사이트 관리의 정도는 커뮤니티 내에서 내용에 따라 게시판을 구분하는가, 커뮤니티 운영에 대한 권한을 어느 정도 주는가, 연결 안 되는 페이지와 문서제목이 없는 페이지는 얼마나 많은가 등의 형태로 나타난다. 이러한 커뮤니티에서의 여러 사이트 관리요인들에 대한 관리수준이 높을수록 커뮤니티에 대한 긍정적인 태도가 형성되고 거래수행 의도가 높아질 것이다.

> 가설 2: 온라인 커뮤니티 사이트 관리수준이 높을수록 커뮤니티에서의 거래수행 의도는 높아진다.

3) Off-site communication

Off-site 커뮤니케이션은 온라인 커뮤니티를 벗어나 커뮤니티 구성원 사이에 이루어지는 커뮤니케이션으로 커뮤니티 내의 커뮤니케이션보다 개인적이고 친밀함을 형성한다. 이는 기존의 오프라인(off-line) 커뮤니케이션과는 차별성을 지니는데 즉, 가상공간에서의 커뮤니케이션을 커뮤니티 사이트 내에서 게시판에 글을 올리거나 채팅하는 것과 같은 in-site 커뮤니케이션과 커뮤니티 구성원 간의 전화나 이메일과 같은 off-site 커뮤니케이션으로 구분하는 것이다. 또한 off-site 커뮤니케이션은 커뮤니티 사이트 이외의 사이트에서의 모임, 회원들끼리 전화, 팩스, 이메일 등의 가상공간에서의 커뮤니케이션뿐만 아니라 실제 물리적 공간에서 모임과 같은 면대면 커뮤니케이션을 포함한다.

온라인 커뮤니티 구성원들은 정기모임과 같은 실제 모임을 통하여 보다 사회성 깊은 정보를 교환함으로써 친근함을 쌓고, 결국 off-site 커뮤니케이션에 참여하는 구성원들은 유대를 강화하여 온라인에서도 적극적이게 되어 커뮤니티를 통한 공동구매 등과 같은 경제적 교환활동에 적극적이게 된다. 따라서 온라인 커뮤니티 구성원들 사이이 이러한 off-site 커뮤니케이션이 많을수록 커뮤니티에서의 거래수행 의도는 더욱 높아질 것으로 예상할 수 있다. Hiltz와 Turoff는 가상 컨퍼런스 참가자들이 실제로 만나기를 원했으며 이러한 off-site 커뮤니케이션은 온라인 커뮤니티 관계를 강화시킴을 주장하였고, Rothaermel과 Sugiyama는 온라인 커뮤니티 구성원의 off-site 커뮤니케이션에 대한 지각된 가치는 커뮤니티 내에서의 경제적 교환과 긍정적인 관계가 있음을 보여주었다.

가설 3: 온라인 커뮤니티 구성원들 사이의 off-site communication이 많을수록 커뮤니티에서의 거래수행 의도는 높아진다.

이상의 가설들이 제시하고 있는 변수 간의 관계를 모형으로 나타내면 [그림 8-6]과 같다.

[그림 8-6] 온라인 커뮤니티를 통한 거래수행 의도 영향 모형

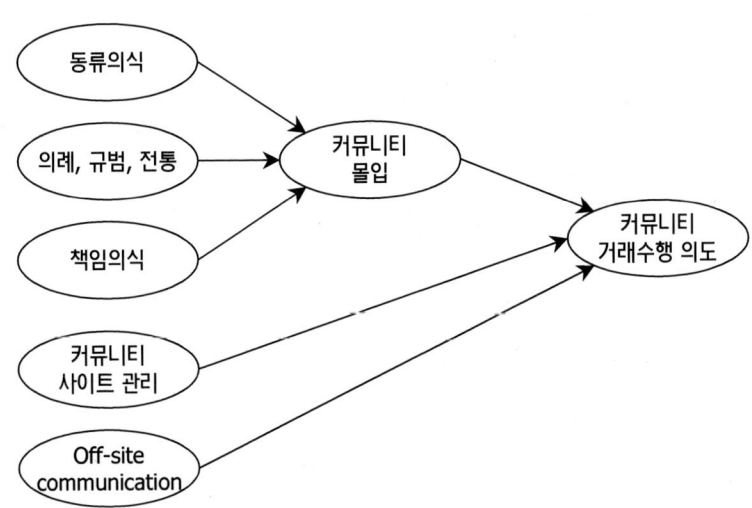

1.3 실증결과

1) 신뢰성 및 타당성 분석

본 모형의 실증은 커뮤니티 참가자를 대상으로 이루어졌으며, 커뮤니티 관리수준은 커뮤니티 참가자가 지각하는 관리수준으로 측정하였다. 커뮤니티 참가자의 거래수행 의도는 자신이 속한 커뮤니티에서 공동구매를 실시할 경우, 이에 참여할 의도가 있는지를 응답하게 하였다.

〈표 8-12〉 구성개념과 측정항목의 신뢰성 계수

구성개념	측정항목의 구성내용	Alpha 계수
동류의식	커뮤니티 회원끼리 동류의식을 느끼는 정도 커뮤니티 회원끼리 생각의 비슷함 정도 회원과 비회원들과 차별적인 느낌의 정도	0.7581
의례, 전통, 규범	커뮤니티의 역사와 전통의 정도 커뮤니티만의 특별한 의례의 정도 회원이 지켜야 할 규범이나 규칙의 정도	0.7854
책임의식	커뮤니티 유지를 위해 회원이 가지는 의무감의 정도 커뮤니티 유지를 위한 구성원의 노력 정도 회원끼리 서로 도움을 줘야 한다고 생각하는 정도	0.8744
커뮤니티 몰입	회원이 공동의 가치, 신념, 목표를 공유하는 정도 커뮤니티에 대한 소속감 정도 커뮤니티 문제 동일시 정도	0.7880
커뮤니티 사이트 관리	커뮤니티 게시판의 게시물에 대한 제한의 정도 커뮤니티 운영자의 게시판 정리 정도 전반적인 사이트 관리의 정도	0.8118
Off-site Communication	회원과 전화나 전자우편을 주고받는 정도 커뮤니티 회원과 실제 공간에서 만나는 정도	0.8627
거래수행 의도	커뮤니티를 통한 구매의도	단일항목

Nunnally에 의하면 일반적으로 Cronbach α값은 예비적 연구에서는 0.7, 기초연구에서는 0.8, 응용연구에서는 0.9 이상의 수준이 권장되므로, 커뮤니티 정체성을 제외한 측정변수들은 전반적으로 높은 내적 일관성을 지니고 있음이 확인되었다. 커뮤니티 거래수행 의도에 미치는 영향요인 변수들에 대한 요인분석 결과 커뮤니티 몰입에 영향을 미치는 동류의식, 의례·규범·전통, 책임의식이 3개의 요인으로 구분되었으며, 커뮤니티 정체성, 사이트 관리, off-site 커뮤니케이션 변수들이 3개의 요인으로 묶였다.

<표 8-13> 거래수행 의도 영향요인 변수들에 대한 요인분석 결과

	성 분				
	1	2	3	4	5
책임의식 3	0.8886	−0.1120	0.0715	0.1270	0.0882
책임의식 1	0.8846	−0.0552	0.0902	0.1689	0.1021
책임의식 2	0.8385	0.0089	0.1829	−0.0265	0.1749
커뮤니티 관리 1	−0.0378	0.9002	0.0438	0.0715	0.0834
커뮤니티 관리 2	−0.1052	0.8763	−0.0389	0.0469	0.0117
커뮤니티 관리 3	−0.0026	0.7607	0.0641	0.1134	−0.0966
의례·규범·전통 2	0.1382	−0.0049	0.8407	0.1265	0.2113
의례·규범·전통 1	0.1594	0.0663	0.8094	0.2268	0.1029
의례·규범·전통 3	0.0501	0.0155	0.7766	0.1137	−0.1172
동류의식 2	0.2120	0.0216	0.0849	0.8160	−0.0222
동류의식 3	0.0351	0.0614	0.1332	0.8028	0.0938
동류의식 1	0.0106	0.1895	0.2562	0.7580	0.0893
Off−site Communication 1	0.1683	−0.0003	0.0839	0.0032	0.9183
Off−site Communication 2	0.1479	−0.0113	0.0468	0.1420	0.9045
Eigenvalues	3.81	2.53	1.66	1.37	1.26
%	27.21	18.10	11.83	9.80	9.00

측정변수의 판별타당성(discriminant validity)과 수렴타당성(convergent validity)은 요인분석을 통해 어느 정도 확인되었으나, 통계적으로 이를 검증하기 위하여 LISREL 7.13을 이용해 확인적 요인분석(confirmatory factor analysis)을 실시하였다.

확인적 요인분석 결과 구성개념 간의 관계를 보여주는 ϕ계수는 <표 8-14>와 같은데, ϕ의 신뢰구간(즉, $\phi \pm 2SE$)에 1.0이 포함되지 않아, 구성개념들이 상이하다는 가설을 기각할 수 없게 되어 판별타당성을 가지는 것으로 볼 수 있다.

〈표 8-14〉 거래수행 의도 영향요인 간의 Φ행렬

	동류의식	의례·규범·전통	책임의식	커뮤니티 관리	Off-site Communication
동류의식	1.000				
의례·규범·전통	0.508 (0.076)	1.000			
책임의식	0.285 (0.085)	0.338 (0.079)	1.000		
커뮤니티관리	0.240 (0.087)	0.082 (0.087)	−0.120 (0.084)	1.000	
Off-site Communication	0.207 (0.089)	0.261 (0.083)	0.342 (0.077)	0.026 (0.086)	1.000

주) (　)안의 수치는 표준오차(Standard Error)임

2) 가설검증

　본 모형의 연구가설에 대하여 일차적으로 구성개념 간의 상관관계를 검증하였다. 구성개념들은 다항목(multi-item)으로 측정되었으므로, 신뢰성 검증을 통해 내적 일관성이 확보된 측정항목들을 표준화하여 평균한 단일값을 이용하여 상관분석을 수행하였다. 분석결과는 〈표 8-15〉에 나타나 있는데, 가설에서 제시된 커뮤니티 관리와 거래수행 의도와의 관계를 제외하고는 유의적인 상관관계를 맺고 있다.

　그러나 이러한 상관관계분석은 잠재된 제3의 변수효과에 의한 변수들 간의 상호영향관계를 완전히 반영하지 못한다. 따라서 본 연구이 가설을 정확히 검증하기 위하여 AMOS 4.0을 이용하여 공변량구조모형분석을 실시하였다. 이 분석은 종래의 상관분석, 회귀분석, 경로분석이 가지는 가정을 버리고 보다 현실적인 상황에서 변수들 간의 분석을 가능하게 하는 방법이다.

<표 8-15> 상관관계분석 결과

	동류의식	의례·규범·전통	책임의식	커뮤니티 몰입	커뮤니티 관리	Off-site Communication	거래수행 의도
동류의식	1.000 .						
의례·규범·전통	0.386 (0.000)	1.000 .					
책임의식	0.228 (0.002)	0.285 (0.000)	1.000 .				
커뮤니티 몰입	0.440 (0.000)	0.420 (0.000)	0.551 (0.000)	1.000 .			
커뮤니티 관리	0.194 (0.009)	0.067 (0.370)	−0.103 (0.167)	0.016 (0.835)	1.000 .		
Off-site Communication	0.165 (0.027)	0.184 (0.013)	0.311 (0.000)	0.293 (0.000)	−0.003 (0.970)	1.000 .	
거래수행 의도	0.316 (0.000)	0.231 (0.002)	0.410 (0.000)	0.518 (0.000)	0.120 (0.110)	0.354 (0.000)	1.000 .

주) ( )안의 수치는 유의확률

　　공변량구조모형분석에서 얻어지는 특징수 분석을 통해 설정된 가설을 검증하기 위해서는 변수들 간의 관계에 대한 연구모형의 적합도에 대한 평가가 선행되어야 한다. 이를 위해 본 연구에서는 오차변량(error variance)에 음수가 존재하지 않는가, 상관관계 계수에 1보다 큰 값이 존재하지 않는가, 상관관계가 1에 접근하지는 않는가, 요인적재값 중에서 너무 작거나 너무 큰 것은 없는가, 표준오차(standard errors)에 너무 큰 값은 없는가 등에 대한 예비적 적합도를 검토한 후 전반적 적합도를 평가하였다.

　　일반적인 모델의 전반적 적합도를 평가하는 지표로는 χ^2, GFI, AGFI, RMR, CFI, TLI 등이 널리 사용된다. χ^2에 의한 기준은 p값이 0.05 이상일 때, GFI, AGFI, CFI, TLI는 0.9 이상일 때, RMR은 0.05~0.08 이하이면 좋은 모델로 평가가 된다.

〈표 8-16〉 연구모형의 적합도 검증결과

χ^2(df)	GFI	AGFI	RMR	CFI	TLI
181.948(120) p=0.0002	0.903	0.862	0.052	0.956	0.944

본 모형에 대한 적합도 검증결과는 〈표 8-16〉과 같다. χ^2의 p값이 0.0002로 만족할 수준이 아니나, 다른 지수들은 전반적으로 만족할 만한 수준으로 나타났다. 일반적으로 χ^2는 사용된 표본의 크기에 따라 영향을 많이 받으며 어떤 상황에서도 계산될 수 있다는 문제점이 있어, RMR이나 TLI와 같은 지표를 사용한다. 본 연구모형의 RMR과 TLI 수준은 각각 0.052와 0.944로 나타나, 연구에서 제시된 관계모형이 현실에서 얻어진 분석자료와 만족할 만한 수준에서 일치한다고 판단하여 가설검증을 하였다.

공변량구조모형을 이용한 연구가설에 대한 검증결과는 〈표 8-17〉에 나타나 있다. 우선 동류의식, 의례·규범·전통, 책임의식과 커뮤니티 몰입에 관한 가설들을 살펴보면 t값이 각각 3.263, 2.720, 6.231로 유의하게 나타나 가설 1-1, 1-2, 1-3이 지지되었다. 또한 가설 1, 가설 3을 나타내는 경로계수는 각각 0.709, 0.236이고 t값이 6.388, 2.961로 95% 신뢰수준에서 유의한 것으로 나타났다. 다만 온라인 커뮤니티 사이트 관리수준이 높을수록 커뮤니티에서의 거래수행 의도가 증가할 것이라고 설정한 가설 2는 t값이 1.551, p값이 0.121로 지지되지 못하였다.

〈표 8-17〉 공변량구조모형분석에 의한 가설검증 결과

가설	가설 내용	경로 계수	표준 오차	t값	p값	결과
가설 1	커뮤니티 몰입 → 거래수행 의두	0.709	0.111	6.388	0.000	체택
가설 1-1	동류의식 → 커뮤니티 몰입	0.291	0.089	3.263	0.001	채택
가설 1-2	의례·규범·전통 → 커뮤니티 몰입	0.206	0.076	2.720	0.007	채택
가설 1-3	책임의식 → 커뮤니티 몰입	0.414	0.066	6.231	0.000	채택
가설 2	커뮤니티 관리 → 거래수행 의도	0.112	0.072	1.551	0.121	기각
가설 3	Off-site Communication → 거래수행 의도	0.236	0.080	2.961	0.003	채택

3) 결론 및 시사점

본 연구모형의 주요한 결과와 이에 따른 시사점은 다음과 같다.

첫째, 온라인 커뮤니티에서도 전통적 커뮤니티와 마찬가지로 동류의식, 의례·전통·규범, 책임의식이 주요한 특성임이 확인되었다. 지금까지 온라인 커뮤니티의 연구는 인터넷과 커뮤니케이션 측면을 강조하여 지리적 위치에 상관없이 커뮤니티가 형성됨을 강조하였다. 그러나 이는 온라인 커뮤니티가 진정한 커뮤니티가 되기 위한 필요조건이지 충분조건은 아니다. 즉, 가상환경이 진정한 커뮤니티를 창출할 수 있는가의 여부는 매체 특성에 있는 것이 아니라, 구성원들이 무엇을 위해, 어떻게 사용하는가에 달려 있다.

둘째, 온라인 커뮤니티 몰입이 커뮤니티를 통한 거래수행 의도에 유의한 영향을 미친다. 지금까지 온라인 커뮤니티는 회원의 확보와 지속적인 방문을 위하여 많은 노력을 기울여 왔고, 그러한 노력의 성과 지표로써 페이지 뷰(page view)와 같은 행동적인 측면을 강조해 왔다. 그러나 이러한 고객의 방문행동은 물론 중요한 지표이지만, 기업이 고객과의 관계를 통하여 그들의 적극적인 참여를 유도하고 궁극적으로 경제적인 성과를 얻기 위해서는 행동적인 측면뿐만 아니라 커뮤니티 몰입과 같은 구성원들의 심리적인 측면에서 바람직한 결과를 이끌기 위한 노력을 기울어야 할 것이다.

이는 Hagel과 Armstrong(1996)이 제시한 커뮤니티 발전 방향(컨텐츠, 커뮤니케이션 → 커뮤니티 → 상거래)과 일치하는 결과로 해석할 수 있다. 즉, 공동의 관심사를 바탕으로 온라인 커뮤니티가 형성되면 구성원들의 지속적인 상호작용과 커뮤니티 특성(동류의식, 의례·전통·규범, 책임의식)의 영향으로 구성원들이 커뮤니티에 대하여 몰입할 때 비로소 커뮤니티 내에서 상거래를 배태할 수 있을 것이다.

셋째, off-site 커뮤니케이션이 커뮤니티를 통한 거래수행 의도에 유의한 영향을 미침이 확인되었다. 온라인 커뮤니티는 가상환경에서 상호작용을 하게 됨으로써 면대면(face-to-face) 욕구와 사회 전체에 대한 관심이 줄어 공공영역을 쇠퇴하게 하여 사회적 결속을 강화하는 것이 아니라 '원자화된 커뮤니티'를 낳을 수도 있고, 커뮤니케이션의 비진실성과 비성실성으로 인해 의사 커뮤니티(pseudo community)를 초래할 수도 있다. 따라서 온라인 커뮤니티가 부정적인 측면을 극복하고 성과를 창출하기 위해서는 온라인과 오프라인 간의 조화가 필요할 것이다.

3. 브랜드 커뮤니티 성과 연구[3]

1.1 연구문제와 구성개념의 측정

기존의 브랜드 커뮤니티 관련 연구들은 주로 이론적이면서도 정성적인 측면에서 많이 진행되었으며, 내용적인 측면에서도 비록 일부 연구들이 성과를 다루고는 있으나 주로 브랜드 커뮤니티의 개념, 형성동인, 유형, 특성 등에 초점이 맞추어졌다. 특히 브랜드 커뮤니티 관련 많은 연구들은 기업 중심의 브랜드 커뮤니티보다는 소비자 중심의 브랜드 커뮤니티를 연구대상으로 하고 있고, 연구의 대상이 되는 제품 선정에 있어서도 대개 휴대폰, 개인용 컴퓨터, 자동차와 같이 FCB Grid상에서 고관여, 이성 제품을 대상으로 한 브랜드 커뮤니티가 대부분을 차지하고 있다.

이에 본 연구에서는 브랜드 커뮤니티에 대한 선행연구를 바탕으로 하여 기존연구에서 충분히 다뤄지지 못 한 부분에 대한 답을 하고자 하였다. 보다 구체적으로는 브랜드 커뮤니티의 성과는 무엇인가를 종합적으로 정의하고 이를 실증해 보고자 한다. 또한 연구의 대상이 되는 브랜드 커뮤니티의 선정에 있어서도 소비자 중심의 브랜드 커뮤니티보다는 기업 중심의 브랜드 커뮤니티를 선정하고자 하였으며, 제품 선정에 있어서도 저관여, 감성 제품을 대상으로 함으로써 모든 제품군에서 브랜드 커뮤니티의 성과가 있음을 보이고자 한다. 이를 통해 브랜드 커뮤니티 성과가 브랜드 커뮤니티를 통해서 달성될 수 있음을 실증적으로 밝히고자 한다. 이상의 논의를 바탕으로 본 연구에서 설정한 연구문제는 다음과 같다.

연구문제 1. 기업 중심의 브랜드 커뮤니티 성과는 무엇이고 이는 타당하게 구성되어지는가?
연구문제 2. 브랜드 커뮤니티 집단과 일반 집단 사이에서 관계성과의 차이가 존재하는가?
연구문제 3. 브랜드 커뮤니티 집단과 일반 집단 사이에서 브랜드 자산의 차이가 존재하는가?

본 연구의 주요 변수들로는 관계성과의 구성요인인 제품 성과, 기업 성과, 소비자(공

---

3) 본 모형은 강명수, 김병재, 신종칠(2005), 광고연구에 게재된 모형임.

중) 성과가 있으며 브랜드 자산의 구성요소들로써 브랜드 인지, 브랜드 연상, 지각된 품질, 브랜드 충성도 등이 있다.

관계성과는 McAlexander et al.이 제시한 Integration in a Brand Community(IBC)를 바탕으로 하였다. IBC의 구성항목인 제품 관계, 브랜드 관계, 기업 관계, 소비자(공중) 관계 중에서 브랜드 연상과 브랜드 충성도로 구성되어진 브랜드 관계는 브랜드 자산에 포함되어진 개념으로 보고 나머지 제품과 기업, 소비자(공중) 관계로 측정항목을 구성하였다. 우선 제품 관계는 소유한 제품에 대해 소유자들의 감정으로 정의하고, 기업 관계는 조직에 대해서 브랜드 소유자가 가지고 있는 감정으로 정의하였으며 이는 곧 소비자의 기업에 대한 관심과 동일한 개념이다. 소비자(공중) 관계는 제품의 소유자가 다른 소유자에 대해서 지니는 감정으로 정의하였다.

브랜드 인지, 브랜드 연상, 지각된 품질, 브랜드 충성도로 구성된 브랜드 자산의 측정항목들은 기존연구들의 측정항목들을 활용하였다. Aaker와 Keller, Yoo, Donthu과 Lee의 연구를 바탕으로 하여, 브랜드 인지 및 브랜드 연상은 독특한 브랜드 이미지의 형성이라고 정의하고, 최동궁과 박영봉의 연구와 정창모의 연구, 이미영의 연구를 참고하여 측정항목을 구성하였고, 지각된 품질은 브랜드의 전반적 우수성과 탁월함에 대한 소비자의 주관적 판단으로 정의하고 원구현의 연구와 이미영의 연구에서 사용되었던 항목을 이용하였다. 브랜드 충성도는 소비자가 브랜드에 대해 일정 기간 동안 보이는 호의적 태도 및 그에 따른 반복 구매행동 성향으로 정의하고 이유재와 라선아의 연구, 이미영의 연구 등에서 사용되었던 측정항목을 이용하였다.

1.2 실증결과

1) 신뢰성 및 타당성 분석

본 연구에 사용된 여러 구성변수들은 다항목으로 측정되었다. 따라서 연구에 사용된 측정항목의 신뢰성을 분석하기 위하여 SPSS 12.0를 이용하여 신뢰성 분석을 수행하였고, 타당성을 통계적으로 분석하기 위하여 AMOS 4.0을 이용하여 확인적 요인분석을 실시하였다.

〈표 8-18〉 구성개념의 측정항목과 신뢰성 분석결과

구분	구성 개념	측정항목	Cronbach α		
			커뮤 니티	일반 소비자	전체
관계 성과	제품 관계	나는 맥주를 좋아한다	0.922	0.898	0.911
		나는 맥주가 자랑스럽다			
		맥주는 내가 가장 좋아하는 것 중 하나다			
	기업 관계	이 기업은 나의 욕구를 잘 이해하고 있다	0.863	0.886	0.922
		이 기업은 나의 의견을 존중해 준다			
	소비자 (공중) 관계	나는 이 브랜드로 인해 좋은 사람들을 만났다	0.798	0.895	0.947
		나는 이 브랜드를 마시는 다른 사람들과 유사성을 느낀다			
		나는 이 브랜드 커뮤니티에 흥미를 가지고 있다			
브랜드 자산	브랜드 인지	나는 머리 속에서 이 브랜드를 쉽게 떠올릴 수 있다	0.873	0.741	0.789
		나는 이 브랜드 로고나 상징을 쉽게 기억해낼 수 있다			
		맥주하면 이 브랜드가 제일 먼저 떠오른다			
	브랜드 연상	이 브랜드는 다른 브랜드와는 분명하게 다르다	0.854	0.884	0.902
		이 브랜드는 독특한 개성이 있다			
		이 브랜드를 말하면 기분 좋은 무언가가 연상된다			
	지각된 품질	이 브랜드는 품질이 우수한 맥주다	0.840	0.865	0.871
		이 브랜드는 다른 브랜드에 비해 품질이 뛰어나다			
	브랜드 충성도	나는 이 브랜드를 고집하는 편이다	0.891	0.893	0.944
		나는 이 브랜드가 없으면 찾아서라도 구매한다			
		나는 이 브랜드를 정말로 선호한다			

〈표 8-18〉에서 보여지는 것처럼 신뢰성 분석결과 Cronbach α값이 모두 0.7을 넘어 만족할 만한 수준으로 나타났다. 또한 측정변수의 수렴타당성(convergent validity)과 판별타당성(discriminant validity)을 통계적으로 검정하기 위하여 확인적 요인분석(confirmatory factor analysis)을 실시하였다. 확인적 요인분석의 주요 결과는 다음 표들에 나타나 있는데 구성개념과 측정항목을 연결하는 계수값이 모두 통계적으로 유의하게 나타나 수렴타당성을 확인할 수 있었고, 구성개념 간의 관계를 보여주는 ϕ계수의 신뢰구간(즉, $\phi \pm 2\ S.E.$)에 1.0이 포함되지 않아 판별타당성이 있다는 것을 확인할 수 있었다(Anderson & Gerbing, 1988).

〈표 8-19〉 관계성과 변수군 확인적 요인분석 결과 – 수렴타당성 분석

구성개념	측정항목	커뮤니티 집단				일반 소비자 집단			
		Estimate	S.E.	C.R.	P	Estimate	S.E.	C.R.	P
제품 관계	rc_pd1	0.838	0.068	12.319	0.000	0.846	0.073	11.583	0.000
	rc_pd2	0.801	0.060	13.373	0.000	0.840	0.071	11.897	0.000
	rc_pd3	0.782	0.063	12.426	0.000	0.938	0.070	13.316	0.000
기업 관계	rc_co1	0.703	0.069	10.241	0.000	0.778	0.060	13.024	0.000
	rc_co2	0.651	0.066	9.893	0.000	0.653	0.054	12.007	0.000
소비자 (공중) 관계	rc_pub1	0.316	0.038	8.398	0.000	0.646	0.055	11.849	0.000
	rc_pub2	0.504	0.055	9.147	0.000	0.677	0.051	13.323	0.000
	rc_pub3	0.505	0.047	10.852	0.000	0.533	0.044	12.109	0.000
적합도		$\chi^2 = 44.615(p=0.000,\ df=19)$, GFI$=0.923$, RMR$=0.028$, CFI$=0.955$				$\chi^2 = 19.181(p=0.318,\ df=19)$, GFI$=0.967$, RMR$=0.034$, CFI$=0.997$			

〈표 8-20〉 브랜드 자산 변수군 확인적 요인분석 결과 – 수렴타당성 분석

구성개념	측정항목	커뮤니티 집단				일반 소비자 집단			
		Estimate	S.E.	C.R.	P	Estimate	S.E.	C.R.	P
브랜드 인지	ba_aw1	0.809	0.061	13.235	0.000	0.858	0.087	9.818	0.000
	ba_aw2	0.638	0.053	12.147	0.000	0.740	0.091	8.161	0.000
	ba_aw3	0.416	0.043	9.624	0.000	0.494	0.093	5.292	0.000
브랜드 연상	ba_dif1	0.656	0.057	11.522	0.000	0.858	0.065	13.249	0.000
	ba_dif2	0.646	0.063	10.304	0.000	0.892	0.073	12.189	0.000
	ba_dif3	0.552	0.055	10.046	0.000	0.761	0.073	10.463	0.000
지각된 품질	ba_pq1	0.624	0.059	10.581	0.000	0.733	0.068	10.771	0.000
	ba_pq2	0.618	0.056	11.061	0.000	0.721	0.066	10.962	0.000
브랜드 충성도	ba_loy1	0.598	0.047	12.718	0.000	0.725	0.059	12.308	0.000
	ba_loy2	0.665	0.063	10.612	0.000	0.567	0.050	11.410	0.000
	ba_loy3	0.594	0.047	12.640	0.000	0.713	0.054	13.080	0.000
적합도		$\chi^2 = 56.903(p=0.025,\ df=38)$, GFI$=0.927$, RMR$=0.024$, CFI$=0.980$				$\chi^2 = 123.451(p=0.000,\ df=19)$, GFI$=0.862$, RMR$=0.103$, CFI$=0.906$			

〈표 8-21〉 관계성과 변수군 확인적 요인분석 결과 – 판별타당성 분석

	제품 관계	기업 관계	소비자(공중) 관계
제품 관계		0.091/0.089	0.082/0.082
기업 관계	0.294/0.264		0.077/0.045
소비자(공중) 관계	0.466/0.380	0.565/0.775	

대각선 아래쪽은 구성개념 간 ϕ행렬이며, 대각선 위쪽은 표준오차임
브랜드 커뮤니티 집단/일반 소비자 집단

〈표 8-22〉 브랜드 자산 변수군 확인적 요인분석 결과 – 판별타당성 분석

	브랜드 인지	브랜드 연상	지각된 품질	브랜드 충성도
브랜드 인지		0.080/0.087	0.064/0.081	0.063/0.091
브랜드 연상	0.473/0.413		0.055/0.054	0.065/0.065
지각된 품질	0.678/0.573	0.788/0.758		0.041/0.058
브랜드 충성도	0.628/0.342	0.635/0.590	0.872/0.722	

대각선 아래쪽은 구성개념 간 ϕ행렬이며, 대각선 위쪽은 표준오차임
브랜드 커뮤니티 집단/일반 소비자 집단

2) 브랜드 커뮤니티에 따른 차이분석

다음으로 브랜드 커뮤니티 성과에 있어서 브랜드 커뮤니티 집단과 일반 소비자 집단의 차이를 살펴보기 위해 관계성과와 브랜드 자산 각 항목을 비교해 보았다. 한편 본 연구에서는 자료 수집상이 여러 어려움으로 인해 커뮤니티 집단과 일반 소비자 집단 간에 연령과 성별에 차이가 존재하고 있다. 즉, 본 연구에서 관심을 두고 있는 커뮤니티의 가입 여부뿐만 아니라 본 연구에서 검증하고자 하는 관계성과와 브랜드 자산에 영향을 미칠 수 있는 연령과 성별과 같은 다른 외생변수에 대한 통제가 철저하게 이루어지지 못하였다. 따라서 브랜드 커뮤니티 집단과 일반 소비자 집단 간의 차이검증에 외생변수의 영향력을 설명 혹은 제거하기 위하여 계량화된 변수로 측정된 연령의 경우 공변량으로 분석에 투입하고, 비계량화된 변수로 측정된 성별의 경우는 커뮤니티 참여 여부(커뮤니티 집단과 일반 소비자 집단) 변수와 함께 또 다른 독립변수로 하여 투입

하였다. 이와 같이 분석을 한 이유는 연령과 성별을 명시적인 변수로 고려하여 설명력을 제거하게 되면 브랜드 커뮤니티의 참여 여부에 따른 관계성과와 브랜드 자산의 차이를 더욱 명확히 살펴볼 수 있다고 생각했기 때문이다. 또한 종속변수가 여러 개이므로 다변량 공분산분석(MANCOVA)을 실시하였다. 다변량 공분산분석의 결과는 아래 표들에 나타나 있는데, 분석결과는 연령과 성별의 영향을 제거하고도 브랜드 커뮤니티 참여 여부에 따라 관계성과와 브랜드 자산에 대한 차이가 유의한 것으로 나타났다. 이를 관계성과와 브랜드 자산으로 나누어 좀 더 자세히 살펴보면 다음과 같다.

(1) 관계성과의 차이분석

〈표 8-23〉은 브랜드 커뮤니티 참여 여부에 따른 관계성과에 대한 다변량 검증결과이다. 분석결과 필레 트레이스(Pillai's Trace), 윌크스 람다(Wilks' Lambda), 호텔링 트레이스(Hotelling's Trace), 로이 최대근(Roy's Largest Root)의 유의확률이 모두 0.05보다 작아 집단에 따른 진반적인 평균 차이기 있음을 확인하였다.

보다 구체적으로 관계성과와 관련된 변수들에 대한 차이분석 결과를 살펴보면, 제품 관계에 있어서는 커뮤니티 집단의 평균이 5.2891, 일반 소비자 집단의 평균이 4.5201로 나타났고, 기업 관계에 있어서 2점에 가까운 차이(5.1992과 3.2664)가 나타났으며, 관계성과 중에서도 소비자(공중) 관계가 브랜드 커뮤니티에서는 특히 높게, 일반 소비자 집단에서는 낮게 나타나 그 차이가 현저하다는 것(6.0026과 2.9319)을 알 수 있었다. 이러한 실증결과는 브랜드 커뮤니티에 참여하는 집단의 경우에는 일반 소비자 집단보다 제품과 더욱 긴밀한 관계를 형성한다는 것을 보여주고 있는데 이러한 커뮤니티의 효과는 제품시장의 확장과 안정화에 기여할 수 있을 것이라고 생각된다. 또한 브랜드 커뮤니티에 참여하는 집단의 경우 일반 소비자 집단보다 브랜드를 제공하는 기업과도 더욱 호의적인 관계를 구축한다는 실증결과는 브랜드 커뮤니티가 기업과 기업의 브랜드를 유지·강화시키는 장기적인 힘이 될 수 있다는 점에서 기업과 브랜드의 경쟁우위의 원천을 형성할 수 있다는 것을 보여주고 있다. 마지막으로 소비자(공중) 관계에 대한 실증결과는 브랜드 커뮤니티는 제품이나 기업 등과 같은 직접적 관계대상을 넘어서서 다른 소비자들과 관계를 형성하도록 함으로써 고객들 간의 긴밀한 관계네트워크를 형성하도록 하고, 이를 통해 기업과 브랜드를 보호하고, 기업 이미지를 더욱 공고히 하는 사회적 힘이 될 수 있다는 것을 보여주고 있다.

<표 8-23> 다변량 검정

Effect		Value	F	Sig.
Intercept	Pillai's Trace	0.147	14.785	0.000
	Wilks' Lambda	0.853	14.785	0.000
	Hotelling's Trace	0.172	14.785	0.000
	Roy's Largest Root	0.172	14.785	0.000
연령	Pillai's Trace	0.016	1.407	0.241
	Wilks' Lambda	0.984	1.407	0.241
	Hotelling's Trace	0.016	1.407	0.241
	Roy's Largest Root	0.016	1.407	0.241
성별	Pillai's Trace	0.036	3.203	0.024
	Wilks' Lambda	0.964	3.203	0.024
	Hotelling's Trace	0.037	3.203	0.024
	Roy's Largest Root	0.037	3.203	0.024
브랜드 커뮤니티 참여 여부	Pillai's Trace	0.631	147.233	0.000
	Wilks' Lambda	0.369	147.233	0.000
	Hotelling's Trace	1.712	147.233	0.000
	Roy's Largest Root	1.712	147.233	0.000
브랜드 커뮤니티 참여 여부 * 성별	Pillai's Trace	0.001	0.113	0.952
	Wilks' Lambda	0.999	0.113	0.952
	Hotelling's Trace	0.001	0.113	0.952
	Roy's Largest Root	0.001	0.113	0.952

<표 8-24> 집단 간 관계성과 차이검증

	통계치	연령	성별	브랜드 커뮤니티 참여 여부	브랜드 커뮤니티 참여 여부 * 성별	커뮤니티 집단 평균(표준 편차)	일반소비자 집단 평균(표준 편차)
제품관계	F	0.746	0.225	21.235	0.288	5.2891 (1.2849)	4.5201 (1.4732)
	Sig.	0.389	0.636	0.000	0.592		
기업관계	F	2.803	4.184	170.232	0.098	5.1992 (1.1541)	3.2664 (1.1959)
	Sig.	0.095	0.042	0.000	0.755		
소비자(공중)관계	F	3.854	6.660	430.964	0.170	6.0026 (0.9894)	2.9319 (1.3278)
	Sig.	0.051	0.010	0.000	0.680		

(2) 브랜드 자산의 차이분석

〈표 8-25〉는 브랜드 커뮤니티 참여 여부에 따른 브랜드 자산에 대한 다변량 검증결과이다. 분석결과 필레 트레이스, 윌크스 람다, 호텔링 트레이스, 로이 최대근의 유의확률이 모두 0.05보다 작아, 브랜드 커뮤니티 참여 여부가 브랜드 자산에 대한 전반적인 영향을 미쳤다고 할 수 있다.

〈표 8-25〉 다변량 검정

Effect		Value	F	Sig.
Intercept	Pillai's Trace	0.317	29.764	0.000
	Wilks' Lambda	0.683	29.764	0.000
	Hotelling's Trace	0.465	29.764	0.000
	Roy's Largest Root	0.465	29.764	0.000
연령	Pillai's Trace	0.010	0.623	0.646
	Wilks' Lambda	0.990	0.623	0.646
	Hotelling's Trace	0.010	0.623	0.646
	Roy's Largest Root	0.010	0.623	0.646
성별	Pillai's Trace	0.026	1.681	0.155
	Wilks' Lambda	0.974	1.681	0.155
	Hotelling's Trace	0.026	1.681	0.155
	Roy's Largest Root	0.026	1.681	0.155
브랜드 커뮤니티 참여 여부	Pillai's Trace	0.540	75.212	0.000
	Wilks' Lambda	0.460	75.212	0.000
	Hotelling's Trace	1.175	75.212	0.000
	Roy's Largest Root	1.175	75.212	0.000
브랜드 커뮤니티 참여 여부 * 성별	Pillai's Trace	0.009	0.570	0.685
	Wilks' Lambda	0.991	0.570	0.685
	Hotelling's Trace	0.009	0.570	0.685
	Roy's Largest Root	0.009	0.570	0.685

보다 구체적으로 브랜드 자산과 관련된 변수들에 대한 차이분석 결과를 살펴보면, 브랜드 인지에서는 커뮤니티 집단의 평균이 6.3250, 일반 소비자 집단의 평균이 4.5080으로 나타났고, 브랜드 연상에서는 커뮤니티 집단의 평균이 5.8125, 일반 소비자 집단

의 평균이 4.9903으로 나타났으며, 지각된 품질에서는 커뮤니티 집단의 평균이 6.0709, 일반 소비자 집단의 평균이 4.5718로 나타났으며, 브랜드 충성도에서는 커뮤니티 집단 의 평균이 5.4792, 일반 소비자 집단의 평균이 2.8759로 나타났다.

이러한 실증결과는 브랜드 커뮤니티를 활용함으로써 브랜드 인지, 브랜드 연상, 지각된 품질, 브랜드 충성도를 모두 높일 수 있다는 것을 알 수 있는데 특히, 브랜드 충성도를 살펴보면 두 집단의 평균점수가 5.4792와 2.8759로써 브랜드 커뮤니티 집단과 일반 소비자 집단 간에 큰 차이를 보이고 있는데 이러한 결과는 브랜드 커뮤니티가 브랜드에 대한 충성도 구축에 중요한 영향을 미칠 수 있다는 것을 보여주고 있다. 이러한 브랜드 자산과 관련된 실증연구 결과는 브랜드 커뮤니티를 통해 브랜드 관리의 주요 성과요인에 해당하는 브랜드 인지, 브랜드 연상과 이미지, 지각된 품질, 브랜드 충성도를 모두 관리할 수 있고, 기업의 브랜드 자산의 향상에 브랜드 커뮤니티가 중요한 방법이 될 수 있다는 것을 보여주는 결과이다.

<표 8-26> 집단 간 브랜드 자산 차이검증

	통계치	연령	성별	브랜드 커뮤니티 참여 여부	브랜드 커뮤니티 참여 여부 * 성별	커뮤니티 집단 평균(표준편차)	일반소비자 집단 평균(표준편차)
브랜드 인지	F	0.250	6.016	220.068	1.658	6.3250 (0.8687)	4.5080 (1.0183)
	Sig.	0.617	0.015	0.000	0.199		
브랜드 연상	F	0.112	3.608	94.863	1.239	5.8125 (1.0261)	4.9903 (1.0717)
	Sig.	0.739	0.059	0.000	0.267		
지각된 품질	F	0.045	4.208	126.235	1.307	6.0709 (0.8643)	4.5718 (1.1454)
	Oig.	0.032	0.041	0.000	0.254		
브랜드 충성도	F	1.816	1.797	230.127	0.207	5.4792 (1.3106)	2.8759 (1.4043)
	Sig.	0.179	0.181	0.000	0.649		

3) 결론 및 시사점

본 연구에서는 최근 활발히 연구가 진행되어지고 있는 브랜드 커뮤니티를 대상으로 브랜드 커뮤니티의 기업 측면의 실질적 성과는 무엇이며, 이러한 성과가 브랜드 커뮤니티와 일반 소비자 집단 사이에서 어떻게 차이가 나는지를 살펴보았다.

커뮤니티, 나아가서 브랜드 커뮤니티에 대한 기존연구들이 브랜드 커뮤니티의 개념, 형성동인, 브랜드 커뮤니티 특성 및 유형화에 초점을 맞추었던 반면, 본 연구는 브랜드 커뮤니티의 성과를 관계성과와 브랜드 자산으로 나누어서 살펴보고, 이러한 성과가 브랜드 커뮤니티를 통해서 달성 가능하다는 것을 실증적으로 보여줌으로써 기존의 브랜드 커뮤니티 연구를 더욱 확장하고 실질적 활용가능성을 높였다는 점에서 의의를 갖는다고 생각된다.

본 연구는 다음과 같은 점에서 나름대로의 이론적 및 실무점, 기여점을 가지는데 이를 살펴보면 다음과 같다.

첫째, 브랜드 커뮤니티의 성과를 실증적으로 제시하였다. 기존의 브랜드 커뮤니티 관련 연구들이 실증적이기보다는 이론적으로 브랜드 커뮤니티의 성과를 기업, 소비자, 커뮤니티 등 다양한 주체별로 제시하였다면 본 연구는 이를 실증적으로 보여주었다는 점에서 기여점을 가진다고 할 수 있다.

둘째, 관계성과와 브랜드 자산을 브랜드 커뮤니티의 성과변수로써 종합적으로 고려해 보았다. 관계가 최근의 마케팅 사고와 관행을 주도하는 개념(박찬수, 1999)임에 비추어 볼 때 브랜드 커뮤니티에서의 통합(IBC)을 통한 고객 중심적인 관계 구축은 중요한 브랜드 커뮤니티 성과로 볼 수 있을 것이며, 이를 실증해 보았다. 또한 브랜드 관리의 궁극적인 목표인 브랜드 자산의 요소들이 모두 브랜드 커뮤니티를 통해서 증대되어질 수 있고, 따라서 브랜드 자산의 증대에 브랜드 커뮤니티가 큰 역할을 수행할 수 있다는 것을 실증적으로 보여주었다.

셋째, 위에서 제시된 브랜드 커뮤니티의 성과를 브랜드 커뮤니티 집단과 일반 소비자 집단으로 나누어 비교해 봄으로써 기업 측면에서 브랜드 커뮤니티 성과를 보다 실질적으로 느낄 수 있게끔 하였다. 성영신 외(2004)의 연구를 제외한 기존연구들은 브랜드 커뮤니티 구성원들만을 대상으로 하여 브랜드 커뮤니티의 효과를 측정하였기 때문에 사실상 브랜드 커뮤니티에 참여하지 않은 일반 소비자들과 비교했을 경우 과연 그 효과가 존재하는지, 존재한다면 어느 정도인지에 대해서 답하기가 힘들었다. 이러한 점을 브랜드 커뮤니티 집단과 일반 소비자 집단 간 비교를 통해 실증적으로 연구함으로써 실무적으로 브랜드 관리를 수행함에 있어서 보다 브랜드 커뮤니티의 형성 및 유지, 발전에 관심을 집중할 수 있게 되리라 여겨진다.

4. 브랜드 커뮤니티에 따른 브랜드 애착 차이 연구4)

1.1 연구문제와 구성개념의 측정

기존의 브랜드 커뮤니티 관련 연구들은 [그림 8-7]에서 보는 것과 같이 주로 이론 적이면서도 정성적인 측면에서 많이 진행되었으며, 내용적인 측면에서도 비록 일부 연 구들이 성과를 다루고는 있으나 주로 브랜드 커뮤니티의 개념, 형성동인, 유형, 특성 등에 초점이 맞추어졌다. 또한 많은 연구들이 소비자 중심의 브랜드 커뮤니티를 연구 대상으로 하고 있고, 제품 선정에 있어서도 대개 휴대폰, 개인용 컴퓨터, 자동차와 같 이 FCB Grid상에서 고관여, 이성 제품이 대부분을 차지하고 있다.

[그림 8-7] 브랜드 커뮤니티 연구의 주요 대상

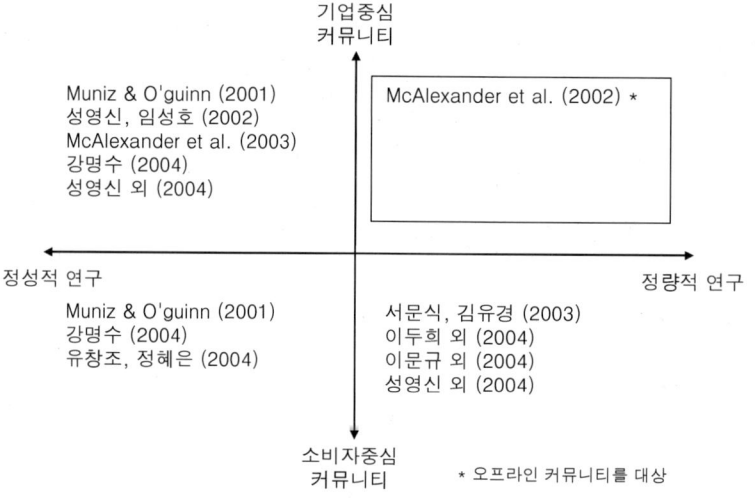

이에 본 연구는 선행연구를 바탕으로 하여 기존연구에서 충분히 다뤄지지 못 한 부 분에 대한 답을 하고자 한다. 또한 커뮤니티 선정에 있어서도 기업 중심의 브랜드 커 뮤니티를 대상으로 하였으며, 제품 선정에 있어서도 저관여, 감성 제품을 대상으로 하

---

4) 본 모형은 강명수(2006), 생산성논집에 게재된 모형임.

였다. 한편, 본 연구에서 규명하고자 하는 브랜드 애착의 구성과 측정은 탐험적 성격이 짙고, 또한 기존 선행연구의 부족으로 연구 내용을 가설화하지 않고 연구문제로 설정하였다. 이상의 논의를 바탕으로 본 연구에서 설정한 연구문제는 다음과 같다.

연구문제 1. 브랜드 애착은 어떻게 구성되어지고, 측정은 어떻게 이루어져야 하는가?
연구문제 2. 브랜드 커뮤니티 집단과 일반 집단 사이에서 브랜드 애착의 차이가 존재하는가?

본 연구의 주요 변수는 브랜드 애착이다. 본 연구에서는 브랜드 애착을 특정 브랜드에 대한 신뢰와 정서적 유대감을 형성하여 관계를 지속하려는 경향성을 정의하고, 성영신 외의 연구에서 사용하였던 측정항목을 사용하였다. 본 연구의 변수들은 모두 7점 리커트 척도로 측정하였다.

구체적으로 브랜드 애착의 하위 구성요소로 기업과 사람에 대한 관심은 '나는 이 브랜드가 잘못하는 것을 보면 충고해주고 싶다', '이 브랜드를 위해 좋은 아이디어가 있을 때 알려주고 싶다', '이 브랜드 매장이나 홈페이지를 자주 방문한다', '이 브랜드를 사용하는 다른 사람에게도 관심이 간다', '이 브랜드를 마시는 사람들의 특성을 잘 안다', '이 브랜드는 나를 잘 알아주는 친구 같다'의 항목으로 측정하였고, 사랑요소는 '맥주를 구매할 필요가 있을 때 이 브랜드부터 살펴본다', '나는 이 브랜드에 정이 들었다', '다른 브랜드에서 느끼지 못하는 특별한 감정을 이 브랜드에서 느낀다'의 항목으로 측정하였다.

1.2 실증결과

1) 신뢰성 및 타당성 분석

본 연구의 문제 1 즉, 브랜드 애착의 구성과 측정에 대한 답을 하기 위하여 신뢰성 분석과 타당성 분석을 실시하였다. 본 연구에는 브랜드 애착의 개념을 측정하기 위해서 다항목을 사용하였는데, 자료의 분석에 앞서 측정항목을 선별하고 정교화하는 과정이 수행하였다. 이러한 정교화 과정은 측정항목의 선별과 정교화, 신뢰성 분석, 타당성 분석으로 이루어 졌다.

측정항목의 선별과 정교화를 위해서는 요인분석을 실시하였다. 요인분석 과정을 통하여 부적절한 항목들을 일부 제거한 후 측정항목의 신뢰성과 타당성을 평가하기 위해서 이론변수의 다항목척도(multi-items scale) 간의 신뢰성을 Cronbach Alpha 계수에 의해서 분석하였고, 확인적 요인분석을 통해서 구성개념들의 측정타당성을 검토하였다. 본 연구에서는 신뢰성을 분석하기 위하여 SPSS 12.0을 사용하였고, 타당성을 통계적으로 분석하기 위한 확인적 요인분석은 AMOS 4.0을 사용하였다.

브랜드 애착을 측정한 항목이 요인분석의 과정에서 브랜드 커뮤니티 집단은 3개의 요인으로 구분이 되었고, 일반 소비자 집단은 2개의 요인으로 구분이 되었다. 따라서 일관성 있는 비교를 위해 커뮤니티 집단과 일반 소비자 집단에 대해 모두 단일 차원, 2개 차원, 3개 차원으로 구분하여 신뢰성 분석을 실시하였다. 〈표 8-27〉과 같이 분석결과 모든 측정변수들의 Cronbach Alpha 계수가 0.7 이상으로 나타나 신뢰성이 확보되었다고 할 수 있다.

〈표 8-27〉 브랜드 애착의 측정항목과 신뢰성 분석결과

구 분	구성요소	측정항목	Cronbach α		
			커뮤니티	일 반	전 체
브랜드 애착	관심 (기업)	나는 이 브랜드가 잘못하는 것을 보면 충고해주고 싶다	0.7690	0.8018	0.9038
		이 브랜드를 위해 좋은 아이디어가 있을 때 알려주고 싶다			
		이 브랜드 매장이나 홈페이지를 자주 방문한다			
	관심 (사람)	이 브랜드를 사용하는 다른 사람에게도 관심이 간다	0.7999	0.8904	0.9328
		이 브랜드를 마시는 사람들의 특성을 잘 안다			
		이 브랜드는 나를 잘 알아주는 친구 같다			
	사랑	맥주를 구매할 필요가 있을 때 이 브랜드부터 살펴본다	0.8907	0.9250	0.9605
		나는 이 브랜드에 정이 들었다			
		다른 브랜드에서 느끼지 못하는 특별한 감정을 이 브랜드에서 느낀다			
관심 단일차원			0.8182	0.9017	0.9493
전체 단일차원			0.8623	0.9278	0.9659

계속해서 측정변수의 타당성을 통계적으로 검정하기 위하여 확인적 요인분석(con-firmatory factor analysis)을 실시하였다. 확인적 요인분석의 주요 결과는 〈표 8-28〉와 〈표 8-29〉에 나타나 있는데 구성개념과 측정항목을 연결하는 계수값이 모두 통계적으로 유의하게 나타나 수렴타당성을 확인할 수 있었고, 구성개념 간의 관계를 보여주는 ϕ계수의 신뢰구간(즉, $\phi \pm 2\ S.E.$)에 1.0이 포함되지 않아 판별타당성이 있다는 것을 확인할 수 있었다.

〈표 8-28〉 브랜드 애착에 대한 확인적 요인분석 결과 - 수렴타당성 분석

	측정항목	커뮤니티 집단				일반 소비자 집단			
		Estimate	S.E.	C.R.	P	Estimate	S.E.	C.R.	P
관심 (기업)	atch1	0.562	0.054	10.337	0.000	0.719	0.059	12.181	0.000
	atch2	0.442	0.043	10.195	0.000	0.770	0.058	13.239	0.000
	atch5	0.237	0.037	6.458	0.000	0.293	0.046	6.416	0.000
관심 (사람)	atch3	0.414	0.054	7.611	0.000	0.554	0.053	10.518	0.000
	atch6	0.542	0.060	8.996	0.000	0.648	0.052	12.470	0.000
	atch7	0.641	0.058	11.046	0.000	0.684	0.048	14.104	0.000
사랑	atch8	0.440	0.044	10.082	0.000	0.723	0.054	13.413	0.000
	atch9	0.464	0.036	12.879	0.000	0.756	0.061	12.349	0.000
	atch10	0.525	0.042	12.467	0.000	0.677	0.048	13.982	0.000
적합도		$\chi^2 = 63.538$(p = 0.000, df = 21), GFI = 0.911, RMR = 0.027, CFI = 0.933				$\chi^2 = 220.813$(p = 0.000, df = 21), GFI = 0.747, RMR = 0.065, CFI = 0.823			

〈표 8-29〉 브랜드 애착에 대한 확인적 요인분석 결과 - 판별타당성 분석

	관심(기업)	관심(사람)	사랑
관심(기업)		0.079/0.060	0.074/0.058
관심(사람)	0.566/0.635		0.077/0.041
사랑	0.563/0.651	0.525/0.778	

대각선 아래쪽은 구성개념 간 ϕ행렬이며, 대각선 위쪽은 표준오차임
브랜드 커뮤니티 집단/일반 소비자 집단

이러한 확인적 요인분석 결과는 브랜드 애착을 3개의 차원으로 구분하는 경우 브랜드 커뮤니티 집단에서는 만족스러운 적합도를 보여주고 있어 구성개념과 측정항목 간의 관계가 실제자료와 부합됨을 알 수 있다. 그러나 일반 소비자 집단의 모델 적합도는 만족스럽지 못한 결과를 보여주고 있다. 실제로 탐험적 요인분석(exploratory factor analysis) 결과 나온 2개의 요인에 대한 확인적 요인분석 결과도 $\chi^2 = 241.429$, RMR = 0.061, GFI = 0.707, CFI = 0.806으로 나타나 만족스럽지 못한 결과를 보여주고 있다.

이상의 결과를 종합해 보면 브랜드 애착은 브랜드 커뮤니티 집단에서는 기업에 대한 관심, 사용자에 대한 관심, 사랑 등의 하위 구성요소(component)나 개념으로 분화되어 있어 몇 개의 구성요소들로 구성된 단일차원 구성개념(one-dimension construct)으로 파악하는 것이 바람직하다고 볼 수 있으며, 일반 소비자 집단에서는 단일 구성요소로 이루어진 개념으로 파악하는 것이 바람직하다고 할 수 있겠다.

2) 브랜드 애착에 대한 집단 간 차이분석

계속해서 연구문제 2인 브랜드 커뮤니티 집단과 일반 집단 사이에서 브랜드 애착의 차이 여부를 살펴보기 위하여 집단 간 차이분석을 실시하였다. 한편 본 연구에서는 커뮤니티 집단과 일반 소비자 집단 간에 연령과 성별에 차이가 존재하고 있다. 따라서 이러한 외생변수의 영향력을 제거하기 위하여 공분산분석을 실시하였다. 또한 브랜드 애착을 3개의 차원으로 구분한 경우와 단일 차원으로 구분한 경우 모두에 대하여 집단 간 차이검증을 실시하였다. 구체적으로는 종속변수인 브랜드 애착을 3개의 차원으로 구분할 경우에는 관련성 있는 종속변수가 여러 개이므로 다변량 공분산분석(MANCOVA)을 실시하였고, 단일 차원인 경우에는 단변량 공분산분석을 실시하였다. 이렇게 공분산분석을 실시함으로써, 성별과 연령이 브랜드 애착에 미치는 영향을 제거하고 본 연구에서 밝히고자 하는 집단 간 브랜드 애착의 차이를 보다 분명하게 밝힐 수가 있다. 분석결과는 다음과 나타나 있다.

〈표 8-30〉 단변량 공분산분석 결과: 집단 간 차이

Source	Type III Sum of Squares	df	Mean Square	F	Sig.
Corrected Model	556.388	4	139.097	134.009	0.000
Intercept	29.169	1	29.169	28.102	0.000
연령	5.275	1	5.275	5.082	0.025
브랜드 커뮤니티 참여 여부	511.277	1	511.277	492.573	0.000
성별	8.860	1	8.860	8.536	0.004
브랜드 커뮤니티 참여 여부 * 성별	0.023	1	0.023	0.022	0.882
Error	268.834	259	1.038		
Total	5516.593	264			

〈표 8-31〉 다변량 공분산분석 결과: 다변량 검정

Effect		Value	F	Sig.
Intercept	Pillai's Trace	0.113	10.888	0.000
	Wilks' Lambda	0.887	10.888	0.000
	Hotelling's Trace	0.127	10.888	0.000
	Roy's Largest Root	0.127	10.888	0.000
연령	Pillai's Trace	0.022	1.893	0.131
	Wilks' Lambda	0.978	1.893	0.131
	Hotelling's Trace	0.022	1.893	0.131
	Roy's Largest Root	0.022	1.893	0.131
브랜드 커뮤니티 참여 여부	Pillai's Trace	0.679	180.821	0.000
	Wilks' Lambda	0.321	180.821	0.000
	Hotelling's Trace	2.111	180.821	0.000
	Roy's Largest Root	2.111	180.821	0.000
성별	Pillai's Trace	0.045	4.015	0.008
	Wilks' Lambda	0.955	4.015	0.008
	Hotelling's Trace	0.047	4.015	0.008
	Roy's Largest Root	0.047	4.015	0.008
브랜드 커뮤니티 참여 여부 * 성별	Pillai's Trace	0.001	0.052	0.984
	Wilks' Lambda	0.999	0.052	0.984
	Hotelling's Trace	0.001	0.052	0.984
	Roy's Largest Root	0.001	0.052	0.984

〈표 8-32〉 다변량 공분산분석 결과: 집단 간 차이

Source	Dependent Variable	Type III Sum of Squares	df	Mean Square	F	Sig.
Corrected Model	관심(기업)	613.418	4	153.354	139.299	0.000
	관심(사람)	455.418	4	113.855	81.023	0.000
	사랑	609.869	4	152.467	86.809	0.000
Intercept	관심(기업)	35.200	1	35.200	31.974	0.000
	관심(사람)	25.439	1	25.439	18.104	0.000
	사랑	27.308	1	27.308	15.548	0.000
연령	관심(기업)	4.670	1	4.670	4.242	0.040
	관심(사람)	3.401	1	3.401	2.420	0.121
	사랑	8.325	1	8.325	4.740	0.030
브랜드 커뮤니티 참여 여부	관심(기업)	562.858	1	562.858	511.272	0.000
	관심(사람)	425.108	1	425.108	302.521	0.000
	사랑	551.850	1	551.850	314.200	0.000
성별	관심(기업)	8.660	1	8.660	7.867	0.005
	관심(사람)	3.540	1	3.540	2.519	0.114
	사랑	16.854	1	16.854	9.596	0.002
브랜드 커뮤니티 참여 여부 * 성별	관심(기업)	0.005	1	0.005	0.004	0.948
	관심(사람)	0.068	1	0.068	0.049	0.825
	사랑	0.069	1	0.069	0.039	0.843
Error	관심(기업)	285.133	259	1.101		
	관심(사람)	363.951	259	1.405		
	사랑	454.898	259	1.756		
Total	관심(기업)	6083.778	264			
	관심(사람)	4504.550	264			
	사랑	6264.778	264			

분석결과는 연령과 성별의 영향을 제거하고도 브랜드 커뮤니티 참여 여부에 따라 브랜드 애착(단일 차원인 경우와 3개 차원인 경우 모두)에 대한 차이가 유의한 것으로 나타났다.

브랜드 애착을 단일차원으로 보고 집단 간 차이검증을 단변량 공분산분석 결과는 집단 간 분산의 F-값이 492.573으로 나타나 통계적으로 유의한 결과를 보이고 있다. 구체적으로는 커뮤니티 집단의 브랜드 애착의 평균(표준편차)이 5.6970(0.82381), 일반 소비자 집단의 평균(표준편차)이 2.8211(1.19763)로 나타나 그 차이가 현저하다는 것을 알 수 있었다.

계속해서 브랜드 애착을 3개의 차원으로 보고 집단 간 차이검증을 한 다변량 공분산분석 결과는 필레 트레이스(Pillai's Trace), 월크스 람다(Wilks' Lambda), 호텔링 트레이스(Hotelling's Trace), 로이 최대근(Roy's Largest Root)의 유의확률이 모두 0.05보다 작아 집단에 따른 전반적인 평균 차이가 있음을 확인하였다. 보다 구체적으로 구성요소에 차이분석 결과를 살펴보면, 관심(기업)요소는 커뮤니티 집단의 평균(표준편차)이 5.9896(0.87738), 일반 소비자 집단의 평균(표준편차)이 2.9657(1.121057)로 나타났고, 관심(사람)요소는 5.1224(1.11842)와 2.5098(1.24850)로 나타났으며, 사랑요소는 5.9792(1.05637)와 2.9877(1.57051)로 나타났다.

앞서서 밝힌 것처럼 브랜드 애착은 브랜드와 지속적인 반복 경험을 통해 갖는 신뢰감, 친밀감 등의 정서적인 유대감과 그 대상에 대해 적극적으로 개입하고 상호작용하며 물리적으로 근접성을 유지하려는 관심 활동이다. 따라서 이러한 실증결과는 브랜드 커뮤니티에 참여하는 소비자의 경우에 일반 소비자보다 브랜드와 더욱 긴밀한 정서적인 유대를 형성하여, 브랜드 활동에의 보다 적극적인 개입과 상호작용으로 연결될 수 있음을 보여주고 있다.

특히 이러한 결과는 소비자가 자발적으로 형성한 브랜드 커뮤니티뿐만 아니라, 기업의 의도적으로 조성한 브랜드 커뮤니티에서도 브랜드 애착과 같은 긍정적인 효과가 있음을 보여주는 결과이므로, 기업은 브랜드 커뮤니티를 보다 적극적으로 형성하고 유지, 관리함으로써 브랜드 관리와 고객 관리는 물론 이를 통한 마케팅 생산성이나 e-비즈니스 생산성을 증대시킬 수 있을 것이다.

3) 결론 및 시사점

본 연구는 최근 연구의 중요성이 증대되고 있는 브랜드 커뮤니티를 대상으로 브랜드 애착의 구성과 측정을 어떻게 할 것인가와 이러한 브랜드 애착이 브랜드 커뮤니티 집단과 일반 집단 사이에 어떻게 차이가 나는지를 살펴보았다.

기존의 연구가 주로 커뮤니티나 브랜드 커뮤니티의 개념, 형성동인, 특성 및 유형화에 초점을 맞추었던 반면, 본 연구는 브랜드에 대한 정서적, 장기적, 관계적 반응을 측정하기 위한 개념으로써 브랜드 애착을 고찰하고, 이는 브랜드 커뮤니티를 통해서 달성 가능하다는 것을 실증적으로 보여줌으로써 기존의 브랜드 커뮤니티 연구를 더욱 확장하고 실질적 활용가능성을 높였다는 점에서 의의를 갖는다고 생각된다.

본 연구는 주요한 연구결과와 이에 따른 시사점은 다음과 같다.

첫째, 본 연구를 통해 브랜드 애착은 커뮤니티 활동 여부에 따라 하위차원이 다르게 구성될 수 있음을 알 수 있었다. 구체적으로는 브랜드 커뮤니티 집단을 대상으로 한 분석에서는 브랜드 애착은 브랜드 기업에 대한 관심과, 브랜드 사용자에 대한 관심, 그리고 사랑의 하위차원으로 구성되어 있음을 알 수 있었고, 일반 소비자 집단을 대상으로 한 분석에서는 브랜드 애착은 하위차원으로 분화되어 있지 않고 단일차원으로 측정하는 것이 바람직하다는 것을 알 수 있었다. 이러한 연구결과는 브랜드 애착의 본질이 정서적이라는 기존의 연구들과 맥을 같이 하면서도, 기존의 연구들이 대상을 구분하지 않고 브랜드 애착의 개념을 측정함으로써 발생할 수 있었던 문제들을 해결하고 브랜드 애착의 측정을 보다 정교하게 한 것이라고 생각된다.

둘째, 본 연구는 브랜드 커뮤니티의 효과를 실증적으로 제시하였다. 기존의 브랜드 커뮤니티 관련 연구들이 실증적이기보다는 주로 이론적으로 성과를 제시하였다면 본 연구는 이를 실증적으로 보여주었다는 점에서 기여점을 가진다. 이러한 관점에서 기업들은 브랜드 커뮤니티를 관계마케팅의 수단으로 활용함으로써 고객기반 브랜드 자산(customer-based brand equity)을 구축하여 기업의 경쟁적 우위를 확보할 수 있는 원천을 제공받을 수 있을 것이다.

셋째, 브랜드 애착을 브랜드 커뮤니티 집단과 일반 소비자 집단으로 나누어 비교해봄으로써 기업에 보다 구체적이고 관리적인 지침을 제공하였다. 특정한 브랜드를 사용하는 사람이라 하더라도 커뮤니티 활동 여부에 따라 브랜드에 얼마나 관심과 사랑을 가지고 있는가, 즉 브랜드 애착을 형성하는 정도에는 차이가 있는 것으로 밝혀졌다. 이러한 연구결과는 기업의 브랜드 관리자에게 커뮤니티 형성과 운영에 정당성과 중요성을 부여하는 것이고, 나아가 브랜드 커뮤니티 관리에 보다 관심을 기울어야 함을 의미하는 결과이다.

참고 문헌

강명수(2002), "온라인 커뮤니티 특성이 몰입과 성과에 미치는 영향에 관한 연구 - 경제적 거래수행을 중심으로 -," 서울대학교 대학원 박사학위논문.

강명수(2004), "고객관계관리를 위한 온라인 브랜드 커뮤니티 구축," 마케팅, 38(3), 46-52.

강명수(2004), "마케팅에서 커뮤니티 개념의 도입과 활용에 관한 연구," 경영교육연구, 7(2), 7-36.

강명수(2006), "브랜드 커뮤니티와 브랜드 애착.", 생산성 연구, 20(1), 129-14.

강명수, 김병재, 신종칠(2005), "소비자 - 브랜드 관계 측정에 관한 연구," 한국마케팅과학회 발표논문집.

강명수, 김병재, 신종칠(2005), "브랜드 커뮤니티 성과에 관한 연구 - 관계성과와 브랜드 자산을 중심으로 -," 광고연구, 69, 9-32.

강명수, 전종근, 홍성태(2003), "온라인 커뮤니티를 통한 거래수행 의도에 영향을 미치는 요인에 관한 연구," 소비자학연구, 14(1), 123-140.

곽진민(1997), "전자적 공동체가 대고객 관계에 미치는 영향에 관한 연구," 서울대학교 대학원 석사학위논문.

구자룡(2002), "소비자 - 브랜드 관계 유형별 브랜드 인지, 지각된 품질 및 브랜드 이미지가 브랜드 태도 및 브랜드 로열티에 미치는 영향에 관한 탐색적 연구," 상명대학교, 박사학위논문.

김계수(2001), AMOS 구조방정식모형분석, 서울: 고려정보산업.

김범준(1999), "가상공동체를 통한 대고객 연결마케팅," 서울대학교 대학원 석사학위논문.

김병재, 강명수, 신종칠(2005), "소비자 - 브랜드 관계 형성에의 영향요인과 관계성과에 관한 연구," 광고학연구, 16(3), 7-33.

김상훈(2004), 하이테크 마케팅, 박영사, 서울.

김영구(1997), "고객공유를 통한 관계의 형성과 효과에 관한 연구," 서울대학교 대학원 석사학위논문.

192

김용한, 배무언(2004), "관계마케팅이 마케팅 생산성에 미치는 영향에 관한 실증 연구 - 이동통신산업을 중심으로-", 생산성논집, 18(1), 45-63.

김유경(2002), "소비자-브랜드 유형과 영향요인에 관한 실증연구," 광고연구, 54, 7-32.

김유경, 허웅(2003), "소비자와 브랜드 관계의 질적요인(BRQ)에 관한 연구: 제품 및 커뮤니케이션 요인을 중심으로," 한국언론학보, 47(4), 190-219.

김은정, 이선재(2002), "고객과의 관계에 영향을 미치는 의류점포의 판매원의 속성," 대한의류학회지, 26(11), 1570-1581.

김재윤(2003), "유비쿼터스 컴퓨팅: 비즈니스 모델과 전망," 삼성경제연구소.

김재일(2001), 인터넷마케팅, 서울: 박영사.

김재일, 권영서, 서준용(2003), "브랜드 충성도에 관한 정성적 연구: 소비자-브랜드 관계를 중심으로," 한국마케팅학회 추계학술대회 발표논문집, 287-314.

김재일, 이지은(2002), "소비자와 상표 간의 관계에 대한 연구," 경영논집, 36(1), 25-64.

김해룡, 이문규, 김나민(2005), "브랜드 애착의 결정변수와 결과변수," 소비자학연구, 16(3), 45-65.

박성연, 유세란(2003), "소비자-브랜드 관계가 소비자 만족과 상표 충성도에 미치는 영향에 관한 연구," Ewha Management Review, 21(1), 1-23.

박은아, 김태형, 성영신, 강정석(2004), "소비자-브랜드 관계가 확장된 브랜드 평가에 미치는 영향," 소비자학연구, 15(4), 37-58.

박찬수(1995), 브랜드 자산의 개념과 측정방법, 『마케팅신조류, 마이네트편』, 서울: 경문사.

배병렬, 이민우(2001), "서비스제공자의 고객지향성이 관계 질 및 재구매의도에 미치는 영향", 한국마케팅저널, 3(2), 21-40.

서문식, 심유경(2000), "서비스제공자의 커뮤니케이션 스타일이 관계지향성에 미치는 영향에 관한 연구-고객유형의 조절효과를 중심으로," 마케팅관리연구, 5(2), 123-146.

서문식, 김유경(2003), "온라인 브랜드 공동체 의식이 브랜드 커뮤니티 동일시와 브랜드 태도에 미치는 영향에 관한 연구," 마케팅관리연구, 8(20), 49-77.

성영신, 임성호(2002), "브랜드 커뮤니티 활동, 왜 하는가?," 광고학연구, 13(5), 159-175.

성영신, 한민경, 박은아(2004), "브랜드 성격이 브랜드 애착에 미치는 영향: 커뮤니티 몰입도에 따른 차이 비교," 한국심리학회지, 5(3), 15-34.

송창석(1996), "가상환경에서의 연결마케팅에 관한 연구," 서울대학교 대학원 박사학위논문.

송창석(1997), "웹사이트 특성이 몰입에 미치는 영향에 관한 연구," *상품학연구*, 제17호, 77-100.

송창석, 신종칠(1999), "인터넷상의 상호작용성 제고방안에 관한 연구," *마케팅연구*, 제14권 3호, 69-95.

신용하 편(1985), 공동체 이론, 서울: 문학과 지성사.

신종칠(1997), "Relationship Marketing 전략의 효율화 방안에 관한 연구," 서울대학교 대학원 박사학위논문.

신종칠(2004), "서비스제공자특성, 서비스 및 소비자특성이 관계 혜택에 미치는 영향에 관한 연구," 소비자학연구, 15(3), 133-154.

안광호, 이진용(1997), 『브랜드 파워』, 한국언론자료간행회.

양석준(1999), "소비자공동체를 통한 관계 구축에 관한 연구," 서울대학교 대학원 석사학위논문.

양석준(2005), "디지털 환경에서의 Reverse Marketing에 관한 연구 -소비경험정보와 제품속성정보에 대한 고객의 정보 참여를 중심으로-", 서울대학교 대학원 박사학위논문.

여준상(2000), "브랜드 관리의 패러다임 전환 -기능과 이성 중심에서 관계와 감성 중심으로-" LG주간경제, 11(22), 24-31.

원구현(2003), 브랜드 자산 형성과정의 재정립, 『한국마케팅저널』, 5(3), 80-105.

유창조, 정혜은(2004), "브랜드 커뮤니티 형성과정에 따른 커뮤니티의 특징, 구성원의 행태와 참여경험 및 관계의 질에 대한 분석," 마케팅 연구, 19(3), 47-80.

이경미(1999), "브랜드 개성이 소비자-브랜드 관계의 질적 차원에 미치는 영향에 관한 연구," 서울대학교 대학원 경영학과 석사학위논문.

이동일(2000), "인터넷 역시장 형성과정에서 정보중간상 역할에 관한 연구," 서울대학교 대학원 박사학위논문.

이동현 옮김(2002), 고객혁명, 나노미디어.

이두희(2003), 통합적 인터넷마케팅, 서울, 박영사.

이두희, 이현정, 박상태(2004), "온라인 브랜드 커뮤니티에서의 초기신뢰에 관한 연구,"

194

광고학연구, 15(5), 7-27.

이문규, 김태영, 김현경(2004), "브랜드 커뮤니티가 소비자 태도에 미치는 영향," 마케팅연구, 19(3), 197-224.

이미영(2004), "신문 브랜드 자산(Brand Equity)에 영향을 미치는 브랜드 연상 요인연구," 광고학연구, 15(1), 83-113.

이수동, 최주석(2001), "가상환경에서 대고객 및 고객 간 관계결속의 선행변수와 결과변수에 대한 연구," 유통연구, 제5권 제2호, 1-19.

이순묵(1990), 공변량구조분석, 서울: 성원사.

이유재, 라선아(2002), "브랜드 퍼스낼리티 – 브랜드 동일시 – 브랜드 자산 모형: 이용자와 비이용자 간 차이에 대한 탐색적 연구" 마케팅연구, 17(3), 1-33.

이은영(2004), "온라인 구성 수용과 확산 경로에 대한 이중경로 모형에 관한 연구," 서울대학교 대학원 박사학위논문.

이진용(2003), "소비자 의사결정과정에 기초한 통합적 브랜드관리에 관한 연구," 광고학연구, 14(2), 7-38.

이태민(2003), "모바일 환경에서 상호작용성의 구성요인이 구매의도에 미치는 영향에 관한 연구 –유비쿼터스 접속성과 상황기반 제공성의 직접적 영향을 중심으로–," 서울대학교 대학원 박사학위논문.

이학식(1990), 소비자 정보처리에 대한 관여도와 광고유형의 조정적 역할, 경영학연구, 19(2), 87-116.

이학식, 최재익, 임지훈(2004), "소비자 구매행동에 대한 브랜드의 태도: 소비자 – 브랜드 관계에서의 역할," 소비자학연구, 15(2), 85-108.

임종원(1987) "Relationship Marketing이 導入과 展開에 관한 硏究," 경영논집, 제21권 제2호, 52-69.

임종원(1992), "Relationship Marketing and Relationship Merits," 마케팅연구, 3, 195-217.

임종원(1997), "정보기술과 마케팅 시스템의 관계화에 관한 연구," 성곡논총, 271-300.

임종원(2000), "Relationship Marketing의 진화과정에 관한 연구," 경영논집, 제34권 제2호, 117-142.

임종원(2001), "경쟁력 강화를 위한 마케팅 공동체의 활용에 관한 연구," *경영논집*, 36(1), 79-113.

임종원, 김재일, 이유재, 홍성태(1995), 소비자행동론, 서울: 경문사.

임종원, 박형진(1998), "연결마케팅 공동체를 통한 지속적인 경쟁우위 확보에 관한 연구," *경영논집*, 제32권 1호, 69-100.

임종원, 박형진, 강명수(2001), 마케팅조사방법론, 서울: 법문사.

임종원, 이동일(1999), "디지털 시대의 정보중간상," 서울대학교 경영대학 전자상거래 지원센타 연구논문.

임종원, 이동일(2002), "디지털 환경하의 유통경로 변화," 서울대학교 경영대학 전자상거래 지원센터 연구논문.

임종원, 전종근, 강명수(2000), "소비자의 가상점포 선택 행위에 대한 실증 연구," *마케팅연구*, 제15권, 제1호, 85-102.

임종원, 조호현, 박형진(1997), "정보기술과 연결마케팅공동체전략," 1997년 춘계학술발표회, 한국마케팅학회.

임현경(1996), "PC통신을 통한 가상공동체의 형성과 그 특성에 관한 연구: 통신동호회 사례를 중심으로," 서울대학교 대학원 석사학위논문.

장용호, 조은기, 박소라(2004), 디지털 문화콘텐츠의 생산, 유통, 소비과정에 관한 모형, 정보통신정책연구원.

정창모(2003), "온라인 브랜드 커뮤니티 충성도가 브랜드 태도에 미치는 영향에 관한 연구," 서울대학교 대학원 경영학과 석사학위논문.

정창모, 김상훈(2002), "온라인 상표 공동체 충성도가 상표태도 및 구매의도에 미치는 영향에 관한 실증연구," 경영논집, 36(2-3), 633-663.

조호현(1995), "마케팅 시스템 관계화에 관한 연구 – 정보기술의 영향을 중심으로," 서울대학교 대학원 박사학위논문.

주성연(2001), "커뮤니티 분류에 따른 특성 및 가치창출 방안," 아이비즈넷, [http://www.i-biznet.com/news/].

주우진(1999), "전자상거래에서의 마케팅 믹스," 서울대학교 경영대학 전자상거래 지원센타 연구논문.

최동궁, 박영봉(2002), "웹 특성 변수가 웹 브랜드 자산 형성요인에 미치는 영향에 관한 연," 마케팅연구, 17(3), 123-146.

한상진(1995), "정보사회에서의 공동체의 변화," *경제와 사회*, 가을호.

한종희(1999), "네트워크 경제의 구조와 전개," 삼성경제연구원.

홍성태(1997), "정보기술이 본사-자회사 연결마케팅에 미치는 영향에 관한 연구: 해외 진출기업을 중심으로," 서울대학교 대학원 박사학위논문.

홍성태(2004), "중소기업마케팅 생산성 향성을 위한 인터넷 활용 의도 형성과정: 기술수용모델의 적용," 생산선논집, 18(3), 147-166.

Aagarwal, Pankaj(2004), "The Effect of Brand Relationship Norms on Consumer Attitudes and Behavior," Journal of Consumer Research, 31(1), 87-101.

Aaker, David A.(1991), *Managing Brand Equity*, New York: Free Press.

Aaker, Jennifer L. & Susan Fournier.(1995), "A brand as a character, a parter and a person: Three perspectives on the question of brand personality," Advances in Consumer Research, 22, 391-395.

Aaker, Jennifer L.(1997), "Dimensions of Brand Personality," Journal of Marketing Research, 34(August), 347-356.

Achrol, Ravi S. and Philip Kotler(1999), "Marketing in the Network Economy," *Journal of Marketing*, 63, 146-163.

Allen, Natalie J. and John P. Meyer(1990), "The measurement and antecedents of affective, continuance and normative commitment to the organization," *Journal of Occupational Psychology*, 63, 1-18.

Amidon, Debra M.(1997), "Innovation, Strategy for the Knowledge Economy The Ken Awakeining," Butterworth-Heinemann.

Andersen, P. H.(2005), Relationship marketing and brand involvement of professionals through web-enhanced brand communities: The case of Coloplast. *Industrial Marketing Management*, 34, 39-51.

Anderson, Benedict.(1991), *Imagined Community: Reflections of the Origin and Spread of Nationalism*. New York, NY: Verso Books.

Anderson, Eugene W.(1998), "Customer Satisfaction and Word of Mouth," Journal of

Service Research, 1(1), 1-14.

Anderson, J. C. and D. W. Gerbing(1988), "Structural Equation Modeling in Practice: A Review and Recommended Two-Step Approach," Psychological Bulletin, 103(3), 411-423.

Anderson, J. C. and J. A. Narus.(1991), "Partnering as a Focused Market Strategy," California Management Review, Spring, 95-113.

Armstrong, Arthur and John Hagel Ⅲ(1996), "The Real Value of On-Line Communities," Harvard Business Review, May/Jun, 134-141.

Bagozzi, R. B. and Utpal M. Dholakia.(2002), "Intentional Social Action in Virtual Communities," Journal of Interactive Marketing, 16(2), 2-21.

Bagozzi, Richard and Youjae Yi(1988), "On the Evaluation of Structural Equation Models," *Journal of the Academy of Marketing Science*, 16, 1, 74-94.

Bagozzi, Richard P.(1974), "Marketing as an Organized Behavioral System of Exchange," *Journal of Marketing*, 38(October), 77-82.

Ball, A. D., and Tasaki, L. H.(1992), "The Role and Measurement of Attachment in Consumer Behavior," Journal of Consumer Psychology, 1(2), 155-172.

Barksdale, James L.(1998), "Communications Technology in Dynamic Organizational Communities," Frances Hesselbein et al.(eds.), *The Community of the Future*, New York: The Drucker Foundation, 93-100.

Baym, N. K.(1995), "The Emergence of Community in Computer-mediated Communication," S. G. Jones(eds.), *Cybersociety: Computer-mediated Communication and Community*, California: Sage.

Bearden, William O., Manoj K. Malhotra, and Kelly H. Uscátegui.(1998), "Customer Contact and the Evaluation of Service Experiences: Propositions and Implications for the Design of Service," Psychology & Marketing, 15(8), 793-809.

Beatty, Sharon E., L. R. Kahle and P. Homer.(1988), "The Involvement-Commitment model: Theory and Implications," Journal of Business Research, 16, 149-167.

Beatty, Sharon E., Morris L. Mayer, James E. Coleman, Kristy Ellis Reynolds, and

198

Jungki Lee.(1996), "Customer-Sales Associate Retail Relationships," Journal of Retailing, 72(Fall), 223-247.

Belk, Russel W.(1988), "Possessions and the Extended Self," Journal of Consumer Research, 15(2), 139-168.

Bell, Colin and Howard Newby(1972), "Theories of Community," *Community Study: An Introduction to the Sociology of the Local Community*, New York, Praeger Publishers.

Bendapudi, Neeli and Leonard L. Berry.(1997), "Customers' Motivation for Maintaining Relationship with Service Providers," Journal of Retailing, 73(1), 15-37.

Bender, Thomas(1978), *Community and Social Change in America*, New Brunswick, NJ: Rutgers University Press.

Beniger, J.(1987), "Personalization of Mass Media and the Growth of Pseudo-Community," *Communication Research*, 14.

Benjamin, R. and Rolf Wigand(1995), "Electronic Markets and Virtual Value Chains on the Information Superhighway," *Sloan Management Review*, Winter, 62-71.

Bennett, Rebekah, Charmine E. J. Härtel and Janet R. McColl-Kennedy.(2005), "Experience as a moderator of involvement and satisfaction on brand loyalty in a business-to-business setting," Industrial Marketing Management, 34, 97-107.

Bernard, J.(1973), *The Sociology of Community*, Glenview, Ⅲ.: Scott, Foresman and Company.

Berry, Leonard D.(1995), "Relationship Marketing of Services-Growing Interest, Emerging Perspective," Journal of the Academy of Marketing Science, 23(4), 236-245.

Berry, Leonard L. and A. Parasuraman(1991), *Marketing Services*, New York: The Free Press.

Berry, Leonard L. and Larry G. Gresham.(1986), "Relationship Retaling: Transforming Customers into Clients," Journal of Retailing Business Horizons, (November-December), 43-47.

Berthon, Pierre, Leyland Pitt and Richard T. Watson(1996), "Marketing Communication and the World Wide Web," *Business Horizon*, September-October, 24-32.

Bhattacharya, C. B.(1998), "When customers are members: Customer retention in paid membership contexts," *Journal of the Academy of Marketing Science*, 26, 31-44.

Bitner, Mary Jo.(1995), "Building Service Relationships: It's All About Promises," Journal of the Academy of Marketing Science, 23(4), 246-251.

Blackston, Max(1993), "Beyond Brand Personality: Building Brand Relationship," in Brand Equity & Advertising: Advertishing's Role in Building Strong Brands, edited by David. A. Aaker and Alexander L. Biel, N.J.: L. Erlbaum Associates, 113-124.

Bloch, Michael, Yves Pigneur and Ari Segev(1996), "On the Road of Electronic Commerce: a Business Value Framework, Gaining Competitive Advantage and Some Research Issues," [URL: hppe://haas.berkely.edu/ ~bloch/docs/paper__ee/ paper__ee.htm].

Boorstin, Daniel J.(1974), *The Americans: The Democratic Experiences*, New York, NY: Vintage.

Bove, Liliana L. and Lester W. Johnson.(2000), "A Customer-Service Worker Relationship Model," International Journal of Service Industry Management, 11(5), 491-511.

Brandenburger, Adam M. and Barry J. Nalebuff(1995), "The Right Game: Use Game Theory to Shape Strategy," *Harvard Business Review*, July-August, 57-71.

Bressler, S. E. and Grantham, C. E.(2000), *Community of Commerce*, New York, McGraw-Hill.

Brownell, Baker(1950), *The Human Community: Its Philosophy and Practice for a Time of Crisis*, New York: Harper and Row.

Buchanan, B.(1974), "Building Organizational Commitment: The Socialization of Managers in Work Organizations," *Administrative Science Quarterly*, 19, 533-546.

Buford, Bob(1998), "How Boomers, Churches, and Entrepreneurs Can Transform Society," Frances Hesselbein et al.(eds.), *The Community of the Future*, New

200

York: The Drucker Foundation, 35-46.

Business Week-Harris Poll(1997), Who's Doing What On-line?, April, 24.

Campbell, Donald T. and Donald W. Fiske(1959), "Convergent and Discriminant Validity by the Multitrait-Multimethod Matrix," *Psychological Bulletin*, 56(March), 81-105.

Cannon, Joseph and Christian Homburg(2001), "Buyer-Seller Relationships and Customers Firm Costs," *Journal of Marketing*, 65, 29-43.

Carey, James W.(1989), *Communication as Culture: Essays on Media and Society*, Boston: Unwin Hyman.

Celsi, Richard L., Randall L. Rose, and Thomas W. Leigh(1993), "An Exploration of High-Risk Leisure Consumption through Skydiving," *Journal of Consumer Research*, 20(June), 1-23.

Champy, James, Robert Buday, and Nitin Nohria(1996), "The Rise of Electronic Communities," *Information Week*, [http://techweb.cmp.com/iw/583/csc.htm].

Chang, Tung-Zong and Chen, Su-Jane.(1998), "Market orientation, service quality and business profitability: a conceptual model and empirical……," Journal of Services Marketing, 12(6), 246-254.

Chaston, Ian(2000), "Relationship Marketing and the Orientation Customers Require of Suppliers," The Service Industrial Journal, 20(3), 147-166.

Chatterjee, Patrali and Anand Narasimhan(1994), "The Web as a Distribution Channel," Owen Doctoral Seminar Paper, [http://colette.ogsm.vanderbilt.edu/seminar/patrali__anand__final/first.htm].

Chaudhuri, Arjun and Morris B. Holbrook.(2002), "Product-class effects on brand commitment and brand outcomes: The role of brand trust and brand affect," Brand Management, 10(1), 33-58.

Chiou, Jyh-Shen, Cornelia Droge, and Sangphet Hanvanich.(2002), "Does Customer Knowledge Affect How Loyalty is Formed?," Journal of Service Research, 5(2), 113-124.

Churchill, Gilbert A. Jr.(1979), "A Paradigm for Developing Better Measures of

Marketing Constructs," *Journal of Marketing Research*, 16(Feb), 64-73.

Clark, Terry and Charles L. Martin(1994), "Customer-To-Customer: The Forgotten Relationship in Relationship Marketing," Jagdish N. Sheth and Atul Parvatiyar(eds.), *1994 Research Conference Proceeding: Relationship Marketing: Theory, Methods and Applications*, Emory University, Atlanta.

Cohen, A. P.(1985), *The Symbolic Construction of Community*, London, Tavistock.

Cohen, J. B.(1967), "An Interpersonal Orientation to the Study of Consumer Behavior," Journal of Marketing Research, 4, 270-278.

Cornes, R. and T. Sandler(1996), *The Theory of Externalities, Public Goods, and Club Goods*, Cambridge University Press.

Cova, Bernard(1997), "Community and Consumption: Towards a definition of the "Linking value" of product or service," *European Journal of Marketing*, 31, 297-316.

Covey, Stephen R.(1998), "The Ideal Community," Frances Hesselbein et al.(eds.), *The Community of the Future*, New York: The Drucker Foundation, 49-58.

Cronin, J. Joseph, Jr., Taylor, Steven A.(1992), "Measuring Service Quality: A Reexamination and Extension," Journal of Marketing, 56(3), 55-67.

Crosby, Lawrence A., Kenneth R. Evans and Deborah Cowles.(1990), "Relationship Quality in Services Selling: An Interpersonal Influence Perspective," Journal of Marketing, 54(July), 68-81.

Czepiel, John A.(1990), "Service Encounters and Service Relationships: Implications for Research," Journal of Business Research, 20, 13-21.

Davis, Stan and Jim Botkin(1994), "The Coming of Knowlwdge-Based Business," *Harvard Business Review*, Sep/Oct, 165-170.

de Figueiredo, John M.(2000), "Finding Sustainable Profitability in Electronic Commerce," *Sloan Management Review*, Summer, 41, 41-52.

de Vliet, A. Van(1994), "Order from Chaos," *Management Today*, November, 62-65.

Delgado-Ballester, Elena and José Luis Munuera-Alemán.(2001), "Brand trust in the context of consumer loyalty," European Journal of Marketing, 35(11/12),

1238-1258.

Dellaert, Bebedic(1999), "The Consumer as Value Creator on the Internet," Working Paper, MIT eCommerce Forum.

Dichter, E.(1966), "How word of mouth advertising works," Harvard Business Review, Nov-Doc, 147-166.

Dolich, Ira J.(1969), "Congruence Relationships Between Self Images and Product Brands," Journal of Marketing Research, 6, 80-84.

Durkheim, Emile(1965), *The Elementary Forms of the Religious Life*, New York: Free Press.

Dutton, Jane E., Janet M. Dukerich, and Celia V. Harquail(1994), "Organizational images and member identification," *Administrative Science Quarterly*, 39, 239-263.

Dwyer, F. Robert, Paul H. Schurr and Sejo Oh(1987), "Developing Buyer-Seller Relationships," *Journal of Marketing*, 51, 11-27.

Ehrenberg, Andrew.(1988), *Repeat-buying*, 2d ed. New York: Oxford University Press.

Evans, Philip B. and Thomas S. Wurster(1997), "Strategy and the New Economics of Information," *Harvard Business Review*, Sep/Oct, 71-82.

Farrior, Julian, Sarah Heckscher, Paul Judy, Andy Kelly, Stacey Lawrence, and Bill Morrison(1999), "Online Communities," *White Paper*, Kellogg Graduate School of Management.

Fernback, J., and Thompson, B.(1995), "Virtual Communities?: Abort, Retry, Failure?," [http://www.well.com/user/hlr/texts/Vcivil.html]

Figallo, C.(1998), *Hosting Web Communities: Building Relationships. Increasing Customer Loyalty, and Maintaining a Competitive Edge*, Chicester, UK: Wiley.

Fournier, Susan(1994), A Consumer-Brand Relationship Framework for Strategic Brand Management, Unpublished Doctoral Dissertation, University of Florida.

Fournier, Susan(1998), "Consumers and Their Brands: Developing Relationship Theory in Consumer Research," Journal of Marketing Research, 24(March), 343-373.

Fournier, Susan, Susan Dobscha, and David Clen Mick.(1998), "Preventing the

Premature Death of Relationship Marketing," Harvard Business Review, 76(1), 42-53.

Fournier, Yao.(1997), "Reviving Brand Loyalty: A reconceptualization within the framework of consumer-brand relationships," Intern. J. of Research in Marketing, 14, 451-472.

France, Mike and Joann Muller(1999), "A Site for Soreheads," Business Week, 12(April), 86-90.

Freiden, Jon. B. and Ronald E. Goldsmith.(1988), "Correlates of Consumer Information Search for Professional Services," Journal of Professional Services Marketing, 4(1), pp. 15-29.

Ganesan, Shankar(1994), "Determinants of Long-Term Orientation in Buyer-Seller Relationships," Journal of Marketing, 58, 1-19.

Garbarino E. and Johnson M. S.(1999), "The Different Roles of Satisfaction, Trust, and Commitment in Customer Relationships," Journal of Marketing, 63(April), 70-87.

Ghosh, Shikhar(1998), "Making Business Sense of the Internet," Harvard Business Review, March/April, 126-135.

Gittell, Jody Hoffer(2001), "Investing in relationships," Harvard Business Review, Jun, 28.

Glazer, Rashi(1991), "Marketing in an Information-Intensive Environment: Strategic Implications of Knowledge as an Asset," Journal of Marketing,, 55, 1-19.

Goldsmith, Marchall(1998), "Global Communications and Communities of Choice," Frances Hesselbein et al.(eds.), The Community of the Future, New York: The Drucker Foundation, 101-114.

Graeff, T. R.(1996), "Using promotional messages to manage the effects of brand and self-image on brand evaluations", Journal of Consumer Marketing, 13(3), 4-18.

Granovetter, Mark S.(1973), "The Strength of Weak Ties," American Journal of Sociology, 78(May), 1360-1380.

Granovetter, Mark S.(1985), "Economic Action and Social Structure: The Problem of

Embeddedness," *American Journal of Sociology*, 91, 481-510.

Grant, August E., K. Kendall Guthrie, and Sandra J. Ball-Rokeach(1991), "Television Shopping: Media System Dependency Perspective," *Communication Research*, 18, 6, 773-798.

Gremler, Dwayne D.(1994), "Word-of__Mouth About Service Providers: An Illustration of Theory Development in Marketing." Pp. 62-70 Whan Park and Daniel C. Smith(Eds.), Marketing Theory and Applications, X, C. Chicago: American Marketing Association.

Griffin, Jill.(1995), Customer Loyalty: How to Earn It, How to Keet It. New York: Lexington Books.

Gruen, Thomas and Jeffery M. Ferguson(1994), "Using Membership as a Marketing Tool: Issues and Applications," *Relationship Marketing: Theory, Methods and Applications*, Jagdish N. Sheth and Atul Parvatoyar(eds.), Atlanta: Center for Relationship Marketing, Roberto C. Goizueta Business School, Emory University, 60-64.

Gruen, Thomas W., John O. Summers, and Frank Acito(2000), "Relationship Marketing Activities, Commitment, and Membership Behaviors in Professional Associations," Journal of Marketing, 64, 34-49.

Grönroos, Christian(1990), "Relationship Approach to Marketing in Service Contexts: The Marketing and Organizational Behavior Interface," *Journal of Business Research*, 20, 3-11.

Guadiani, Claire L.(1998), "Wisdom as Capital in Prosperous Communities," Frances Hesselbein et al.(eds.), *The Community of the Future*, New York: The Drucker Foundation, 59-70.

Gulati, Ranjay and Jason Garino(2000), "Get the Right Mix of Bricks and Clicks," *Harvard Business Review*, May-June, 107-114.

Gundlach, Grogory T., Ravi S. Achrol, and John T. Mentzer(1995), "The Structure of Commitment in Exchange," *Journal of Marketing*, 59, 78-92.

Gusfield, Joseph(1978), Community: A Critical Response, New York: Harper & Row.

Gwinner, Kevin P., Dwayne D. Gremler and Mary Jo Bitner.(1998), "Relational Benefits in Services Industries: The Customer's Perspective," Journal of the Academy of Marketing Science, 26(2), 101-114.

Hagel, John(1999), "Net gain: Expanding markets through virtual communities," Journal of Interactive Marketing, 13, 1, 55-66.

Hagel, John Ⅲ and Arthur G. Armstrong(1997), Net Gain: Expanding Markets through Virtual Communities, HBS Press.

Hagel, John Ⅲ and Arthur G. Armstrong(1997), Net Gain: Expanding Markets through Virtual Communities, HBS Press.

Hagel, John Ⅲ and Jeffrey F. Rayport(1997), "The Coming Battle for Customer Information," Harvard Business Review, Jan/Feb, 5-11.

Hagel, John Ⅲ and Marc Singer(1999), Net Worth: Shaping Markets When Customers Makc the Rules, HBS Press.

Handy, Charles(1995), "Trust and the Virtual Organization," Harvard Business Review, May/June, 1-8.

Hawkins, R., Mansell, R., and Steinmueller, W. E.(1999), "Toward Digital Intermediation in the Information Society," Journal of Economic Issues, 33, 383-391.

Hebdige, Dick(1979), Subculture: The Meaning of Style, London: Methuen.

Heide, Jan B.(1994), "Interorganizational Governance in Marketing Channels," Journal of Marketing, 58, 71-85.

Hillery, Georgy A., Jr., (1955), "The Definitions of Community: Areas of Agreement," Rural Sociology, 20, 111-123.

Hinde, Robert A.(1995), "A Suggested Structure for a science of relationship," Personal Relationships, 2(March), 1-15.

Hoffman, Donna L., and Thomas P. Novak(1995), "Marketing in Hypermedia Computer-Mediated Environments: Conceptual Foundations," Working Paper No.1(1995) in Project 2000: Research Program on Marketing in Computer-Mediated Environments, Owen Graduate School of Management and

Interval Research Corporation.

Hoffman, Donna L., Thomas P. Novak, and Patrali Chatterjee(1995), "Commercial Scenarios for the Web: Opportunities and Challenges," *Journal of Computer-Mediated Communication*, 1, 3, 1995.

Holt, Douglas B.(1997), "Poststructuralist Lifestyle Analysis: Conceptualizing the Social Patterning of Consumption in Postmodernity," *Journal of Consumer Research*, 23(March), 326-350.

http://www.azoomma.com

http://www.inews24.com

http://www.irda.co.kr

http://www.kbs.co.kr

Hughes, R. Eugene(1976), "Self-Concept and Brand Preference: A Partial Replication," The Journal of Business, 49(4), 530-541.

Hunter, Albert J. and Gerald D. Suttles(1972), "The Expanding Community of Limited Liability," Gerald D. Suttles(eds.), *The Social Construction of Communities*, Chicago: University of Chicago Press, 44-80.

Iacobucci, Dawn(1994) "Toward Defining Relationship Marketing," *Relationship Marketing: Theory, Methods and Applications*, Jagdish N. Sheth and Atul Parvatoyar(eds.), Atlanta: Center for Relationship Marketing, Roberto C. Goizueta Business School, Emory University, 89-97.

Iansiti, Macro and Alan MacCormack(1997), "Developing Products on Internet Time," *Harvard Business Review*, Sep/Oct, 108-117.

Iwasaki, Y. and M. E. Havitz.(1998), "A Path-anlysitic Model of the Relationships between Involvement, Psychological Commitment and Loyalty," Journal of Leisure Research, 30(2), 256-280.

Iwasaki, Y. and M. E. Havitz.(2004), "Examining Relationships between Leisure Involvement and Psychological Commitment and Loyalty to a Recreation Agency," Journal of Leisure Research, 36(1), 45-72.

Jacoby, J. and Kaplan, L. B.(1972) "The Components of Perceived Risk", in Venkatesan, M.(ed.) "Proceedings of the Third Annual Conference of the

Association for Consumer Research", Association for Consumer Research, College Park, 382-393.

Jacoby, Jacob & Robert Chestnut(1978), *Brand Loyalty: Measurement and Management*. New York: Ronald Press.

Jamal, Ahmad and Mark M. H. Goode.(2001), "Consumers and brands: a study of the impact of self-image congruence on brand preference and satisfaction," Marketing Intelligence & Planning, 19(7), 482-492.

Jannowitz, Morris(1952), *The Community Press in an Urban Setting*, Glencoe, IL: Free Press.

Jones, S. G.(1995), "Understanding Community in the Information Age," S. G. Jones(des), *Cybersociety: Computer-mediated Communication and Community*, California: Sage.

Kalwani, M. U. and Narayandas, Narakesari(1995), "Long-Term Manufacturer-Supplier Relationships: Do They Pay Off for Supplier Firms?," *Journal of Marketing*, 59(January), 1-16.

Kanter, R. M.(1968), "Commitment and Social Organization: A Study of Commitment Mechanisms in utopian Communities," *American Sociological Review*, 33, 499-517.

Kaplan, Steven and Mohanbir Sawhney(2000), "E-Hubs: The New B2B Marketplaces," *Harvard Business Review*, May-June, 97-103.

Karp, D., Stone, G., and Yoels, W.(1977), *Being Urban: A Social Psychological View of City Life, Lexington*, MA: University of Washington Press.

Katz, M. and C. Shapiro(1985), Network Externalities, Competition, and Compatibility, *American Economic Review*, 75, 424-440.

Keller, Kevin L.(1993), "Conceptualization, Measuring, and Managing Customer-Based Brand Equity," Journal of Marketing, 57(1), November, 1-22.

Keller, Kevin L.(1993), Conceptualization, Measuring, and Managing Customer-Based Brand Equity. *Journal of Marketing*, 57(1), November, 1-22.

Keller, Kevin L.(2001), "Building Customer-based Brand Equity," Marketing

Management, July/August, November, 15-19.

Keller, Kevin L.(2001), Building customer-based brand equity. *Marketing Management*, Jul/Aug 2001.

Keller, Kevin L.(1998), *Strategic Brand Management*, Englewood Cliff, NJ: Prentice Hall.

Kim, David and Danny Park(2001), "온라인 커뮤니티의 실제 가치 연구," 아이비즈넷, [http://www.i-biznet.com/news/].

King, J.(1999), "Disintermediation/Reintermediation," *Computerworld*, 33, 54.

Komito, L.(1988), "The Net as a Foraging Society: Flexible Communities," *Information Society*, 97-106.

Kotler, P.(1988), *Marketing Management: Analysis, Planning and Implementation*, Engelwood Cliffs, N.J.: Prentice Hall.

Kozinets, V.(1999), "E-Tribalized Marketing?: The Strategic Implications of Virtual Communities of Consumption," *European Management Journal*, 3, 252-264.

Lasser, Walfried, Banwari Mitgtal, & Arun Sharma.(1995), Measuring Customer-Based Brand Equity. *Journal of Consumer Marketing*, 12(4), 11-19.

Lave, J. and E. Wenger(1991), *Peripheral Legitimated Learning*, Cambridge: Cambridge University Press.

Lawrence, T., B.(1995), "Power and Resources in an Organizational Community," *Academy of Management Best Papers Proceedings*, 251-255.

Leiss, William, Stephen, Kline, and Sut Jhally(1990), *Social Communication in Advertising: Persons, Products and Images of Well Being*, New York, Routledge.

Lim, J. W., and J. K. Jun(1999), "Customer Success and RMC," *Proceedings of the 15th Annual IMP Conference*, University College, Dublin.

Lyytiene, Lelly and Youngjin Yoo(2002), "Issue and Challenges in the Ubiquitous Computing," Communications of the ACM, 45(12).

Macintosh, Gerrard(2002), "Perceived Risk and Outcome Difference in Multi-level Service Relationship," The Journal of Service Marketing, 16(2-3), 143-157.

MacKenzie, Scott B., Philip M. Podsakoff, and Michael Ahearne(1998), "Some Possible Antecedents and Consequences of In-Role and Extra-Role Salesperson Performance," *Journal of Marketing*, 62, 87-98.

MacKinnon, R. C.(1995), "Searching for the Leviathan in Usenet," S. G. Jones(des), *Cybersociety: Computer-mediated Communication and Community*, California: Sage.

Maffesoli, Michel(1996), *The Time of the Tribes: The Decline of Individualism in Mass Society*, Thousand Oaks, CA: Sage.

Mahadevan, B.(2000), "Business Models for Internet-Based E-Commerce: An Anatomy," *California Management Review*, 42, Summer, 55-69.

Malone, T. W., J. Yates and R.I. Benjamin(1987), "Electronic Markets and Electronic Hierarchies," *Communications of the ACM*, 30, 6, 484-497.

Malone, Thomas W. and John F. Rockart(1993), How Will Information Technology Reshape Organizations? Computers as Coordination Technology, In Bradley, Stephen P., Jerry A. Hausman and Richard L. Nolan(eds.), *Globalization, Technology and Competition: The Fusion of Computers and Telecommunications in the 1990s*, Harvard Business School Press, Boston, Massachusetts.

Malone, Thomas W. and Robert J. Laubacher(1998), "The Dawn of the E-Lance Economy," *Harvard Business Review*, Sep/Oct, 145-152.

McAlexander, James H. and John W. Schouten(1998), "Brandfests: Servicescapes for the Cultivation of Brand Equity," John F. Sherry, Jr.(eds.), Servicescapes: The Concept of Place in Contemporary Markets, Chicago: NTC Business Books, 377-402.

McAlexander, James H., John W. Schouten, and Harold F. Koenig(2002), "Building Brand Community, Journal of Marketing", 66(January), 377-402.

McAlexander, Stephen K. Kim, & Scott D. Roberts(2003), "Loyalty: The Influences of Satisfaction and Brand Community Integration," Journal of Marketing Theory and Practice, Fall(2003), 1-11.

McClellan, J.(1994), "Netsurfers," *The Observer*, Feb, 13.

210

McGrath, Mary Ann, John F. Sherry, Jr., and Deborah D. Heisley(1993), "An Ethnographic Study of an Urban Periodic Marketplace: Lessons from the Midville Farmer's Market," *Journal of Retailing*, 69(Fall), 280-319.

McKenna, Regis(1995), "Real-Time Marketing," *Harvard Business Review*, July/Aug, 87-95.

McLuhan, Marshall(1964), *Understanding Media*, London: Routledge & Kegan Paul.

McQuarrie, E. F. & Munson, J. M.(1992), "A revised product involvement inventory: Improved usability and validity," In J. F. Sherry & B. Sternthal(Eds.), Advances in Consumer Research, 19, 108-113, Provo, UT: Association for Consumer Research.

McWilliam., Gil(2000), "Building stronger brands through onlin communities," Sloan Management Review, 41(3), 43-54.

Means, Grady and David Schneider(2000), *Meta Capitalism: The E-Business Revolution and the Design of 21st Century Companies and Markets*, PricewaterhouseCoopers.

Meyer, G. R. and Thomas, J.(1990), "The Baudy World of the Byte Bandit: A Postmodern Interpretation of the Computer Underground," F. Schalleger(eds.), *Computers in Criminal Justice*, Bristol, IN: Wyndham Hall.

Milne, George R. and Maria-Eugenia Boza.(1999), "Trust and Concern in Consumer's Perception of Marketing Information Management Practices," Journal of Interactive Marketing, 13(1), 5-24.

Minar, David W., and Scott Greer(1969), *The Concept of Community*, Chicago: Aldine Publishing Company.

Mittal, B. and M. Lee.(1989), "A Causal Model of Consumer Behavior," Journal of Economic Psychology, 10, 363-389.

Mohr, Jakki J. and Ravipreet S. Sohi(1995), "Communication Flows in Distribution Channels: Impact on Assessment of Communication Quality and Satisfaction," *Journal of Retailing*, 71, 4, 343-416.

Monroe, Friedman, Piet Vandem Abeele, & Koen De Vos.(1993), Boorstin's Consumption Community Concept: A Tale of Two Countries. Journal of

Consumer Policy, 16, 35-60.

Moore, James F.(1993), "Predators and Prey: A New Ecology of Competition," *Harvard Business Review*, May/June, 75-86.

Moore, Jeri(1993), "Building Brands Across Markets: Cultural Differences in Brand Relationships Within the European Community," in Brand Equity & Advertising: Advertising's Role in Building Strong Brands, edited by David A. Aaker and Alexander L. Biel, N.J; L. Erlbaum Associates, 31-49.

Morgan, Robert M. and Shelby D. Hunt(1994), "The Commitment-Trust Theory of Relationship Marketing," *Journal of Marketing*, 58, 20-38.

Morse, Suzanne W.(1998), "Five Building Blocks for Successful Communities," Frances Hesselbein et al.(eds.), *The Community of the Future*, New York: The Drucker Foundation, 229-236.

Mowday, Richard, Lyman Porter, and Richard Steers(1982), *Employee-Organization Linkages: The Psychology of Commitment, Absenteeism, and Turnover*, New York: Academic Press.

Muniz, Albert M. Jr and Thomas C. O'guinn(2001), "Brand community," Journal of Consumer Research, 27, 412-432.

Murphy, P. E. and Enis, B. E.(1986) "Classifying products strategically", Journal of Marketing Research, 50(July), 24-42.

Murray, Keith B.(1991), "A Test of Services Marketing Theory: Consumer Information Acquisition Activities," Journal of Marketing, 55(January), 10-25.

Nakajima, Hisao(2002), "Marketing Strategy in the Era of Ubiquitous Networks", NRI Papers, 44(March 1), 1-10.

Nemmers, Brady M.(1996), "The Internet & The Future of Marketing: An Interactive Exploration," *Working Paper*, University of Michigan, Ann Arbor.

Nisbet, Robert A.(1967), "Community," *The Sociological Tradition*, London, Heinemann Educational Books Ltd.

Nonaka, Ikujiro and Noboru Konno(1998), "The concept of "ba": Building a foundation for knowledge creation," *California Management Review*, 40, 3,

40-54.

Normann, Richard and R. Ramirez(1993), "From value chain to value constellation: Designing interactive strategy," *Harvard Business Review*, 71, Jul/Aug, 65-77.

Nunnally, Jun C.(1967), *Psychometric Theory*, New-York: McGraw-Hill.

Oliver, Melvin L.(1988), "The Urban Black Community as Network: Toward a Social Network Perspective," *Sociological Quarterly*, 29, 4, 623-645.

Ong, Walter J.(1982), *Orality and Literacy: The Technologizing of the World*, London: Methuen.

Orange, Andrew(2003), "iTV: A major opportunity for financial services, or not?," Journal of Financial Services Marketing, 8(3), 270-278.

Ostrom, Amy. and Iacobucci, Dawn.(1995), "Consumer Trade-Offs and the Evaluation of Services," Journal of Marketing, 59(1), 17-28.

Palay, Thomas(1984), "Comparative Institutional Economics: The Governance of Rail Freight Contracting," *Journal of Legal Studies*, 13(June), 265-88.

Palmer, Adrian J.(1996), "Integrating brand development and relationship marketing," Journal of Retailing and Consumer Services, 3(4), 251-257.

Park, Jong-Won, Kyeong-Heui Kim, JungKeun Kim(2002), "Acceptance of Brand Extensions: Interactive Influences of Product Category Similarity, Typicality of Claimed Benefits, and Brand Relationship Quality," Advances in Consumer Research, 29(1), 190-198.

Peck, M. S.(1987), *The Different Drum: Community Making and Peace*, New York: Touchstone.

Peter, J. Paul(1979), "Reliability: A Review of Psychometric Basics and Recent Marketing Practices," *Journal of Marketing Research*, 6-17.

Phllip Kotler and Gary Armstrong(2004), Principles of Marketing, Prentice Hall.

Pinchot, Gifford(1998), "Building Community in the Workplace," Frances Hesselbein et al.(eds.), *The Community of the Future*, New York: The Drucker Foundation, 125-138.

Poplin, Dennis E.(1979), "The Concept of Communities," *A Survey of Theories and*

Methods of Research, New York: Macmillan Publishing Co., 1-25.

Porter, L. W., Crampon, W. J., and Smith, F. J.(1976), "Organizational Commitment and Managerial Turnover," *Organizational Behavior and Human Performance*, 15, 87-98.

Poster, M.(1990), *The Mode of Information*, London: Polity Press.

Quester, Pascale and Ai Lin Lim.(2003), "Product involvement/brand loyalty: is there a link?," The Journal of Product and Brand Management, 12(1), 23-38.

Rao, Akshay R., Lu Qu, and Robert W. Ruekert(1999), "Signalling Unobservable Product Quality through a Brand Ally," *Journal of Marketing Research*, 36(May), 258-268.

Rayport, Jeffrey F. and John J. Sviokla(1995), "Exploiting the Virtual Value Chain," *Harvard Business Review*, Nov/Dec, 75-85.

Reichheld, Frederick R. and Phil Schefter(2000), "E-Loyalty: Your Secret Weapon on the Web," *Harvard Business Review*, July-August, 105-113.

Reid, E.(1991), *Electroplois: Communication and Community on Internet Relay Chat*, University of Melbourne.

Reid, E.(1995), "Virtual Worlds: Culture and Imagination," in S. G. Jones(eds.), *Cybersociety: Computer-mediated Comm-unication and Community*, California, Sage.

Reynolds, Kristy E. and Sharon E. Beatty.(1999a), "Customer Benefits and Company Sequences of Customer-Salesperson Relationship in Retailing," Journal of Retailing, 75(1), 11-32.

Reynolds, Kristy E. and Sharon E. Beatty.(1999b), "A Relationship Customer Typology," Journal of Retailing, 75(4), 509-523.

Rheingold, Howard(1998), "Virtual Communities," Frances Hesselbein et al.(eds.), *The Community of the Future*, New York: The Drucker Foundation, 115-122.

Rheingold, Howard L.(1993), "Virtual Communities and the WELL," GNN Magazine, Issue One(October 4).

Rice, R. E. and G. Love(1987), "Electronic Emotion: Sociomotional Content in a

214

Computer-mediated Communication Network," *Communication Research*, 14, 1.

Ritzer, G. and Trice, H. M.(1969), "An Emperical Study of Howard Becker's Side-bet Theory," *Social Forces*, 47, 475-479.

Rogers, Everett M.(1986), *Communication Technology:* The New Media in Society, New York, NY: Free Press.

Rothaermel, Frank T. and Stephen Sugiyama(2001), "Virtual Internet Communities and Commercial Success: Individual and Community-Level Theory Grounded in the Atypical case of TimeZone.com," *Journal of Management*, 27, 297-312.

Sanders, Irwin T.(1975), *The Community*, New York; The Ronald Press.

Sarkar, Miltra Barun, Brian Butler, and Charles Steinfield(1995), "Intermediaries and Cybermediaries: A Continuing Role for Mediating Players in the Electronic Marketplace," *Journal of Computer-Mediated Communication*, 1, 3.

Sawhney, Mohanbir and Emanuela Prandelli(2000), "Communities of creation: Managing distributed innovation in turbulent markets," *California Management Review*, 42, 4, Summer, 24-54.

Sawhney, Mohanbir and Emanuela Prandelli(2001), "Communities of creation: Managing distributed innovation in the Network Economy," [http://www.mohansawhney.com/].

Schatz, Bruce R.(1991-92), "Building an Electronic Community System," *Journal of Management Information System*, 8, 3, 87-107.

Schmid, Beat F.(1995), "Electronic Retail Markets," *EM-Electronic Markets*, 13-14, Jan, 3-4.

Schouten, John W. and James McAlexander(1995), "Subcultures of Consumption: An Ethnography of the New Bikers," *Journal of Consumer Research*, 22(June), 43-61.

Scott, Judy(2000), "Emerging Patterns from the Dynamic Capabilities of Internet Intermediaries," *Journal of Electronic Communication*, 3, 5.

Sengupta, Sanjit and Louis P. Bucklin(1994), "Make, Alliance, Buy or Interface? Strategic Choices in New Product Development for Complementary Products,"

In Jagdish N. Sheth and Atul Parvatiyar(eds.), *Relationship Marketing: Theory, Methods and Applications*, 1994 Research Conference Proceedings, Atlanta.

Shani, David and Sujana Chalasani(1992), "Exploiting Niches Using Relationship Marketing," *Journal of Business and Industrial Marketing*, 8, 4, 58-66.

Shapiro, C., and Varian, H. R.(1999), *Information Rules: A Strategic Guide to the Network Economy*, Boston: Harvard Business School Press.

Sherry, J.F.(1987), "Cereal monogamy: Brand Loyalty as secular ritual in consumer culture," Paper presented at the Annual Conference of the Association for Consumer Research, Boston, MA.

Sheth, Jagdish N., and Atul Parvatiyar(1995), "Relationship Marketing in Consumer Markets: Antecedents and Consequences," Journal of Academy of Marketing Science, 23(4), 255-271.

Sheth, Jagdish. N., and R. S. Sisodia(1993), "The Information Mall," *Telecommunications Policy*, July, 376-389.

Simonin, Bernard L. and Julie Ruth(1998), "Is a company known by the company it keeps? Assessing the spillover effects of brand alliances on consumer brand attitudes," *Journal of Marketing Research*, 35(February), 30-42.

Sirgy, M. J.(1982), "Self-concept in consumer behaviour: a critical review", Journal of Consumer Research, 9(December), 287-300.

Sirgy, M. J.(1985), "Using self-congruity and ideal congruity to predict purchase motivation", Journal of Business Research, 13, 195-206.

Sirgy, M. J., Grewal, D., Mangleburg, T. F., Park, J., Chon, K., Claiborne, C. B., Johar, J. S. and Berkman, H.(1997), "Assessing the predictive validity of two methods of measuring self-image congruence", Journal of the Academy of Marketing Science, 25(3), 229-41.

Sirgy, M. J., Johar, J. S., Samli, A. C. and Claiborne, C. B.(1991), "Self-congruity versus functional predictors for consumer behaviour", Journal of the Academy of Marketing Science, 19(Fall), 363-75.

Smith, M. A.(1992), *Voice from the WELL: The Logic of the Virtual Common*,

University of California.

Solomon, Michael R. and Basil G. Englis(1992), "Consumption Constellations: Implications for Integrated Communications Strategies," *Integrated Marketing Communications*, Jeri Moore and Esther Thorson(eds.), Hillsdale, NJ: Erlbaum, 65-86.

Spalter, Michael(1996), "Maintaining a Customer Focus in an Interactive Age: The Seven I's to Success," Edward Forrest and Richard Mizerski(eds.), *Interactive Marketing: The Present Future*, NTC Publishing Group, Chicago: NTC Business Books for the American Marketing Association, 163-187.

Sproull, L. and S. Kiesler(1991), *Connections: New Ways of Working in the Networked Organization*, Cambridge, The MIT Press.

Staw, B. M.(1980), "The Consequences of Turnover," *Journal of Occupational Behavior*, 1, 253-273.

Stern, Louis W. and Torger Reve(1980), "Distribution Channels as Political Economies," *Journal of Marketing*, 44(Summer), 52-64.

Steur, Jonathan(1992), "Defining Virtual Reality: Dimensions Determining Telepresence," *Journal of Communication*, 42, 4, 73-93.

Sussman, Marvin B.(1959), *Community Structure and Analysis*, New York, Crowell.

Swap, W. C. and J. Z. Rubin.(1983), "Measurement of Interpersonal Orientation," Journal of Personality and Social Psychology, 44(1), 208-219.

Süssmuth, Rita(1998), "The Future-Capability of Society," Frances Hesselbein et al.(eds.), *The Community of the Future*, New York: The Drucker Foundation, 27-34.

Tam, Jackie L. M. and Y. H. Wong.(2001), "Interactive Selling: A Dynamic Framework for Services", Journal of Service Marketing, 15(4/5), 379-396.

Tapscott, D.(1999), Creating Value in the Network Economy, Boston, MA: Harvard Business School Press.

Taylor, M(1987), *The Possibility of Cooperation*, Cambridge: Cambridge University Press.

Thomas, R. Roosevelt Jr.(1998), "Diversity in Community," Frances Hesselbein et al.(eds.), *The Community of the Future*, New York: The Drucker Foundation, 71-82.

Thomson, Matthew, MacInnis, Deborah J., and Park, C. Whan(2005), "The Ties That Bind: Measuring the Strength of Consumers' Emotional Attachments to Brands," Journal of Consumer Psychology, 15(1), 77-91.

Thorbjørnsen, Helge; Supphellen, Magne; Nysveen, Herbjørn; Pederson, Per Egil.(2002), "Building Brand Relationships Online: A Comparison of Two Interactive Applications," Journal of Interactive Marketing, 16(3), 17-34.

Thurow, L. C.(1997), "Needed: A New System of Intellectual Property Rights," *Harvard Business Review*, 75, Sep/Oct, 94-103.

Thurow, Lester C.(1998), "Economic Community and Social Investment," Frances Hesselbein et al.(eds.), *The Community of the Future*, New York: The Drucker Foundation, 19-26.

Tönnies, F.(1967), "Gemeinschaft and Gesellschaft," Bell, C. and Newby, H.(eds.), *The Sociology of Community*, London, Frank Cass and Co. Ltd., 7-12.

Ulrich, Dave(1998), "Six Practices for Creating Communities of Value, Not Proximity," Frances Hesselbein et al.(eds.), *The Community of the Future*, New York: The Drucker Foundation, 155-166.

Upton, David M. and Andrew McAfee(1996), "The Real Virtual Factory," *Harvard Business Review*, Jul/Aug, 145-152.

von Hippel, E.(1994), "Sticky Information and the Locus of Problem Solving: Implications for Innovation," *Management Science*, 4, 429-439.

von Hippel, E.(1998), "Economics of Product Development by Users: The Impact of 'Sticky' Local Information," *Management Science*, 56, 29-644.

Ward Hanson(2000), Principles of Internet Marketing, South-Western: USA.

Warren, Roland L.(1972), *The Community in America*, Chicago: Rand McNally & Company.

Watson, Rechard T., Pierre Berthon, Leyland F. Pitt, George M. Zinkhan(2000),

218

ELECTRONIC COMMERCE, Harcourt INC.

Weber, Max(1978), *Economy and Society*, Berkeley: University of California Press.

Webster, Frederick E.(1992), The Changing Role of Marketing in the Corporation. Journal of Marketing, 56(October), 1-17.

Webster, Frederick E., Jr.(1992), "The Changing Role of Marketing in the Corporation," *Journal of Marketing*, 56(October), 1-17.

Wellman, Barry(1979), "The Community Question: The Intimate Networks of East Yorkers," *American Journal of Sociology*, 84, 5, 1201-1231.

Wellman, Barry and Scot Wortley(1990), "Different Strokes from Different Folks: Community Ties and Social Support," *American Journal of Sociology*, 96(November), 558-588.

Wells, William D. and Douglas Tigert(1971), "Activities, Interests and Opinions," *Journal of Advertising Research*, 11(August), 27-41.

Wenger, E.(1998), *Communities of Practice: Learning, Meaning, and Identity*, Cambridge: Cambridge University Press.

Wenger, Etienne C(2000), "Communities of practice: The organizational frontier," *Harvard Business Review*, 78, Jan/Feb, 139-145.

Wheatley, Margatet J. and Myron Kellner-Rogers(1998), "The Paradox and Promise of Community," Frances Hesselbein et al.(eds.), *The Community of the Future*, New York: The Drucker Foundation, 9-18.

Wiener, Y.(1982), "Commitment in Organizations: A Normative View," *Academy of Management Review*, 7, 418-428.

Wiener, Yoash(1982), "Commitment in Organizations: A Normative View," *Academy of Management Review*, 7, 3, 418-428.

Wiesema, Fred(1996), "Customer Intimacy," *Knowledge Exchange*, 1299 Ocean Avenue Santa Monica, California.

Williamson, Oliver E.(1975), *Markets and Hierarchies*, New York: The Free Press.

Williamson, Oliver E. and William G. Ouchi(1981), "The Markets and Hierarchies Program of Research: Origins, Implications, Prospects," A. H. Van de Ven and

W. F. Joyce, (eds.), *Perspectives on Organization Design and Behavior*, New York: John Wiley & Sons, Inc., 347-370.

Wilson, Daniel J.(1990), *Science, Community, and the Transformation of American Philosophy*, Chicago: University of Chicago Press.

Wise, Richard and David Morrison(2000), "Beyond the Exchange: The Future of B2B," *Harvard Business Review*, November-December, 86-96.

Yoo, Boonghee, Naveen Donthu, & Sungho Lee.(2000), An Examination of Selected Marketing Mix Elements and Brand Equity. Journal of the Academy of Marketing Science, 28(2), 195-211.

Young, Louise and Sara Denize(1995), "A Concept of Commitment: Alternative Views of Relational Continuity in Business Service Relationships," *Journal of Business and Industrial Marketing*, 10, 5, 22-37.

Youngblood, Mark D.(1997), "Leadership at the edge of chaos: From control to creativity," *Strategy & Leadership*, 25, Sep/Oct, 65-77.

Zaichkowsky, J. L.(1985), "Measuring the involvent construct," Journal of Consumer Research, 12(December), 341-352.

Zajac, E. and C. Olsen(1993), "From Transaction Costs to Transactional Value Analysis: Implications for the Study of Interorganizational Strategies," *Journal of Management Studies*, 30, 131-145.

Zeithaml, Leonard L. Berry, and A. Parasuraman.(1996), "The behavioral consequences of service quality," Journal of Marketing, 60(April), 31-46.

· 저자 ·

강명수   · 약 력 ·
(姜明秀)   서울대학교 경영대학 경영학과 졸업
          서울대학교 대학원 경영학 석사
          서울대학교 대학원 경영학 박사

          서울대학교 경영연구소 선임연구원
          한성대학교 무역학과 조교수

          · 주요논저 ·
          「온라인 커뮤니티를 통한 거래수행의도에 영향을 미치는 요인에 관한 연구」
          「소비자-브랜드 관계 형성에의 영향 요인과 관계 성과에 관한 연구」
          「브랜드 커뮤니티 성과에 관한 연구」
          『마케팅 조사 방법론』
          『Strategies for Generating e-Business Returns on Investment』
          외 다수

● 디지털 시대 커뮤니티 활용 전략

· 초판 인쇄	2006년 7월 20일
· 초판 발행	2006년 7월 20일
· 지 은 이	강명수
· 펴 낸 이	채종준
· 펴 낸 곳	한국학술정보㈜
	경기도 파주시 교하읍 문발리 526-2
	파주출판문화정보산업단지
	전화 031) 908-3181(대표) · 팩스 031) 908-3189
	홈페이지 http://www.kstudy.com
	e-mail(e-Book사업부) ebook@kstudy.com
· 등 록	제일산-115호(2000. 6. 19)
· 가 격	14,000원

ISBN   89-534-5388-7 93320 (Paper Book)
       89-534-5389-5 98320 (e-Book)